Literatura e Matemática

Coleção Big Bang
Dirigida por Gita K. Guinsburg

Edição de texto: Mariana Munhoz
Revisão de provas: Marcio Honorio de Godoy
Capa e projeto gráfico: Sergio Kon
Produção: Ricardo Neves, Sergio Kon, Luiz Henrique Soares,
Elen Durando e Lia N. Marques.

Jacques Fux

LITERATURA E MATEMÁTICA
JORGE LUIS BORGES, GEORGES PEREC E O OULIPO

PERSPECTIVA

Copyright © 2016 Perspectiva

CIP-Brasil. Catalogação na Publicação
Sindicato Nacional dos Editores de Livros, RJ

F996L

    Fux, Jacques
    Literatura e matemática: Jorge Luis Borges, Georges Perec e o Oulipo / Jacques Fux. – 1. ed. – São Paulo : Perspectiva, 2016.
    256 p. : il. ; 21 cm. (Big bang)

    Inclui bibliografia
    ISBN 978-85-273-1051-2

    1. Borges, Jorge Luís, 1899- 1986 - Crítica e interpretação. 2. Perec, Georges, 1936 -1982 - Crítica e interpretação. 3. Literatura comparada - Argentina e francesa. 4. Literatura comparada - Francesa e argentina. I. Título.

16-30891   CDD: 809
                                                                                      CDU: 82.09

02/03/2016 02/03/2016

1ª edição
[PPD]

Direitos reservados à

EDITORA PERSPECTIVA LTDA

Rua Augusta, 2445 cj. 1
01413-100 São Paulo SP Brasil
Tel: (011) 3885-8388
www.editoraperspectiva.com.br

2021

Felicidade se encontra é em horinhas de descuido.
Guimarães Rosa, *Tutaméia: Terceiros Estórios*

Une fois de plus je fus comme un enfant qui joue à cache-cache et qui ne sait pas ce qu'il craint ou désire le plus: rester caché, être découvert.
Georges Perec, *W ou le souvenir d'enfance*

Sumário

Apresentação [por Christelle Reggiani]   12
Insatisfação Primeira   16
Primeiro Passo   18

1. MATEMÁTICA E LITERATURA   28

    31   Oulipo
    38   Oulipo e o Projeto de Hilbert
    41   Raymond Queneau e "Cent mille milliards de poèmes"
    44   François Le Lionnais – "Les Manifestes"
    50   Italo Calvino
    54   Jacques Roubaud
    60   Outros Autores
                O Trovador Arnaut Daniel; Miguel de Cervantes;
                Lewis Carroll; Edgar Allan Poe; Júlio Verne;
                Samuel Beckett
    80   Literatura e Matemática no Brasil
                O Quadrado Mágico e a Estrutura Matemática
                de "Avalovara"; Triângulos Matemáticos, Amorosos, Conspiratórios
                em "Movimento Pendular"; Música,
                Literatura e Matemática no Canto de "Ribamar"

2. GEORGES PEREC E RELAÇÕES BORGIANAS 92

98   "A Vida Modo de Usar" ou Máquina de Contar Histórias
         Bicarré Latin Orthogonal d'Ordre 10; Pseudo-Quenine
         d'Ordre 10 de Perec; La Polygraphie du Cavalier;
         As Citações de Borges em "A Vida Modo de Usar"

122   Outros Livros e a Utilização do "Carré" e de Sua Simetria Bilateral

128   A "História do Lipograma" e a Cabala

132   "L'Augmentation" e "Le Petit traité invitant à l'art subtil du go"

136   "Jeux intéressants" e "Nouveaux jeux intéressants"

3. BORGES, MATEMÁTICA E RELAÇÕES PEREQUIANAS 138

145   "Matemática e Imaginação" em Borges
         O Tamanho da Biblioteca de Babel; A Enumeração
         em "O Livro de Areia" e "O Aleph"; Os Sistemas de
         Numeração de "John Wilkins", "Pierre Menard" e "Tlön"

166   Recursos Lógicos e Matemáticos em "A Morte e a Bússola"

170   Borges e a Física

174   Xul Solar (e o Xadrez) e Adolfo Bioy Casares (e os Contos Policiais)

181   O Judaísmo e a Cabala em Borges e Perec

4. BORGES E PEREC   190

- 195   Plagiadores Por Antecipação e "Kafka e Seus Precursores"
- 201   Classificações
  - Uma Classificação Especial – John Wilkins
- 210   A Ideia do Labirinto em Borges, em Perec e na Matemática
- 217   Georges Perec e Jorge Luis Borges: Números, Filosofia e Matemática
- 229   "A Viagem de Inverno" e os Contos Borgianos
- 236   Algumas Considerações Acerca do Leitor em Perec, em Borges e no Oulipo
- 238   A Ficção e a Matemática em Borges e Perec

5. OUTRAS VIAGENS   242

Bibliografia   248

Apresentação

Antes de tudo, devemos reconhecer a ambição do livro de Jacques Fux: a questão das relações que matemática e literatura podem cultivar constitui tema importante e muito pouco abordado, até agora, no campo crítico.

Sem dúvida, a ideia de que haveria uma base objetiva na refundação matemática da escrita literária, em que a matemática pudesse recompensar a falta de regras (como dizia Mallarmé), mostra-se facilmente questionável – e por não serem as línguas naturais como a da lógica –, pois é somente a hipótese de um investimento subjetivo que pode dar conta do que assim qualificaremos de má fé literária: o surpreendente não é que a escrita literária, mesmo sob *contrainte*, não chegue a um verdadeiro matematismo de sua prática, mas que esse truísmo possa ser denegado e que dê lugar a um desejo matemático, produtor de ficções – a matemática aparece então, melhor dizendo, como reservatório de estruturas, promessa de renovação de uma invenção realmente literária, de ponta a ponta. Trata-se, muito mais da questão de uma ideia matemática da literatura que de um improvável uso de conceitos ou operações matemáticas.

Pode-se ver, assim, especialmente na criação do Oulipo, o índice de uma perda de confiança nos poderes de uma linguagem natural, como se, após a experiência da Segunda Guerra Mundial e da Shoah, não subsistissem mais que racionalidades pontuais, coerências locais – como a coerência matemática. Desse modo, a estrutura, ou, simplesmente, a medida do número, parece levar à promessa de uma harmonia necessária – o Oulipo sempre reivindicou, contra o surrealismo, uma recusa absoluta do acaso – que a linguagem parece não mais bastar para garantir.

Isso não significa que se trate de uma questão de reparação, de remuneração ou ainda de redenção. Evidentemente, a literatura não repara em nada as catástrofes da História, mas constrói simplesmente mundos possíveis que as economizam – e é desse mundo matemático possível que o livro de Jacques Fux propõe, de maneira convincente, uma primeira exploração.

CHRISTELLE REGGIANI
Professora de Titular de Literatura
da Universidade de Lille 3

Insatisfação Primeira

Neste livro, pesquiso e apresento algumas novas e impor-   **1** Carmelo Distante,
tantes relações entre literatura e matemática, sobretudo   Prefácio, em D. Alighieri,
nas obras de Georges Perec e Jorge Luis Borges.   A *Divina Comédia*, p. 12.

    Alguns recursos matemáticos utilizados na literatura já podem ser encontrados em livros clássicos como a *Torá* ou a *Divina Comédia*. A *Torá* foi concebida como um livro que não admite contingência: tudo o que lá se encontra compõe um sistema bem estruturado, matemático e fechado e qualquer mudança de letra, frase ou parágrafo poderia desestabilizar o mundo, de acordo com a Cabala. Já a *Divina Comédia* é narrada em 3 partes de 33 cantos (embora o "Inferno" tenha uma introdução), escritos em tercetos de decassílabos rimados de modo alternado e encadeado, seguindo a estrutura ABC BCB CDC. O seu sistema gira em torno do número primo três, que simboliza a aceitação e o fundamento da religião cristã[1]. Inicialmente, a inclusão de paradoxos, de jogos, de enigmas lógicos e de estruturas e conceitos matemáticos não era sistemática, apesar de esses componentes terem sido largamente utilizados. Com a criação do Oulipo, grupo francês que tinha o objetivo de incluir restrições matemáticas em escritos literários, tornamo-nos capazes de estudar as obras literárias do passado e do futuro com diferentes olhos em relação à matemática.

    Este livro surge a partir da minha insatisfação, enquanto matemático, da inerente separação de campos do conhecimento tão antigos quanto a humanidade. Os primeiros pensadores eram versados nos diferentes campos do saber que eram, até então, veredas que não se bifurcavam. Aqui proponho um resgate, uma viagem pelo mundo das letras e dos números, da literatura comparada e das ficções e romances de Borges, Perec e de outros escritores, poetas, estudiosos e sonhadores.

Primeiro Passo

Este livro faz um estudo comparativo das obras de Jorge Luis Borges e Georges Perec à luz da matemática – ciência ou linguagem que pode ser caracterizada pelo estudo formal de padrões de quantidade (conceito de enumeração), estrutura, números, transformações, lógica e espaço –, buscando identificar pontos de articulação entre ambos os escritores. Tendo em vista o campo da literatura, a matemática aqui utilizada tem também como objetivo discutir e apresentar problemas do senso comum de ordem lógica, como os paradoxos, as ambiguidades e os jogos combinatórios, muitas vezes tomados como recursos predominantemente "ficcionais", mas que têm em seus fundamentos questões de cunho matemático centrais para o desenvolvimento de uma determinada literatura. Assim, conjecturamos que quanto maior o conhecimento de recursos, técnicas e conceitos matemáticos, maior a potencialidade de escrita segundo *contraintes* e maior a possibilidade de utilização de recursos ficcionais.

Por que os jogos combinatórios aumentam a potencialidade e a possibilidade de leitura? Dois leitores, diante do mesmo texto ou poema, teriam diferentes e potenciais tipos de leitura. E se esses textos ainda pudessem ser permutados, mudados, jogados, falsificados, ludibriados, haveria inúmeras outras possibilidades, além da leitura básica e distinta de cada leitor. A partir de algoritmos, regras, restrições e *contraintes*, potenciais leituras seriam cabíveis. Essa é a invenção e contribuição do Oulipo, de Georges Perec e, como demonstraremos posteriormente, de Jorge Luis Borges. De acordo com Jacques Derrida "um texto só é um texto se ele oculta, ao primeiro olhar, ao primeiro encontro, a lei de sua composição e a regra de seu jogo. Um texto permanece, aliás, sempre imperceptível. A lei e a regra não se abrigam no inacessível de um segredo, simplesmente elas nunca se entregam, no *presente*, a nada que se possa nomear rigorosamente na percepção".[1] Dessa forma, os textos construídos pelas *contraintes* não se entregam ao primeiro olhar; suas regras e sua composição escondem e ludibriam o leitor.

Uma *contrainte* pode ser entendida como uma restrição inicial imposta à escrita de um texto ou livro, sendo as mais básicas de caráter linguístico. Existem, porém, outras restrições artificiais, que podem ser de caráter matemático, como as sugeridas pelos fundadores do grupo francês Oulipo, criado em 1960 pelo matemático François Le Lionnais e pelo escritor, enciclopedista e matemático amador Raymond Queneau[2]. O Oulipo trabalha tanto com as restrições matemáticas quanto com outros tipos de restrições: dado um tema, os integrantes do grupo discutem e compõem textos, livros e pequenos manuscritos com essa restrição inicial. Neste livro, entretanto, nos dedicaremos apenas às *contraintes* matemáticas ou que podem ser relacionadas a alguma estrutura ou conceito matemático.

Unir matemática e literatura pode ser uma forma de utilizar a ciência como uma nova lógica, um novo conceito, uma nova sustentação e potencialidade da literatura, como escreve Italo Calvino em *Seis Propostas Para o Próximo Milênio*:

> Cada vez que o reino do humano me parece condenado ao peso, digo para mim mesmo que à maneira de Perseu eu devia voar para outro espaço. Não se trata absolutamente de fuga para o sonho ou o irracional. Quero dizer que preciso mudar de ponto de observação, que preciso considerar o mundo sob uma outra óptica, outra lógica, outros meios de conhecimento. [...] No universo infinito da literatura sempre se abrem outros caminhos a explorar, novíssimos ou bem antigos, estilos e formas que podem mudar nossa imagem do mundo [...]. Mas se a literatura não basta para me assegurar que não estou apenas perseguindo sonhos, então busco na ciência alimento para as minhas visões das quais todo pesadume tenha sido excluído.[3]

---

[1] J. Derrida, *A Farmácia de Platão*, p. 7.
[2] Podemos pensar, também, em *contraintes* tecnológicas: o *Twitter* é um *site* que impõe a restrição de postagem de textos com até 140 caracteres. Seguindo essa *contrainte* e sua repercussão no ambiente virtual, a Academia Brasileira de Letras lançou, no dia 15 de março de 2010, o Concurso Cultural de Microcontos.
[3] P. 19-20.

Ao mesmo tempo, este livro procura mostrar que Borges pode ser interpretado como um escritor oulipiano, e que a matemática utilizada por ele e por Perec, embora com características diferentes, tem o mesmo objetivo: aumentar as possibilidades de escrita e leitura de seus argumentos ficcionais e ensaísticos.

Cada vez mais conhecido do público brasileiro, Georges Perec nasceu em 1936, na cidade de Paris, onde viveu a maior parte de sua vida, e morreu em Ivry, 46 anos depois. Seu pai lutou na Segunda Guerra Mundial e foi morto em 1940, sua mãe morreu em Auschwitz. Perec, órfão aos seis anos, foi criado por parentes próximos. Sua obra tem início em 1965, com o romance *Les Choses* (As Coisas), seguido por *Quel petit vélo à guidon chromé au fond de la cour?*(Qual Bicicletinha de Guidão Cromado no Fundo do Pátio?), *Um Homem Que Dorme* e *La Disparition* (O Desaparecimento) – este último já escrito após sua entrada no Oulipo. Rica e enigmática, a obra de Perec, repleta de restrições matemáticas, jogos e mistérios em sua estrutura, linguagem e linha narrativas, vem sendo estudada especialmente após sua morte prematura em 1982. Além disso, pode ser lida por meio de diversas oposições: homogeneidade de temas ou heterogeneidade de invenções; completude historiográfica ou incompletude memorialística; obra melancólica de um órfão frente a uma história irrecuperável e inconcebível ou obra elaborada pacientemente por um colecionador/classificador obstinado e um elaborador/jogador de *puzzles*; Barnabooth ou Bartleby[4]. Essa dualidade está sempre presente na obra de Perec, possibilitando seu enquadramento na *categoria* do inclassificável e do híbrido. Assim Perec descreve sua ambição como escritor, que pode ser relacionada à obra de Borges, já que ele de fato percorreu toda a literatura e escreveu inúmeros e inclassificáveis contos:

4 J.-L. Joly, *Connaissement du monde*.

> Se eu tento definir o que procurei fazer desde que comecei a escrever, a primeira ideia que me vem é que jamais escrevi dois livros iguais. [...] Minha ambição de escrever seria a de percorrer toda a literatura do meu tempo sem jamais ter o sentimento de voltar nos meus passos ou de caminhar novamente pelos meus próprios traços e de escrever tudo o que é possível a um homem de hoje escrever: livros grandes e curtos, romances, poemas, dramas, livretos de ópera, romances policiais, romances

de aventura, romances de ficção científica, folhetos, livros para crianças.[5]

Em 1980, Perec escreveu um pequeno prefácio para um livro de Pierre Marly chamado *Les Lunettes*, que pode ser encontrado, também, em seu livro *Penser/classer*, sob o título "Considérations sur Les Lunettes", o qual termina assim:

> Há um certo número de coisas que sei que a partir de agora não farei mais. É infinitamente pouco provável que eu vá um dia à lua, que eu viaje em um submarino ou que aprenda chinês, saxofone ou ergódico, mesmo que tenha muita vontade às vezes. É fortemente pouco provável que me torne um oficial da ativa, estivador em Vale Paraíso, procurador de um grande banco, bilheteiro, explorador agrícola ou presidente da República. Entretanto, é quase certo que um dia, como um terço dos franceses, eu usarei óculos. Meu músculo ciliar, que comanda as modificações da curvatura do cristalino, perderá pouco a pouco sua elasticidade e meu olho, a partir de então, não será mais capaz de acomodação. Esse processo se produz, digamos, em todos os adultos a partir de 45 anos, e eu tenho 44 anos e meio.[6]

[5] G. Perec, apud C. Burgelin, *Georges Perec*, p. 11. (Tradução nossa em caso de obra estrangeira quando não indicado diferentemente.)
[6] G. Perec, *Penser/classer*, p. 150.

Nessa passagem, Perec escreve sobre alguns dos seus desejos que não serão realizados. Pouco depois, aos 46 anos, morria em virtude de um câncer de pulmão, sem nunca ter tido a necessidade de usar óculos. Por outro lado, Jorge Luis Borges, tradutor, crítico e escritor, viveu até os 87 anos. Nasceu em 1899, em Buenos Aires, e morreu em 1986, em Genebra. Mestre da escrita breve e meticulosa, condensa em poucas páginas uma riqueza imensa de pensamentos filosóficos, literários, poéticos, intertextuais, hipertextuais, ficcionais, enciclopédicos e lógico-matemáticos. Abre o texto para além do infinito e da contagem, inverte, trapaceia, silencia, desvela e adultera conceitos e normas preestabelecidas. Em uma de suas invenções mais importantes, a de se ver como um narrador autorreferente, mistura prosa ensaística e prosa narrativa, fingindo que o livro que desejava escrever já havia sido escrito por um outro escritor hipotético, *el otro*, de outra cultura e com outra visão do mundo, ou dos mundos possíveis. Nas palavras de Italo Calvino:

O vivido é valorizado por quanto ele irá inspirar na literatura ou por quanto, a seu modo, repete arquétipos literários: por exemplo, entre uma empresa heroica ou temerária num poema épico e uma empresa análoga vivida na história antiga ou contemporânea existe uma troca que conduz a identificar e comparar episódios e valores do tempo escrito e do tempo real. Neste quadro se situa o problema moral, sempre presente em Borges como um núcleo sólido na fluidez e potencial de intercâmbio dos cenários metafísicos. [...] Na perspectiva borgiana, que exclui qualquer espessura psicológica, o problema da moral aflora simplificado quase nos termos de um teorema geométrico, em que os destinos individuais formam um desenho geral que toca a cada um reconhecer menos ainda que escolher.[7]

[7] *Por que Ler os Clássicos*, p. 249.
[8] Cf. E.R. Monegal, *Borges, una Biografia Literaria*.

Assim como Perec, Borges é um generalista: um homem que se aproxima de diversos livros, culturas e áreas do conhecimento com o intuito de adquirir mais ferramentas ficcionais. Como não tem nenhuma pretensão à especialização, sobretudo lógico-matemática, ele se vale das enciclopédias, não só como uma redução de modelo, mas também como paródia da busca de conhecimentos variados[8]. Além disso, ambos, na infância, tiveram dificuldades com a matemática, o que não os impediu de utilizá-la em seus trabalhos, como veremos nos próximos capítulos. A visão, definição e a utilização da matemática, em Perec e no Oulipo, gira em torno das *estruturas* empregadas, já em Borges, por seus *conceitos* aplicados. Porém, o conceito e a definição de literatura, seja em Borges, Perec ou no Oulipo, são bem mais complexos. Suas visões acerca da literatura se misturam, se separam e muitas vezes se diluem ao longo de suas produções. Assim, não temos aqui a pretensão de responder à pergunta "O que é literatura?", e sim intentamos fornecer exemplos, conceitos e estruturas presentes nas obras de Jorge Luis Borges, de Georges Perec e do Oulipo, objetivando entender como a literatura pode ser vista sob a óptica desses escritores em sua ligação com a matemática.

Para Borges, literatura é falar e escrever sobre a própria literatura: sua inventividade não está somente na criação de um grande autor, mas também na configuração de uma grandiosa narrativa. Assim, por exemplo, no texto "Pierre Menard, Autor do Quixote", o escritor argentino atribui a um autor contemporâneo alguns fragmentos da obra de Cervantes, o que faz com que esta tenha seu significado alterado[9]. Georges Perec, por sua vez, irá ilustrar esse conceito com seu jogo de citações e plágios, tomando-o como uma *contrainte*. Em muitos momentos, Perec escreve que a literatura (assim como a arte do *puzzle*) é um jogo que se joga a dois, na qual cada forma de leitura foi pensada anteriormente pelo autor, que controla, assim, todas as suas possibilidades. Porém, ele próprio discorda e refuta, o tempo todo, esse jogo entre autor e leitor. Por mais matemático e estruturado que o projeto literário seja, quando a obra alcança o público, leitura e recepção não estão mais nas mãos do construtor de *puzzles*.

[9] Cf. Idem, *Borges: Uma Poética da Leitura*.

O escritor francês discute, também, o projeto de totalidade e esgotamento. Assim, tentando descrever tudo o que se passa em uma praça em Paris, compõe o livro *Tentative d'épuisement d'un lieu parisien*; e com o intuito de pensar em todas as possibilidades de se pedir um aumento ao chefe, escreve *A Arte e a Maneira de Abordar Seu Chefe Para Pedir um Aumento*. Entretanto, Perec está ciente da limitação e, através dessa tentativa absurda da totalidade e do esgotamento, critica qualquer projeto que tente abarcar o todo. Essa questão está presente também em Borges, que em "Do Rigor na Ciência" constrói uma narrativa que busca afirmar e descrever exaustivamente o mundo, ao ponto de chegar a uma imagem paradoxal de substituição e destruição do mesmo. Já em *Espèces d'espaces*, Perec vai questionar as categorias que suportam a oposição binária entre discursos ficcionais e referenciais, e entre narração e descrição, entre classificação e embaralhar. Ao empreender o que parece ser a simples descrição e nomeação dos espaços, Perec coloca em questão as noções mais básicas e óbvias relativas ao assunto. O objeto da descrição, por vezes, é o próprio espaço do texto, o que força o leitor a rever a própria noção de descrição, uma vez que nesses momentos não há objeto referencial ou extraliterário a ser descrito: o que se descreve é o espaço mesmo onde a descrição está acontecendo. Perec preenche, assim, o espaço "página" de todas as formas possíveis, muitas vezes de modo lúdico, outras vezes atribuindo à escrita funções simples, porém nunca antes pensadas. Ele escreve para "se percorrer", fazendo-o horizontalmente através de citações e escrevendo à margem da folha. Apresenta também o tamanho médio de uma folha de papel, pensa em quantos hectares seriam necessários para imprimir as obras de Alexandre Dumas, afirma que em qualquer folha é possível narrar pequenos acontecimentos: um encontro, o preenchimento de um cheque, uma carta administrativa. Faz jogos de palavras e letras, chamando-os de ideias. É possível, ainda nesse pequeno espaço, ler o humor, a hora, a precisão de determinada pessoa na execução de atividades ordinárias e uma infinidade de elementos, situações, narrações, coisas cotidianas e inesperadas.

No Oulipo, o termo "literatura" é sempre discutido juntamente ao termo "potencial", que abordaremos no Capítulo 1. O objetivo do grupo é trabalhar a literatura potencial, e a potencialidade é atingida através da utilização de recursos combinatórios e *contraintes*. O Oulipo adota a visão de Raymond Queneau, que afirma que a literatura não é voluntária, ou seja, que toda literatura é uma intenção. Cada membro do grupo tem liberdade para buscar sua própria resposta às perguntas "por que escrever?" e "o que é literatura?" Entretanto, na maioria das vezes, a pergunta mais cabível aos oulipianos tem um sentido pragmático: "como você escreveu um dos seus livros?" Ora, se escrever é uma intenção, ler requer a atenção do leitor. O leitor oulipiano é, assim, um leitor inventivo, um descobridor de jogos, regras, permutações, que combina fragmentos, cria o imprevisível e identifica o irreconhecível. Isso se dá, também, pelas possibilidades, ainda maiores, ofertadas pela utilização consciente da matemática na literatura.

Para discutir essas questões, o livro está estruturado em quatro capítulos. O primeiro, "Matemática e Literatura", tem como objetivo apresentar o grupo Oulipo, do qual Georges Perec fez parte, assim como suas aplicações e utilizações da matemática na literatura, além de apresentar alguns membros e suas principais contribuições com este contexto. Ainda no primeiro capítulo, apresentamos escritores que, em diferentes épocas, utilizaram conceitos e estruturas matemáticas em suas obras literárias.

O segundo capítulo, "Georges Perec e Relações Borgianas", discute as estruturas matemáticas trabalhadas por Perec na composição de vários de seus livros e textos, especialmente no livro *A Vida Modo de Usar*. Além disso, objetiva-se a introdução de alguns conceitos que serão relacionados aos textos de Borges, como a Cabala, os jogos, e as citações e plágios literários. Algumas técnicas e estruturas matemáticas serão explicadas, com o intuito de simplificar o entendimento da obra de Perec e, também, engrandecer a literatura sob *contraintes*. No terceiro capítulo, "Borges, Matemática e Relações Perequianas", buscamos estudar as relações entre as obras de Jorge Luis Borges, a matemática e os sistemas lógicos. As pesquisas nesse campo têm como objetivo apresentar as fontes matemáticas e o intuito borgiano ao utilizá-las. Apresentamos, assim, os principais recursos, técnicas e conceitos exaustivamente utilizados por Borges para abordar temas matemáticos e lógicos. Paradoxos, problemas na Teoria de Conjuntos e questões de autorreferência serão explicados com o objetivo de abordar a obra de Borges em uma perspectiva diferenciada, relacionando-a aos temas matemáticos presentes no Oulipo e em Georges Perec. Nesse momento é ainda retomado o tema da Cabala, com a intenção de relacioná-lo à obra de Perec, também por uma via matemática.

O quarto capítulo, "Borges e Perec", culmina com as explicações da matemática e da literatura presentes em ambos os escritores. Paralelamente, são indicadas também outras relações entre eles, com o intuito de unir duas escrituras, dois escritores de diferentes culturas e diferentes épocas, sob um viés distinto da matemática.

Ao longo dos capítulos, nos quais os conceitos abordados e os escritores analisados se encontram e se distanciam por meio das teorias apresentadas, teóricos da literatura e especialistas em Georges Perec e Jorge Luis Borges são amplamente citados, sempre com o objetivo de conduzir o raciocínio para os campos da matemática, da lógica e da literatura comparada.

1.
Matemática e Literatura

Muitos escritores utilizaram recursos matemáticos e lógicos para a composição de textos bem antes de Jorge Luis Borges e do Oulipo. A diferença principal é que, no caso do Oulipo, a utilização da matemática é feita de forma sistemática e rigorosa, a partir da definição de uma *contrainte* inicial, enquanto para outros escritores sua aplicação é livre. Apresentaremos aqui apenas alguns desses escritores.

[1] Cf. T. Carvalhal, *Literatura Comparada*

Refletir sobre matemática e literatura é uma tentativa de mostrar as possíveis interfaces entre esses dois modos de discurso. No comparatismo, não é mais a diversidade linguística que serve à comparação, mas a diversidade de linguagens, de campos disciplinares e de formas de expressão. A ampliação dos campos de domínio da investigação comparatista pressupõe uma duplicação de competências e um exercício de transdisciplinaridade. Logo, é necessário o aprofundamento nas duas áreas que serão relacionadas assim como o domínio de terminologias específicas que permitam o movimento num e noutro terreno com igual eficácia. Os estudos interdisciplinares em Literatura Comparada desejam ampliar os campos de pesquisa e a aquisição de competências e expressam a tendência a ultrapassar fronteiras, sejam elas intelectuais, artísticas ou culturais, além de trabalhar com novas possibilidades de expressão artística e formas de conhecimento[1].

No caso específico deste texto, em que se propõe a reflexão sobre a literatura e a matemática, é necessário detalhar e até mesmo criar alguns conceitos comparatistas que serão discutidos e demonstrados ao longo da obra. Inicialmente, trabalharemos com duas áreas do conhecimento distintas, mas que se misturam, se entrelaçam e compartilham saberes. É importante ressaltar, no entanto, que não é necessário um conhecimento profundo de matemática para recepcionar as obras de Borges e Perec, o que nos leva a uma primeira característica de perspectiva comparatista entre a matemática e a literatura: o não conhecimento específico da matemática não impede a leitura e o entendimento da obra. Essa característica, porém, direciona imediatamente a uma segunda: o conhecimento do problema matemático discutido e apresentado em determinado texto aumenta substancialmente a potencialidade da obra. Assim, conhecer e entender os recursos matemáticos de A Vida Modo de Usar, bem como identificar os problemas de recursividade, autorreferência e infinitude de "O Aleph"[2], proporcionam novas e potenciais possibilidades de leitura. Por outro lado, da perspectiva teórica comparatista que apresentamos, emerge uma terceira característica, referente ao autor dos textos que trabalha matemática e literatura: ele deve conhecer o discurso, a terminologia e os problemas específicos do assunto referenciado em seu trabalho. Borges, Perec e os oulipianos estão conscientes da necessidade desse conhecimento, o que não impossibilita que ele se apresente em graus variados. Em Borges e Perec, por exemplo, os recursos matemáticos utilizados são mais primordiais e, pelas limitações daí decorrentes, ambos os autores trabalham exaustivamente com os mesmos problemas. Já os matemáticos profissionais do Oulipo utilizam recursos e conceitos mais profundos e complexos, apresentando uma variabilidade muito maior em sua utilização, como é o caso de Jacques Roubaud.

Na teoria comparatista de que nos valemos, a forma de aplicação da matemática pode se dar como uma *contrainte* estrutural ou como um recurso ficcional. Estamos, portanto, diante de uma nova teoria comparatista, com características e aplicações bem definidas, como veremos através da análise das obras de Borges, Perec e dos oulipianos. É importante ressaltar que o comparatismo, aqui, busca unir duas áreas do conhecimento, ou seja, trabalhar a partir da ligação que se estabelece entre a matemática e a literatura em determinadas obras. Não seria possível, assim, um trabalho unilateral apenas com a matemática, uma vez que o reconhecimento de regras e estruturas da linguagem é indispensável para a construção desse pensamento. Não haveria como entender o sistema sem um conhecimento de ambos os campos discutidos. Entretanto, na ligação matemática-literatura

[2] J.L. Borges, O Aleph, *Obras Completas i*, p. 686-700.

aqui proposta, quanto mais se conhece a matemática, maior é o estabelecimento de relações, discussões e possibilidades para as obras, o que não impede a existência de outros caminhos de leitura que não exijam conhecimento algum da matemática e que sigam distintas perspectivas de abordagem.

Um exemplo interessante da aplicação direta de conceitos e estruturas matemáticas pode ser encontrado no ano de 1884, com a publicação do livro *Planolândia: um Romance em Muitas Dimensões*. O autor Edwin A. Abbott, trabalhando com formas geométricas e lugares estranhos de uma, duas, três e até quatro dimensões, introduziu aspectos relacionados aos conceitos da relatividade e do hiperespaço. *Planolândia* é uma mistura de matemática e geometria, uma paródia social repleta de humor e sarcasmo, que nos leva a uma viagem a diferentes mundos – em diferentes dimensões físicas – e nos dá, no fim, uma visão variada do espaço e de suas limitações. O livro se ambienta, basicamente, num universo bidimensional. Esse espaço, porém, apresenta certas incompatibilidades, como a presença do "olho". O axioma inicial que pode ser identificado nessa obra é a construção de um ambiente consistente, dadas as limitações impostas. Quando narra a existência da *Pontolândia* (o mundo seria um ponto sem dimensão) e da *Linhalândia* (o mundo seria uma linha, unidimensional), o autor tem que se desdobrar para tentar explicar as conexões e inter-relações presentes nesse novo espaço construído através de uma *contrainte* dimensional, que é um dos elementos constituintes do Oulipo.

Oulipo

Em *Cerisy-la-Salle*, sob a presidência de Georges Emmanuel Clancier e Jean Lescure, aconteceu um seminário em homenagem à Raymond Queneau. Do encontro entre Noël Arnaud, Jacques Bens, Claude Berge, Jacques Duchateau, Latis, Jean Lescure, François Le Lionnais, Raymond Queneau e Albert-Marie Schmidt, nasceu o Oulipo, grupo que se fundamentou, inicialmente, na possibilidade de incorporação de estruturas matemáticas em trabalhos literários através de métodos restritivos, as chamadas *contraintes*. O fundamento principal do grupo é a ruptura com a visão mítica do "poeta inspirado", herdada dos românticos e utilizada pelos surrealistas. Como afirmou Queneau, "só há literatura voluntária"[3]. O Oulipo é, assim, o antiacaso, a redescoberta ou um novo olhar para as obras do passado, escritas por aqueles chamados "plagiadores por antecipação" – autores que já utilizavam conceitos matemáticos e lógicos ou a literatura sob *contrainte* antes da criação do grupo. Interessam ao Oulipo a estrutura, a pesquisa da presença dessa estrutura em obras anteriores e a criação e proposição de estruturas novas. O Oulipo é, assim, um grupo "ludicamente sério ou seriamente lúdico"[4]. Apesar de algumas semelhanças com o Bourbaki, o Oulipo não é um grupo secreto. Nicolas Bourbaki – Bourbaki era um general de Napoleão III, e Nicolas foi um nome sugerido pela esposa de André Weil – foi um grupo composto por brilhantes jovens matemáticos que decidiram, em 1934, refundar a base axiomática da matemática. Entre seus principais membros estavam Henri Cartan, Claude Chevalley, Jean Delsarte, Jean Dieudonné e André Weil. Apesar de não terem inventado grandiosos teoremas, sua contribuição para a matemática foi fundamental, pois propuseram uma renovação, uma reestruturação e uma reorganização das terminologias e conteúdos, além de realizarem a composição coletiva de seus *Élements de mathématiques*. O método axiomático de Bourbaki implica uma aproximação formalista bem mais rigorosa, ou seja, é completamente inútil que uma proposição evoque outra representação mental que não a percepção mental dos signos que são escritos. A matemática é, em Bourbaki, um modelo bem estruturado e pragmático, cuja teoria segue as regras lógicas e os axiomas iniciais.

Na concepção axiomática, a matemática aparece como um reservatório de formas abstratas: as estruturas matemáticas. Nas palavras de Nicolas Bourbaki:

> Percebe-se – sem que saibamos bem o porquê – que certos aspectos da realidade experimental vêm se moldar em certas formas como por uma espécie de pré-adaptação. Não pode ser negado que a maioria dessas formas tinha originalmente um conteúdo

[3] J. Bens, *Genèse de l'Oulipo*, p. 42.
[4] J.-L. Joly, *Connaissement du monde*, p. 845.

intuitivo bem determinado; mas é precisamente no esvaziamento voluntário desses conteúdos que soubemos atribuir-lhes toda a eficácia que portavam potencialmente e que os tornaram susceptíveis a receber novas interpretações e a preencher plenamente sua função elaboradora.[5]

De acordo com a declaração formalista, encontramos uma definição da atitude oulipiana e de sua potencialidade. Assim como Bourbaki propõe uma nova fundação axiomática da matemática, Queneau e Lionnais propõem uma refundação da literatura, agora sob os padrões das *contraintes*. Assim, nas palavras de Queneau: "A intenção do Oulipo é propor novas estruturas. Isso é tudo. Agora vocês podem pensar que isso trará outra coisa. O sentido mesmo do Oulipo é o de propor estruturas vazias."[6]

Os oulipianos, além da axiomatização, tomam de Bourbaki outra paixão que será muito trabalhada por Perec e por Borges: a paixão taxonomista. A classificação bourbakista ordena os conhecimentos matemáticos, o que levou o matemático Laurent Schwartz a afirmar que o Bourbaki é o Lineu da matemática[7]. Outra referência ainda é dada por Jacques Roubaud:

> O grupo Bourbaki serviria de contramodelo ao grupo surrealista pela concepção do Oulipo. É uma homenagem a Bourbaki, uma imitação de Bourbaki, e mesmo uma paródia de Bourbaki, senão uma profanação (para retomar o axioma de Octavio Paz): Homenagem e Profanação são as duas tetas da literatura.[8]

Oulipo significa *ouvroir*[9], já que pretende trabalhar, *Littérature*, pois diz respeito à literatura, e *potentielle*, devido à sua potencialidade. A potencialidade é um trabalho que não é limitado somente pelas aparências, mas que contém segredos a explorar, pois há um fator combinatório entre as várias formas de leitura. Italo Calvino, em seu livro *Seis Propostas Para o Próximo Milênio*, diz que mesmo pertencendo ao Oulipo e conhecendo Georges Perec, não foi capaz de desvendar todos os mistérios e truques utilizados pelo

[5] Apud H. Le Tellier, *Esthétique de l'Oulipo*, p. 34.
[6] R. Queneau. apud H. Le Tellier, op. cit., p. 35.
[7] Carl Von Linné, conhecido também como Lineu, médico e botânico sueco responsável pela taxonomia moderna.
[8] J. Roubaud, apud H. Le Tellier, op. cit., p. 35.
[9] Significa, primeiramente, oficina. As invenções e descobertas do Oulipo pretendem auxiliar a todos aqueles que desejem usá-las.

escritor francês em A Vida Modo de Usar. O grande poema *Cent mille milliards de poèmes*, de Queneau, possui diversas e potenciais formas combinatórias de leitura – na verdade, existem 10^{14} possibilidades de leitura do poema – e, ainda que seja considerado o primeiro trabalho "acordado" de literatura potencial, não seria o primeiro trabalho "consciente". Raymond Queneau, enciclopedista e diretor da *Encyclopédie de la Pléiade*, da editora Gallimard, pode ser considerado um matemático amador. Seu trabalho mais importante na matemática é conhecido como *Les Suites s-additives*. Para ele, o Oulipo foi fundado por François Le Lionnais, matemático profissional. Queneau, que se considera cofundador, diz:

[10] W. Motte, Oulipo: A Primer of Potential Literature, p. 32
[11] R. Queneau, apud I. Calvino, *Por Que Ler os Clássicos*, p. 261.

> Eu tinha escrito cinco ou seis dos sonetos do *Cent mille milliards de poèmes*, e estava hesitante em continuar; porém não tive força; quanto mais eu prosseguia, mais difícil se tornava fazê-lo naturalmente. Mas quando fui ao encontro de meu amigo Le Lionnais, ele sugeriu que começássemos um grupo de pesquisa experimental em literatura. Aquilo me encorajou a continuar o trabalho com meus sonetos [...] Assim, os integrantes do Oulipo acreditam que todo texto é regido por regras, sejam elas conhecidas ou não por seu autor, sejam elas *contraintes* explícitas ou inerentes à própria linguagem.[10]

O Oulipo trabalha com estruturas bem definidas e acordadas anteriormente. Para compor um texto, utilizam certas *contraintes*, que têm como objetivo, segundo os oulipianos, ajudar no desenvolvimento de seu trabalho. Nas palavras de Queneau:

> Uma outra ideia muitíssimo falsa que mesmo assim circula atualmente é a equivalência que se estabelece entre inspiração, exploração do subconsciente e libertação; entre acaso, automatismo e liberdade. Ora, essa inspiração que consiste em obedecer cegamente a qualquer impulso é na realidade uma escravidão. O clássico que escreve a sua tragédia observando um certo número de regras que conhece é mais livre que o poeta que escreve aquilo que lhe passa pela cabeça e é escravo de outras regras que ignora.[11]

Italo Calvino também discute um pouco essa ideia romântica de inspiração. Em *Assunto Encerrado*, escreve:

> As diversas teorias estéticas afirmavam que a poesia era uma questão de inspiração vinda de sabe-se lá que alturas ou brotada de sabe-se lá que profundidade ou intuição pura ou instante não identificado da vida do espírito; ou uma voz dos tempos com que o espírito do mundo decidia falar por intermédio do poeta, ou espelhamento das estruturas sociais que, sabe-se lá por que fenômeno óptico, refletia-se na página [...] a literatura, da maneira como eu a conhecia, era obstinada série de tentativas de colocar uma palavra atrás da outra, conforme determinadas regras definidas ou, com maior frequência, regras não definidas nem passíveis de ser definidas mas que podiam ser extrapoladas de uma série de exemplos ou protocolos, ou regras que inventamos especificamente, isto é, que derivamos de outras regras que outros seguem.[12]

[12] I. Calvino, *Assunto Encerrado*, p. 205.
[13] Idem, *Por Que Ler os Clássicos*, p. 270.

Calvino, que também é membro do Oulipo, discute ainda a respeito da presença de elementos combinatórios, de um possível *hipertexto*:

> A estrutura é liberdade, produz o texto e ao mesmo tempo a possibilidade de todos os textos virtuais que podem substituí-lo. Esta é a novidade que se encontra na ideia da multiplicidade "potencial" implícita na proposta da literatura que venha a nascer das limitações que ela mesma escolhe e se impõe. Convém dizer que no método do "Oulipo" é a qualidade dessas regras, sua engenhosidade e elegância que conta em primeiro lugar. [...] Em suma, trata-se de opor uma limitação escolhida voluntariamente às limitações sofridas impostas pelo ambiente (linguísticas, culturais etc.). Cada exemplo de texto construído segundo regras precisas abre a multiplicidade "potencial" de todos os textos virtualmente passíveis de escrita segundo aquelas regras e de todas as leituras virtuais desses textos.[13]

Calvino entra oficialmente no Oulipo em 1973 e produz alguns livros utilizando *contraintes* de maneira declarada. Porém, mesmo antes de sua entrada, ele já produzia na mesma linha que o grupo: era um "plagiador por antecipação". *Se Um Viajante Numa Noite de Inverno* é um hiper-romance (utilizando o conceito de hipertexto ou hiper-romance discutido pelo próprio Calvino, forma pela qual ele chamou A *Vida Modo de Usar,* de Perec) que constrói sua narrativa seguindo um modelo previamente determinado, um algoritmo que o próprio Calvino apresenta nas obras conjuntas do Oulipo[14]. Nesse artigo, Calvino mostra como construirá seu livro, as relações a serem estabelecidas entre as personagens de cada capítulo e apresenta a estrutura geral do livro exatamente como um algoritmo – que lembra o organograma de Perec em "L'Augmentation"[15]. Já em O *Castelo dos Destinos Cruzados,* o escritor italiano constrói uma máquina narrativa literária segundo os moldes do Oulipo:

14 Cf. Oulipo, *La Littérature potentielle.*
15 G. Perec, L'Augmentation, *Theatre I,* p. 1-59.
16 I. Calvino, apud Oulipo, *Atlas de littérature potentielle,* p. 384.
17 Ibidem, p. 384.

> a ideia de utilizar o tarô como uma máquina narrativa combinatória me veio de Paolo Fabbri [...] o significado de cada carta depende de como ela se coloca em relação às outras cartas que a precedem e as que a procedem; partindo dessa ideia, procedi de maneira autônoma segundo as exigências do meu texto[16].

Calvino também "compartilhava com o Oulipo muitas ideias e predileções: a importância das *contraintes* nas obras literárias, a aplicação meticulosa de regras de jogos estritos, o retorno aos procedimentos combinatórios, a criação de novas obras utilizando materiais já existentes"[17]. Em As *Cosmicômicas,* o nome da personagem principal do livro é um palíndromo, Qfwfq. Há também outras referências de personagens que utilizam a mesma *contrainte* (Pfwfp). Qfwfq se apresenta em várias épocas, em vários lugares e sob várias formas (ou não formas). A partir de conjecturas e leis físicas, a personagem recorda momentos marcantes de sua evolução, juntamente com as dos *universos* (difícil nomear, já que ele "brinca" de construir universos com suas partículas formadoras). Assim escreve Jacques Joeut, em *Europe,* sobre esse e outros livros de Calvino:

> Qfwfq é um bom exemplo da invenção axiomática de Calvino. Uma personagem interessante, uma personagem reveladora será uma personagem forçada, no sentido em que a *contrainte* que

se exerce sobre ela parece, à primeira vista, uma deficiência, uma limitação de possibilidades, mas paradoxalmente se revela fecunda de, pela energia necessária, compensar a sua deficiência ela mesma. É a criança num mundo adulto em *A Trilha dos Ninhos de Aranha*, e as duas meias porções do *Visconde Partido ao Meio*, a inexistência mesmo do *Cavaleiro Inexistente* ou a limitação voluntária em nível territorial do *Barão nas Árvores*. Acontece que essas personagens impedidas são reveladoras das causas de todo impedimento ou de toda tragédia. O Visconde (na sua parte boa) se recorda de sua antiga condição, diz: "Eu era inteiro, eu não compreendia".[18]

[18] Cf. J. Jouet, L'Homme de Calvino, *Europe*, n. 815. Disponível em: <http://www.oulipo.net/>.

A questão da combinatória é também referencial nas discussões do Oulipo. Para Raymond Queneau, a literatura é combinatória, o que o leva a reclamar, em 1964, da falta de maquinário sofisticado para se trabalhar essa combinatória. A potencialidade, nessa perspectiva, é incerteza, mas não falta de precisão: sabe-se perfeitamente bem o que pode acontecer, mas não se sabe quando. O grande exemplo dessa posição é o poema combinatório de Queneau ao qual nos referimos anteriormente. Nessa mesma época, Queneau já começa a utilizar procedimentos experimentais com computadores, e hoje as tecnologias informáticas têm propiciado novas visões e novos argumentos para o trabalho sob a perspectiva oulipiana.

Inicialmente, o Oulipo não dispunha de tantos recursos tecnológicos como os que verificamos na atualidade. Ao longo da história, muito outros pensadores trabalharam com matemática sem tais recursos: Pitágoras considerava os números como a essência das coisas; Platão afirmava que a Geometria é a fundação do conhecimento; Leonardo da Vinci dizia que a estética está profundamente relacionada à matemática através do segmento áureo; Descartes, Pascal e D'Alembert trabalharam com matemática, além de escrever inúmeras obras e livros; Schopenhauer sugere a similaridade entre poesia e matemática; Lewis Carroll argumenta que a aplicação consciente dos conceitos matemáticos na literatura torna os escritos mais interessantes; Ezra Pound diz que a "poesia é um tipo de inspiração matemática"; e Paul Valéry fala que a matemática é o modelo de atos da mente.

Oulipo e o Projeto de Hilbert

Como já foi afirmado, antes do surgimento do grupo Oulipo vários escritores utilizaram a matemática em seus trabalhos, porém não de forma sistemática. Graças às propostas de Queneau e Le Lionnais, a matemática passou a ser utilizada de forma mais rigorosa e consciente na literatura. O projeto inicial do grupo era fazer uma ligação entre duas áreas, em princípio, completamente opostas. Para tanto, Queneau utilizou o chamado Projeto de Hilbert.

[19] J.T. Smith, *David Hilbert's Radio Address*. Disponível em <http://math.sfsu.edu>.

David Hilbert (1862-1943) foi um matemático alemão que, no Congresso Internacional de Matemática de 1900, em Paris, reuniu 23 problemas matemáticos que ainda não haviam sido resolvidos – e eram, até então, considerados os mais importantes –, propondo a resolução dos mesmos. Para ele, não existia nada na matemática que não pudesse ser demonstrado. Em 1921, Hilbert aproxima-se da lógica, com a intenção de reformular as bases da matemática de forma rigorosa, partindo da aritmética. Para ele, toda a matemática poderia ser reduzida a um número finito de axiomas consistentes. Assim, qualquer proposição da matemática poderia ser provada através desse sistema, tornando-o completo e consistente. Em suas próprias palavras:

> Não devemos dar crédito àqueles que hoje adotam um tom filosófico e um ar de superioridade para profetizar o declínio da cultura científica e se comprazer com o *ignorabimus*.
> Para nós, matemáticos, não há *ignorabimus* e, em minha opinião, para as ciências naturais também não, de modo nenhum.
> Em vez desse disparatado *ignorabimus* adotemos, pelo contrário, a resolução: Havemos de saber – podemos saber!
> Ninguém nos expulsará do paraíso que [Georg] Cantor criou para nós.[19]

Para sorte de alguns matemáticos e azar de Hilbert e seus seguidores, em 1931 aparecem os Teoremas da Incompletude de Gödel, e suas implicações acabam com todo o romantismo do Projeto de Hilbert. Nos seus teoremas, Gödel prova que um sistema axiomático não pode atestar sua própria consistência e que, caso ele o faça, só pode ser inconsistente. Além disso, em sistemas com o poder de definir os números naturais (como o que Hilbert idealizou), sempre há proposições (chamadas "indecidíveis") que não podem ser provadas dentro do sistema (portanto, o sistema é incompleto). Dessa forma, não se pode provar a completude e consistência de um sistema capaz de fazer aritmética.

Em seu artigo "Fondements de la littérature d'après David Hilbert", Queneau propõe algumas mudanças para a composição de textos literários com referências matemáticas. Já que o projeto de Hilbert não terá sucesso nunca, Queneau propõe um novo sistema que é, como todos os outros, incompleto:

[20] R. Queneau, apud Oulipo, *La Bibliotèque oulipienne*, v. 1, p. 38-39.

> No lugar de pontos, retas e planos, poderíamos aplicar as palavras mesa, cadeira e vidrecomes. Inspirando-me nesse ilustre exemplo, apresento aqui uma axiomática da literatura mudando, nas proposições de Hilbert, as palavras "pontos", "retas", "planos" respectivamente por "palavras", "frases", "parágrafos".[20]

Queneau apresenta também seus axiomas para esse novo projeto, comparando-os aos axiomas de Euclides. É uma relação extensa de axiomas e, em virtude de sua importância para a utilização da matemática na literatura, pela primeira vez, de modo consciente e explícito, transcrevemos alguns deles:

> Primeiro Grupo de axiomas (axiomas de inclusão)
> I,1. Existe uma frase que contém duas palavras dadas.
> COMENTÁRIO: Evidente. Exemplo: Sejam as duas palavras "la" e "la", existe uma frase que contém essa duas palavras: "o violinista dá o la à (la) cantora".
> I,2. Não existe mais de uma frase que contém duas palavras dadas.
> COMENTÁRIO: Há, ao contrário, quem pode se surpreender. Entretanto, se pensamos em palavras como "longtemps" [longo tempo, muito] e "couché" [deitar, inclusive deitar com alguém, dormir], é evidente que uma vez escrita uma frase que as contém, a saber: "longtemps je me suis couché de bonne heure", qualquer outra expressão tal como "longtemps je me suis couché tard" ou "longtemps je me suis couché

tôt" é só uma pseudofrase que devemos rejeitar em virtude do axioma presente.

NOTA: Naturalmente, se escrevemos "longtemps, je me suis couché tôt", é "longtemps je me suis couché de bonne heure" que devemos rejeitar em virtude do axioma I,2. Isso quer dizer que não escrevemos duas vezes *Em Busca do Tempo Perdido*.

Segundo grupo de axiomas (axiomas de ordem)

II,1. Se em uma frase uma palavra se encontra entre duas palavras colocadas em uma ordem dada, encontra-se ela, igualmente, em sentido inverso, entre essas duas palavras.
Comentário: Trivial.

II,2. Dadas duas palavras de uma frase, existe pelo menos uma terceira palavra tal que a segunda esteja entre a primeira e a terceira.

Axioma das Paralelas (vulgo: *Postulatum* de Euclides)
Dada uma frase, seja uma palavra que não pertença a essa frase; no parágrafo determinado pela frase e essa palavra, existe no máximo uma frase que compreende essa palavra e que não tenha nenhuma palavra em comum com a primeira frase dada.
Comentário: Seja a frase: "Longtemps je me suis couché de bonne heure". E a palavra "réveil". Existe no parágrafo que as compreende somente uma frase que contém a palavra "réveil" e que não compreende outra palavra da frase "Longtemps je me suis couché de bonne heure", a saber: "Cette croyance survivai pendant quelques seconds à mon réveil." O primeiro parágrafo do *Em Busca do Tempo Perdido* obedece, pelo menos localmente, ao postulado de Euclides.[21]

O sistema descrito é bem abrangente e, algumas vezes, complexo. Como os axiomas não precisam ser demonstrados, Queneau apenas os comenta com o intuito de simplificar o entendimento. No sistema, que faz referência aos axiomas de Euclides e também ao livro de Marcel Proust, *Em Busca do Tempo Perdido*, já é possível visualizar os primeiros traços do nascimento do grupo, marcados pela

---

[21] Ibidem, p. 39-48.

utilização da matemática e de inúmeros livros[22]. O primeiro grupo de axiomas discute os princípios básicos da composição de um texto: como empregar as palavras nas frases, e a questão de determinada palavra pertencer ou não a um texto ou a uma frase. No segundo grupo de axiomas é apresentada a ordem dessas palavras, em que posição essas palavras podem ser colocadas no texto. Queneau também discute o porquê da diferença entre dois textos.

O conjunto de axiomas apresentado discute os princípios básicos da composição de um texto, mas tem o intuito de relacionar os primeiros axiomas criados na matemática (Euclides) com o que seriam os primeiros axiomas criados pelo Oulipo. Para o entendimento da composição e estrutura do Oulipo, no entanto, os manifestos são ainda mais importantes que os axiomas de Queneau, já que neles encontramos a descrição exata de como e com qual intuito será trabalhada a matemática na literatura. Em relação aos axiomas, sua maior importância é demonstrar que, pela primeira vez, alguém (Queneau) transpõe os conceitos básicos de *ponto*, *reta* e *plano* da Teoria de Conjuntos para a literatura.

[22] Georges Perec, por exemplo, escreveu um texto chamado *Variations sur un thème de Marcel Proust*, no qual, partindo do texto básico de Proust (*Longtemps je me suis couché de bonne heure*), aplica muitas outras *contraintes* para sua reescrita, como o anagrama (*Je cherche le temps bougé ou semé d'un sinon*), o lipograma em E (*Durant un grand laps l'on m'alita tôt*) e a permutação (*De bonne heure je me suis couché longtemps*); ver Oulipo, *Anthologie de l'Oulipo*, p. 24.

Raymond Queneau e "Cent mille milliards de poèmes"

Além dos livros *Exercices de style* e *Petite cosmogonie portative*, Raymond Queneau escreveu o poema *Cent mille milliards de poèmes*, que pode ser considerado como a primeira tentativa consciente de utilização da análise combinatória na literatura. No primeiro livro, um episódio de poucas frases é repetido 99 vezes em 99 estilos diferentes; o segundo livro é um poema alexandrino sobre as origens da Terra, da Química, da evolução animal e tecnológica, e da vida. Já o poema trata-se da construção de 10 sonetos, portanto com 14 versos cada um, em que cada primeiro verso de cada soneto faz correspondência com outros 10 versos diferentes. Logo, já no primeiro verso, temos a combinação de 100 possibilidades ($10 \times 10 = 10^2$). No terceiro verso, teremos 10^3 possibilidades. Assim, se temos 14 versos, teremos 10^{14} possibilidades de poemas. Nas palavras de Queneau, "contando 45 segundos para ler um soneto e 15 para mudar as folhas, 8 horas por dia, 200 dias por ano, teremos um pouco mais de um milhão de séculos de leitura"[23]:

Cent mille milliards de poèmes

Le cheval Parthénon s'énerve sur sa frise
depuis que lord Elgin négligea ses naseaux
le Turc de ce temps-là pataugeait dans sa crise
il chantait tout de même oui mais il chantait faux

Le cheval Parthénon frissonnait sous la bise
du climat londonien où s'ébattent les beaux
il grelottait le pauvre aux bords de la Tamise
quand les grêlons fin mars mitraillent les bateaux

La Grèce de Platon à coup sûr n'est point sotte
on comptait les esprits acérés à la hotte
lorsque Socrate mort passait pour un lutin

Sa sculputure est illustre et dans le fond des coques
on transporte et le marbre et débris et défroques
si l'Europe le veut l'Europe ou son destin.[24]

[23] R. Queneau, apud Oulipo, *Anthologie de l'Oulipo*, p. 891.
[24] Ibidem, p. 889. (Tradução: O cavalo Parthenon se eriça em sua frisa/ desde que Lord Elgin negligenciou suas náuseas/ o Turco daquele tempo se debatia em crise/ e cantava de várias maneiras, mas que fossem falsas./ O cavalo Parthenon estremecia na brisa/ em virtude do clima de Londres, onde brincavam os galantes/ e os coitados se debatiam às margens do Tamisa/ quando o granizo do final de março metralhavam os navegantes/ A Grécia de Platão não é tola/ contavam com mentes aguçadas em fila/ mesmo que Sócrates morto se fingia diabinho./ Sua escultura é representada no fundo de escudos/ produzida, e o mármore e a sucata e resíduo/ se a Europa quer Europa, ou apenas o seu destino.)
[25] Ibidem, p. 879.

Segundo Queneau, há um conceito e uma justificativa para a composição de um poema combinatório:

Essa pequena obra permite a cada um compor à vontade cem mil bilhões de sonetos, todos normalmente bem entendidos. É um tipo de máquina de fabricar poemas, mas em número limitado; é verdade que esse número, ainda que limitado, produz leitura por aproximadamente cem milhões de anos (lendo vinte e quatro horas por dia)[25].

A principal diferença desse poema de Queneau em relação a outros poemas é que, nesses outros poemas, se fizermos a recombinação de versos e estrofes, não continuaremos verdadeiramente com o poema, uma vez que o jogo de rimas e estruturas será quebrado, destruído. Já em Queneau, o poema foi pensado para ser combinatório, e assim sua estrutura, sua rima e sua composição conservam-se, mesmo se executarmos a tarefa de realizar as 100.000.000.000.000 combinações possíveis.

Apesar de muito grande, o número de combinações de Queneau não é infinito. O mesmo raciocínio será apresentado para a análise do conto "A Biblioteca de Babel", de Jorge Luis Borges. Sua biblioteca comporta um número grandioso de livros, porém não é infinita – apesar de a quantidade de livros incluída no conto de Borges ser muito maior que a de possibilidades do poema de Queneau. Nesse caso, já se faz perceptível uma diferença entre o uso da estrutura matemática nas composições do Oulipo – a utilização da análise combinatória para a composição do poema – e nos textos de Borges – a utilização conceitual da matemática, como argumento ficcional.

[26] C.A. Pino, *A Ficção da Escrita*, p. 47. Na verdade, o número de combinções possível é cem mil bilhões de poemas diferentes.

Para Queneau, o artista deve ter plena consciência das regras formais de sua obra, do seu significado particular e universal e de sua influência e função. Dessa forma, ele entra na polêmica discussão com a contingência do surrealismo, recusa a inspiração, o lirismo romântico, o culto ao acaso e ao automatismo. Seu "saber" é caracterizado pela globalização e pelo senso de limite, pela desconfiança em relação a qualquer filosofia que se queira absoluta. A lógica compõe-se como o funcionamento da inteligência humana, e é regida pela transformação da matemática em contato com os problemas colocados pelas ciências da natureza.

De acordo com Claudia Pino, o poema combinatório de Queneau possibilita ao autor e ao leitor a criação de sua própria obra:

> Em *Cent mille milliards de poèmes*, ele apresenta uma série de cem versos que podem ser combinados entre si e transformados em "cem mil milhões" de poemas diferentes. Com essa obra, Queneau dava ao leitor a possibilidade de criar sua (tanto do leitor quanto do autor) própria obra.[26]

François Le Lionnais – "Les Manifestes"

Nascido em Paris, em 1901, Le Lionnais era engenheiro químico e matemático. Membro do Collège de Pataphysique, foi um dos principais responsáveis pela fundação e aplicação dos conhecimentos matemáticos na literatura. O Collège de Pataphysique, criado por Alfred Jarry, é uma ciência de soluções imaginárias que trabalha com alguns conceitos matemáticos, imitando a linguagem científica e transformando-a em caricatura:

27 A. Jarry, *Gestes et opinions du docteur Faustroll, pataphysicien*, p. 31.

> A *pataphysique*, que a etimologia deve escrever *epi (meta ta fusika)* e a ortografia real *'pataphysique* precedida de um apóstrofo, a fim de evitar um fácil trocadilho, é a ciência que acrescenta à metafísica, seja nela ou fora dela, seja aplicando ou se distanciando também da física. Exemplo: a *épiphénomène* sendo frequentemente o acidente, a *pataphysique* será, sobretudo, a ciência do particular, mesmo quando dizemos que não há ciência do geral. Ela estudará as leis que regem as exceções... Definição: A *pataphysique* é a ciência das soluções imaginárias que acorda simbolicamente às propriedades dos objetos descritos por sua virtualidade.[27]

O discurso patafísico trabalha com temas científicos, filosóficos e esotéricos. Oferece uma visão paralela das coisas, muitas vezes lúdica e divertida, mas que coloca em pauta alguns fundamentos enraizados em todos os campos científicos.

Os patafísicos fazem um paralelo com alguns conceitos da Física a fim de mostrar suas novas teorias:

> A ciência atual se funda no princípio da indução: a maior parte dos homens viram o mais frequente fenômeno preceder ou seguir a outro e concluíram que será sempre assim. Inicialmente isso é exato frequentemente, depende de um ponto de vista e é codificado segundo a comodidade. No lugar de enunciar a lei da queda dos corpos a um centro, preferimos aquela da ascensão do vazio em torno de uma periferia, o vazio sendo colocado por unidade

de não densidade, hipótese muito menos arbitrária que a escolha da unidade concreta de densidade positiva *água*.[28]

Trabalhando conceitos científicos, criando textos literários de cunho fantástico e místico, citando, reescrevendo e plagiando inúmeros autores (como Borges), os *pataphysicos* podem ser considerados os primeiros escritores oulipianos. Raymond Queneau e François Le Lionnais, os responsáveis pela fundação do Oulipo, foram membros de ambos os grupos.

Em seu primeiro manifesto, chamado LA LIPO, Le Lionnais nos convida a procurar em qualquer dicionário as palavras *literatura potencial*. Fatalmente, não encontraríamos nenhuma referência ao termo antes da formação do grupo.

[28] Ibidem, p. 32.
[29] F. Le Lionnais, apud Oulipo, *La Littérature potentielle*, p. 16-17.

Podemos perceber facilmente que a redação desse primeiro manifesto ainda é *pataphysica*, e que é a partir das ideias nele apresentadas que nascerá o Oulipo:

> A verdade é que a discussão entre os Antigos e os Modernos é permanente. Ela começou com o Zinjanthropus (um milhão setecentos e cinquenta mil anos) e só terminará com a humanidade, a menos que os Mutantes que os sucederão não assegurem a sua substituição. Disputa, apesar de tudo, bem mal batizada. Esses a quem chamamos os Antigos são, bem frequentemente, os descendentes esclerosados desses que, em seu tempo, foram os Modernos; e, estes últimos, voltavam entre nós se organizando, na maioria dos casos, ao lado de criadores e renunciavam seus próprios imitadores devotos. A literatura potencial só representa um novo impulso a esse debate.[29]

Um dos principais argumentos do Oulipo é considerar que temos *contraintes* inatas, seja qual for a natureza dos nossos escritos, dentre os quais os mais básicos são as *contraintes* de vocabulário, gramática e versificação. Em seu primeiro manifesto, François Le Lionnais nos pergunta o porquê de não utilizarmos, então, novas *contraintes*, e imaginar novas fórmulas e conceitos, enfim, uma nova "potencialidade", uma literatura potencial. Nasce nesse momento o Oulipo, com o objetivo explícito de aplicar sistemática e cientificamente algumas *contraintes* – matemáticas – para a criação literária.

Segundo Le Lionnais, a utilização da matemática, mais especificamente das estruturas abstratas da matemática contemporânea, permite uma grande possibilidade de exploração. Da Álgebra, podem ser utilizados conceitos de leis de composição; da Topologia, conceitos de textos abertos e fechados, bem como a relação entre vizinhos. Podem ser ainda utilizadas algumas linguagens computacionais e vocabulários específicos (como de animais), entre muitas outras possibilidades.

Le Lionnais também explica as duas linhas de pesquisa do grupo, a elas atribuindo os nomes de "anoulipismo" (*anoulipisme*) e "sintulipismo" (*synthoulipisme*), indicativos das perspectivas analíticas e sintéticas de produção do grupo:

30 Ibidem, p. 16.

> Podemos distinguir, nas pesquisas que pretende começar o *Ouvroir*, duas tendências principais, torneadas respectivamente, acerca da Análise e da Síntese. A tendência analítica trabalha sobre as obras do passado, a fim de pesquisar as possibilidades que ultrapassaram frequentemente essas possibilidades que os autores tinham assumido. É, por exemplo, o caso do centon que poderia, me parece, ser revigorado por algumas considerações tiradas da teoria das Cadeias de Markov. A tendência sintética é mais ambiciosa; ela constitui a vocação essencial do Oulipo. Trata-se de propor novas vias desconhecidas dos nossos predecessores. É, por exemplo, o caso do *Cent mille milliards de poèmes* ou dos *haicais booleanos*.[30]

Apesar de serem escritores que se encontram no centro da cultura e da literatura ocidentais, propõem a leitura de obras literárias da "periferia". Essa periferia pode ser entendida e encontrada no caráter analítico do Oulipo, que se propõe a buscar e pesquisar, nas obras do passado, possibilidades e potencialidades não pensadas pelos autores. O caráter sintético, aquele que busca criar novas formas de escrita com restrições, só é possível através da exploração e do esgotamento do caráter analítico, já que para descobrir novas vias é necessário não repetir o caminho percorrido pelos predecessores. Logo, a busca e a leitura de obras literárias da "periferia" se faz necessária e obrigatória para atingir a escrita potencial proposta pelo grupo, uma vez que é necessário saber o que é realmente novo e diferente, e o que foi elaborado conscientemente. Assim, nas palavras de Jacques Bens, é necessário conhecer o presente e o passado para potencializar o futuro: "para atingir o potencial (o futuro) é necessário partir do que existe (o presente)"[31].

O plágio, a cópia e as referências a obras que não são consideradas as mais importantes da literatura potencializam as obras do Oulipo. Nasce, portanto, uma nova definição: a de "plagiadores por antecipação". Assim, uma estrutura ou regra criada pelos oulipianos pode ser descoberta posteriormente na obra de algum escritor ou poeta que os precedeu, o qual receberá o nome de "plagiador por antecipação", por ter trabalhado com uma *contrainte* criada a *posteriori* pelo Oulipo, num conceito muito próximo ao apresentado por Jorge Luis Borges em "Kafka e Seus Precursores":

[31] J. Bens, apud Oulipo, *La Littérature potentielle*, p. 32.
[32] H. Le Tellier, op. cit., p. 178.

> O oulipiano (e seu plagiador por antecipação) não cessa, em seus livros, de inventar outros livros, outros autores, de estabelecer listas, de imaginar bibliotecas diferentes, biografias curiosas, de fazer o motor de uma ficção. Ele evoca os livros que o precederam, ele está repleto de textos, como um iogurte com frutas, de "verdadeiros pedaços de outros livros", e alguns desses livros se parecem a pudins com cerejas literárias. O livro está dentro do livro, onipresente.[32]

Mesmo estando no centro do mundo, os oulipianos leem, descobrem e redescobrem a periferia, seja na matemática, seja em outras escrituras, culturas e línguas:

> O *Ouvroir* apresenta um ponto através dos séculos em relação aos "plagiadores por antecipação", redescobre os trovadores e os Grandes Retóricos, os poetas gregos e latinos, e afirma uma continuidade da obra literária formal e sob restrições. O lugar reservado, no meio matemático e de escritores, a sábios, a eruditos da língua e da literatura, encontra aqui plenamente sua justificativa. Essa recusa à tábula rasa é uma das forças do Oulipo, no qual o ecumenismo abre outras formas, nascidas em outros lugares, em outras línguas, em outras escrituras, em outros tempos, formas nas quais o estudo e o inventário estão longe de terminar. A ideia de que o Oulipo possa ser "moderno" é assim

suspeita: o Oulipo é, a rigor, dito justamente por Jacques Roubaud, "contemporâneo".[33]

Apesar da apresentação de dois manifestos, não podemos considerar o Oulipo como um movimento literário, o que torna sua definição mais difícil e também mais rebuscada. Nesse sentido, alguns oulipianos ainda hoje citam Queneau ao discursar no Institut Henri-Poincaré: "Não é um movimento literário. Não é um seminário científico. Não é uma literatura aleatória."[34]

O Oulipo seria, se analisado em relação à sua estrutura, um contraponto ao surrealismo, este último considerado um movimento. Repleto de regras, regulamentos e inúmeras discussões entre seus membros, o surrealismo primava pela escrita automática, pelos desenhos espontâneos, pela livre exploração da vida psíquica dos sonhos, do inconsciente e do subconsciente. Raymond Queneau, que inicialmente vinculava-se ao grupo surrealista, após uma mudança na sua concepção da visão mítica de poeta inspirado, resolve fundar o Oulipo[35].

O surrealismo trabalhava de forma sistemática com a escrita e a criação livres, com a libertação do racionalismo lógico, da moral, e propunha uma nova declaração dos direitos do homem. Em seu manifesto e nos textos teóricos posteriores, os surrealistas rejeitam a chamada ditadura da razão e os valores burgueses como família, religião, trabalho, pátria, honra e, através da utilização de sonhos, da livre inspiração e de uma contralógica, propõem a libertação do homem de sua existência utilitária. Apesar desse culto à liberação da mente, os surrealistas tinham um estatuto bem rígido; seus membros poderiam ser expulsos e, além disso, havia encontros obrigatórios. Também sob esse aspecto, o Oulipo é justamente o oposto: seu estatuto é bem simples, nenhum oulipiano pode ser expulso ou sair do grupo (mesmo que morto), e basta ser convidado por um membro para que automaticamente o novo membro passe a fazer parte do Oulipo.

O percurso de Raymond Queneau no surrealismo foi importante para seu amadurecimento e para a ideia da fundação da escrita com *contraintes* matemáticas. Queneau, que tinha apenas 21 anos, conheceu em Paris o movimento surrealista e seu primeiro

[33] Ibidem, p. 18-19.
[34] R. Queneau, apud H. Le Tellier, op. cit., p. 14.
[35] Raymond Queneau e André Breton tiveram uma discussão dentro do grupo de surrealistas, o que levou Queneau a deixar o grupo e criar, juntamente com Le Lionnais, o Oulipo. Como não concordava com algumas regras do surrealismo, Queneau propôs um "grupo" mais "livre" em suas "regras".

manifesto, escrito por André Breton. Membro ativo, colaborou com o movimento durante cinco anos e, em 1927, escreveu um tratado surrealista chamado *Permettez!*, no qual discute a intenção que tem uma cidade de Charleville de construir uma estátua em homenagem a Arthur Rimbaud. Em 1929, Queneau e Breton se desentendem por motivos pessoais e ideológicos e, juntamente com Michel Leiris, André Masson, Pierre Naville, Georges Bataille, Francis Picabia e Antonin Arnaud, Raymond Queneau sai do movimento, declarando trinta anos mais tarde: "Quando me separei do movimento surrealista, estava um pouco perdido, já que tinha em face a negação total: não havia mais literatura nem antiliteratura... e, depois do surrealismo, a única coisa a fazer, era retomar a literatura."[36]

[36] R. Queneau, apud H. Le Tellier, op. cit., p. 27.
[37] Ibidem.
[38] Ibidem.
[39] C.A. Pino, op. cit., p. 47.

Assim, após sua separação do grupo, Queneau ataca deliberadamente o movimento, suas ideias e seus membros: "O surrealismo, ao menos em fala, não era sem relação com a atividade nazista."[37] Apesar disso, muitos anos depois reconhece a importância do surrealismo em relação à uma nova concepção de poesia: "sim, o surrealismo permitiu uma nova concepção da poesia de uma forma muito confusa, mas é a primeira tentativa desde a estética clássica: ele revelou o caráter cofundante da poesia"[38].

As leis presentes no surrealismo não são, como no Oulipo, internas ao processo de criação, de forma que a aplicação da matemática no grupo de Queneau é justificada como recurso contra a escrita automática e a favor da escrita voluntária. Essa forma de escrita oulipiana, conforme Pino, coloca o leitor como partícipe da escrita:

> Mas essa postura contrária ao surrealismo de forma alguma eliminava a ênfase no processo de criação e a necessidade de tornar o leitor partícipe da escrita. Pelo contrário, a escrita sob regras possibilitava ao leitor um acesso mais direto ao método usado para produzir uma obra do que a escrita automática.[39]

Italo Calvino

Ao longo deste trabalho utilizamos muitas teorias e citações de Italo Calvino para apoiar e relacionar autores e conceitos que procuramos desenvolver. Entretanto, neste momento, nos deteremos na apresentação de Calvino como membro do Oulipo e de alguns de seus trabalhos, escritos sob *contraintes*.

Os três principais livros explicitamente oulipianos de Calvino são *As Cidades Invisíveis*, *O Castelo dos Destinos Cruzados* e *Se um Viajante Numa Noite de Inverno*. Em *As Cidades Invisíveis*, a *contrainte* está na construção dos capítulos e nas relações entre eles. Já nos outros dois livros, essas *contraintes* são mais bem desenvolvidas. Como já indicamos, é possível considerar *Se um Viajante Numa Noite de Inverno* como um hiper-romance que se constrói seguindo um modelo previamente determinado, como um algoritmo. Na *Bibliothèque oulipienne*, volume 20, Calvino apresenta um texto em que mostra como construirá seu livro – a estrutura geral da obra, as relações entre as personagens de cada capítulo e a posição do leitor e do autor.

Em *O Castelo dos Destinos Cruzados*, escrita e leitura aparecem como dois movimentos intercambiáveis de um mesmo jogo narrativo, do qual a obra resulta como produção colaborativa entre autor e leitor. As possibilidades e os limites formais impostos pela estrutura narrativa escolhida para a obra – a combinatória e o baralho de tarô – são explorados estética e criativamente, contribuindo para o desenvolvimento da temática literária como objeto da ficção: o autor utiliza a estrutura criada como elemento propiciador da discussão, como mote para o jogo reflexivo sobre leitura e escrita.

A narrativa desenvolve-se a partir de dois eixos distintos relativos aos papéis de autor e leitor. O primeiro é a narrativa iconográfica das cartas do tarô, no qual uma das personagens emudecidas que se encontra no castelo exerce a função de autor, utilizando as cartas do baralho para contar sua história. Nesse processo, a personagem do narrador, refletindo as demais personagens envolvidas no jogo no momento da apresentação da narrativa iconográfica, cumpre o papel do leitor. O segundo eixo é a narrativa literária propriamente dita, na qual a personagem do narrador/leitor vai atuar como autor de uma versão da história baseada em sua leitura das cartas do tarô, versão esta que por sua vez será lida pelos leitores empíricos do livro em questão.

Leitura e escrita aparecem, então, como as duas faces de um mesmo jogo: a obra é produto do diálogo entre autor e leitor, só existe em função da atuação desses dois sujeitos, cujos papéis estão em constante troca de posições. A personagem-autor que conta sua história através das cartas é, no momento seguinte, a personagem-leitor que procura, como o narrador, interpretar a história que se desenrola à sua frente e, mesmo no eixo da narrativa literária, o narrador atua ao mesmo tempo como leitor de uma história que passa a narrar[40].

Ao dizermos que autor e leitor, nessa obra, participam do mesmo jogo em igualdade de condições, é importante esclarecermos o tipo de autor que se encontra possivelmente numa reflexão calviniana: um autor que não se caracteriza por noções preconcebidas de autoridade, propriedade e recepção unívoca da obra. Estamos diante de um autor que atua de forma coletiva e em parceria com leitor e texto, ambos buscando um engendramento maior da própria narrativa e leitura literárias. Assim Perec escreve sobre as *contraintes* e a combinatória presentes em *O Castelo dos Destinos Cruzados*:

[40] Cf. M.E.R. Moreira, *Saber Narrativo*.
[41] G. Perec, *Entretiens et conférences* II, p. 297.

> Damo-nos conta [...] de que a simbologia do tarô é por demais grande, digamos, para poder contar todas as histórias possíveis, ou parte. Um pouco como esse jogo de adivinhação chinês que se chama *Yi-king* que é feito de [...] tipos de dominós [...] Quando lemos esse livro, percebemos que a disposição que obtemos corresponde muito precisamente sempre ao que é, ao que nos concerne – simplesmente porque o número, a potencialidade engendrada pela permutação de um grande número [...] na medida em que há 73 cartas de tarô, obtemos um fatorial de 73. Quer dizer, eu não sei... É um número que iria, que faria uma volta pela terra, por exemplo, um número tão grande... Então, o que é muito belo, é que ele se serve [...] em se servindo ao mesmo tempo àquilo que chamamos a análise morfológica dos contos, como fez Propp nos contos russos, ele chega a contar todos os grandes temas da humanidade, ou seja, Don Juan, Otelo.[41]

Para Perec, *O Castelo dos Destinos Cruzados* "foi para *A Vida Modo de Usar* uma espécie de modelo"[42], e o autor o cita, implicitamente, nos capítulos LV e LXXIII desse seu livro. Podemos perceber os jogos e *contraintes* presentes no livro de Calvino, de acordo com as palavras de Perec:

> *O Castelo dos Destinos Cruzados* instaura qualquer coisa que poderíamos chamar de rético, uma arte de rede: uma ordem narrativa fundada pelo labirinto: no entrecruzamento de lâminas imóveis, as narrativas discorrem em todos os sentidos, reto, inverso, de cima para baixo, de baixo para cima, em diagonal, ocasionando palíndromos de ideias, de palavras-cruzadas de sentidos, de bifurcações de destinos, atribuindo à narrativa essa excitação da permutação literária que só encontraríamos na aridez literária ou numérica dos quadrados ditos mágicos. Com *O Castelo dos Destinos Cruzados* o SATOR AREPO faz, enfim, brilhantemente, sua entrada na literatura.[43]

Perec faz menção à utilização de uma *contrainte* e de sua entrada na literatura através do livro de Calvino. Essa *contrainte* é um quadrado mágico que também foi trabalhado por Perec e Osman Lins. Ele apresenta a frase palindromática *sator arepo tenet opera rotas*, como na figura 1, a seguir:

S	A	T	O	R
A	R	E	P	O
T	E	N	E	T
O	P	E	R	A
R	O	T	A	S

Figura 1: Quadrado Mágico

Esse *carré* tem tamanho 5x5 e pode ser lido em todas as direções. Sua origem e seu significado não são muito bem conhecidos, mas sua utilização como uma *contrainte* se dá pela simetria[44].

---

[42] Idem, *Entretiens et conférences I*, p. 260.
[43] *Cinq milliards de milliards de romans*, p. 240.
[44] Esse é o mesmo quadrado utilizado pelo escritor brasileiro Osman Lins em seu livro *Avalovara*. O ponto de partida do livro é a interseção desse quadrado com uma espiral, fornecendo assim uma *contrainte* para a construção da obra. Segundo o livro, a frase *sator arepo tenet opera rotas* significa: *O lavrador mantém cuidadosamente o arado nos sulcos*. Há, também, pesquisas que relacionam a obra de Osman Lins à de Jorge Luis Borges, como a publicada em *Jorge Luis Borges y Osman Lins: poética de la lectura*, de Graciela Cariello.

Em relação a revelar ou não a *contrainte* utilizada, em O *Castelo dos Destinos Cruzados* Calvino opta por sua revelação – diferentemente de outro membro do Oulipo, Harry Mathews. O *Castelo* é, na verdade, uma forma de usar o jogo de tarô, ou mais ainda, a forma de usar é dada ao mesmo tempo que o livro é lido. Em *Se um Viajante Numa Noite de Inverno,* por outro lado, Calvino não revela alguns dos enigmas utilizados e que são importantes para o entendimento da obra – apesar de ter publicado na *Bibliothèque oulipienne* um texto chamado "Comment j'ai écrit un de mes livres".

Perec, numa afirmação que atribui a Italo Calvino, apresenta uma visão relativa à escrita sob *contrainte* na qual percebemos a preocupação do escritor italiano em relação à sua utilização:

45 I. Calvino, apud G. Perec, *Entretiens et conférences II*, p. 309. Essa citação é duvidosa – na nota de rodapé, está claro que não se sabe exatamente a fonte disso que Perec afirma ser de Calvino.

> Existem corredores a pé que chamamos de *sprinters*, que são muito bons quando correm cem metros em linha reta: existem outros que são melhores quando, na pista, colocam-se obstáculos, isso que chamamos de corredores de obstáculos – 110 m com barreiras, 400 m com barreiras etc. E, de fato, o oulipiano faz um pouco o seguinte [...] para satisfazer o que deseja, ele começa a colocar um certo número de obstáculos no seu caminho, que lhe conduzem ao que ele procura, e a esses obstáculos, chamaremos *contraintes*, digamos, regras.[45]

Para Calvino, alguns autores trabalham melhor diante de obstáculos do que se não os enfrentassem. Ele constrói, assim, sua visão e sua literatura, criando livros e discutindo essa criação sob *contraintes*, ao mesmo tempo que produz obras sem os utilizar consciente ou explicitamente.

Em "Prose et anticombinatoire", texto publicado no *Atlas de littérature potentielle*, Calvino reflete sobre o limite da utilização da combinatória na literatura, sendo esta algumas vezes auxiliada pelos computadores. A utilização dos computadores, segundo Calvino, ajuda em situações nas quais as estruturas escolhidas pelo autor têm número restrito, mas as realizações possíveis são combinatoriamente exponenciais, apenas sendo passíveis de execução por um computador. Já quando o computador seleciona algumas realizações compatíveis com certas *contraintes*, essa ferramenta assume um caráter anticombinatório. Calvino discorre sobre um exemplo em que a utilização da combinatória fornece uma solução *estúpida* para seu enigma policial, e, devido a isso, conclui que o computador não irá substituir o ato criador e o artista, e sim libertá-lo dessa sua servidão. Em texto intitulado "L'Enchâssement des énigmes. *Les Villes invisibles* de Calvino dans *La Vie mode d'emploi* de Perec"[46], Montfrans apresenta as citações e a utilização de *As Cidades Invisíveis* em *A Vida Modo de Usar*, em procedimento semelhante ao que aplicamos neste trabalho com o intuito de relacionar Perec e Borges sob a óptica da *contrainte* citação. Constatamos, portanto, a utilização de *contraintes* explícitas nas obras de Calvino, sua consciência desse tipo de escritura e a sua relação com Perec e com o livro *A Vida Modo de Usar*.

[46] Manet van Montfrans, L'Enchâssement des énigmes, em C. Reggiani; B. Magné (orgs.), *Écrire l'énigme*, p. 115-138.

Jacques Roubaud

Matemático profissional, escritor e poeta, Jacques Roubaud entrou no Oulipo em 1966, convidado por Raymond Queneau. Nos encontros mensais do grupo, que ainda acontecem no auditório principal da Biblioteca Nacional (BNF) e nos quais os membros apresentam textos, livros e notas utilizando a *contrainte* proposta, Roubaud sempre participa compondo algo de consistência e coerência matemática. Além de trabalhar com a *contrainte* proposta (que, atualmente, não tem sempre uma ligação com a matemática), ele utiliza, na construção de seus textos, conceitos presentes, por exemplo, no campo da álgebra.

Em seu livro *Mathématique*, Roubaud discute um desejo que pode ser estendido aos outros oulipianos matemáticos: uma paixão pela literatura, um desejo de escrever textos literários e o amor pela matemática e pelo sistema lógico, campos inicialmente contraditórios ou, pelo menos, longínquos. No começo, Roubaud junta matemática e poesia mas passa, com sua entrada no Oulipo, a relacionar a matemática também com a prosa: "Eu me dizia: serei matemático, da mesma maneira que tinha me dito: serei poeta (sabia que não o era; ainda não, eu desejava me tornar); e eu o seria tão simplesmente pois o desejava. Era uma ideia sublime. Ela me iluminou durante todo o verão. Bem de longe."[47]

Nos primórdios do Oulipo e utilizando todo seu conhecimento matemático, escreve o artigo "La Mathématique dans le méthode de Raymond Queneau", em que apresenta, como num sistema axiomático, algumas proposições, conjecturas e axiomas em relação ao modelo criado por Queneau quando este fez referência aos axiomas de Euclides:

> PROPOSIÇÃO 1: Ser matemático, para Queneau, é ser leitor de matemática.
>
> PROPOSIÇÃO 2: Ser matemático, para Queneau, é ser amador em matemática.
>
> PROPOSIÇÃO 3: O domínio privilegiado de Queneau, produtor de matemática, é a combinatória. Mais precisamente: a. particularmente a combinatória de números naturais e inteiros; b. não os problemas de enumeração mas aqueles de origem recursiva de sequências por procedimentos finitos, simples, onde a aplicação gera a complexidade.
>
> PROPOSIÇÃO 4: Essa combinatória se inscreve em uma tradição ocidental muito antiga, quase tão velha quanto a matemática ocidental.
>
> PROPOSIÇÃO 5: A natureza das frases é incompleta e a combinatória de suas construções é mais da ordem do intricado que da concatenação, da substituição e da permutação de elementos que não podem ser separados.
>
> PROPOSIÇÃO 6: Se comportar lado a lado com a linguagem, como se ela fosse matematizável; e a linguagem é, cada vez mais, matematizável numa direção específica.
>
> PROPOSIÇÃO 7: A linguagem, se manipulada por um matemático, o é pois matematizável. Ela é, portanto, discreta (fragmentar), não aleatória (disfarçadamente contínua), sem marcas topológicas, controlada em pedaços.
>
> CONJECTURA 1: A aritmética que se ocupa da linguagem produz textos.
>
> CONJECTURA 2: A linguagem que produz texto produz a aritmética.

[47] J. Roubaud, *Mathématique*, p. 25.

PROPOSIÇÃO 8: O trabalho do oulipiano é ingênuo.
PROPOSIÇÃO 9: O trabalho do oulipiano é divertido.
PROPOSIÇÃO 10: O trabalho do oulipiano é artesanal.
PROPOSIÇÃO 11: Os oulipianos, em seus trabalhos, sejam eles matemáticos ou não, ou ainda "e não", satisfazem geralmente às condições das proposições 8, 9 e 10.
PROPOSIÇÃO 12: Uma boa *contrainte* oulipiana é uma *contrainte* simples.
AXIOMA: A *contrainte* é um princípio, não um meio.
PROPOSIÇÃO 13: O trabalho oulipiano é antiacaso.
PROPOSIÇÃO 14: Uma *contrainte* é um axioma de um texto.
PROPOSIÇÃO 15: A escritura sob *contrainte* oulipiana é o equivalente literário de um texto matemático formalizado segundo o método axiomático.
PROPOSIÇÃO 16: A *contrainte* ideal só produz um texto.
PROPOSIÇÃO 17: Não há mais regras desde que elas tenham sobrevivido ao valor.
PROPOSIÇÃO 18: A matemática repara a ruína de regras.[48]

[48] Oulipo, *Atlas de littérature potentielle*, p. 42.

Seu sistema começa com algumas proposições a respeito da concepção de ser matemático para Queneau e de qual área se deve trabalhar. Gostar, ser leitor e trabalhar com combinatória são proposições que Roubaud atribui a Queneau. É importante e fundamental notar que Roubaud apresenta claramente as diferenças entre axioma, proposição e conjectura, como um verdadeiro matemático.

O axioma é o fundamento, a estrutura e o começo da criação de qualquer sistema lógico. Ele pode ser questionado, mas não é demonstrado; partindo dele, construímos as proposições (ou teoremas), que podem ser demonstradas a partir desses axiomas. As conjecturas, pelo próprio nome, são suposições e hipóteses das quais não conseguimos provar nem a veracidade nem a falsidade. Para provar que uma conjectura é verdadeira, é necessário provar que ela vale para todos os elementos desse conjunto, e para prová-la falsa é necessário encontrar somente um contraexemplo. Posteriormente, com a apresentação dos Teoremas da Incompletude de Gödel, descobre-se que não existem apenas essas duas possibilidades de prova.

Voltando ao sistema de Roubaud, notamos que as proposições podem ser verificadas empiricamente, analisando todas as obras e fundamentos do Oulipo. As proposições de 1 a 5 são "triviais", já que estão relacionadas às crenças declaradas de Raymond Queneau (para ser matemático, é necessário ler e gostar de matemática) e ao seu campo de trabalho, que é a combinatória. As proposições 6 e 7 são mais complexas, pois discutem um conceito mais abstrato de linguagem e do que pode ou não ser matematizável, mas, de acordo com Roubaud, podem ser demonstradas, uma vez que foram classificadas como Proposições. As conjecturas 1 e 2, além de não serem demonstradas no sistema, são bem mais abstratas. Nelas, Roubaud relaciona aritmética, linguagem e produção de textos, como no modelo sugerido por Italo Calvino em "Cibernética e Fantasmas", no qual o italiano aborda uma máquina de escrever *textos automáticos*. As proposições de 8 a 18 são também simples e podem ser demonstradas pelos manifestos de François Le Lionnais e pelos dados empíricos dos trabalhos oulipianos. O axioma proposto por Roubaud em relação aos trabalhos de Queneau é bem interessante. Nele, se afirma que a *contrainte* é um princípio, não um meio, e isso não deve ser provado. A partir dele é construído o sistema, que tem a *contrainte* como o princípio de criação da literatura voluntária e antiacaso.

[49] Do verbo em francês *comploter*, que é fazer complôs, e *compotent*, que brinca com o fato de fazer o doce em compota.

Dos escritores aqui apresentados, o que mais aplica os conceitos matemáticos, seja em sua poesia ou em sua prosa é, sem dúvidas, Jacques Roubaud. Seu livro *La Princesse Hoppy ou le conte du Labrador* é a história de uma princesa, cujo nome faz referência à tribo indígena Hopi, e seus tios Eleonor, Aligoté, Babylas e Imogène, que passam o tempo fazendo complôs uns contra os outros. As mulheres, ao mesmo tempo, *compotam*[49], já que nunca estão presentes nos complôs dos homens. A princesa tem um labrador e fala uma espécie de francês que utiliza a *contrainte Ulcérations*, inventada por Perec, que consiste em recorrer somente às onze letras mais utilizadas na língua francesa: E S A R T I N U L O C. O texto é construído todo de acordo com um *grupo algébrico* de quatro elementos e uma relação *comploter*. Logo temos, por exemplo, quatro reis, quatro rainhas e as relações associativas e comutativas $A^*B = B^*A$ e $A^*(B^*C) = (A^*B)^*C$. O livro conta com 153 parágrafos, o que corresponde à soma dos 17 primeiros números naturais (em referência ao livro de Queneau, *Le Chiendent*, que foi composto por 91 itens que representam a soma dos 13 primeiros números naturais) e pode ser lido também como uma história de álgebra que propõe 79 questões a serem respondidas. Assim é a regra de Saint Benoit a respeito dos complôs:

> Sejam três reis entre quatro: o primeiro rei, o segundo rei, o terceiro rei. O primeiro rei é não importa qual rei, o segundo rei é não importa qual rei ("o segundo rei pode ser o mesmo que o primeiro", interrompeu Eleonor, "claro", disse Uther), o terceiro rei é não importa qual rei. Então, o rei contra quem faz complô o primeiro rei quando ele visita o rei contra quem faz complô o segundo rei quando ele visita ao terceiro deve ser o mesmo rei precisamente contra quem faz complô o rei contra quem faz complô o primeiro rei quando visita o segundo, quando ele visita o terceiro. O.K., disse Uther, mas não é tudo. Quando um rei visitar a um outro rei, eles farão complô sempre contra o mesmo rei. E se dois reis distintos visitam a um mesmo terceiro, o primeiro não fará complô jamais contra o mesmo rei que o segundo. Contra todo rei, enfim, farão complô ao menos uma vez ao ano na sala de cada um dos reis. Eu disse (disse Uther) O.K.? O.K., disse Uther e morreu.[50]

[50] J. Roubaud, apud Oulipo, *La Bibliotèque oulipienne*, v. 1, p. 23.

Dessa forma, Roubaud constrói o livro e, como numa construção matemática, explica detalhadamente as regras de complôs a fim de tentar evitar contradições e problemas internos ao sistema. Em "Indications sur ce que dit le conte", Jacques Roubaud oferece mais regras e explicações, transpondo alguns conceitos da Álgebra para a ficção literária. Ele utiliza conceitos algébricos e aritméticos para compor seus livros: nos poemas, utiliza os números como novas formas de métrica; nas prosas, escreve sobre a matemática utilizando os próprios conceitos matemáticos para criar seus textos.

Seu livro *Trente et un au cube*, uma de suas obras mais líricas, é composto por 31 poemas, cada um com 31 versos de 31 sílabas cada (31^3), e trata-se de um longo canto de amor. Além de ser um número primo, o 31 é o número de sílabas do *tanka*, uma das mais antigas formas poéticas japonesas. Praticado por muitos escritores desde a Idade Média, é tão popular quanto os sonetos, e seu nome em japonês significa poema. Uma *contrainte* criada por ele e que leva seu nome, *Princípio de Roubaud*, foi bastante utilizado por Perec e Borges na concepção de seus textos. Neste recurso, um texto escrito seguindo uma *contrainte* fala sobre essa *contrainte*, como, por exemplo, *La Disparition*, que é um livro que narra um desaparecimento e ele próprio utiliza em sua elaboração o desaparecimento da letra E.

Em *Écrire l'énigme*, há um texto de Christophe Reig ("Jacques Roubaud Énigmes du Roman / Romans à Énigmes") que trabalha a escrita com restrições, sobretudo na obra de Jacques Roubaud. Sempre com o objetivo de aplicar a matemática mais avançada em sua literatura, Roubaud escreve três livros que podem ser chamados de Le Cycle d'Hortense: *La Belle Hortense*, *L'Enlèvement d'Hortense* e *L'Exil d'Hortense*. Assim escreve Reig:

> No seu mais recente livro sobre o enigma, Eleanor Cook, após ter remarcado o hibridismo e a ambivalência de figuras e representações mitológicas que simbolizam o enigma, alcança sua demonstração indicando as potencialidades disso em termos de quebra e redistribuição das fronteiras preexistentes. Romances sob *contraintes* e múltiplas facetas – autobiografia do mundo (Stein), mas, sobretudo, romances que misturam enquetes policiais e peripécias sentimentais, o ciclo de Hortense figura como um enigma escritural no itinerário do escritor Jacques Roubaud da mesma forma que um logogrifo para o leitor que, de acordo com a sua etimologia, segue sua linha.[51]

[51] C. Reig, Jacques Roubaud énigmes du roman / romans à énigmes, em C. Reggiani; B. Magné (orgs.), op. cit., p. 187.

[52] J. Roubaud, apud C. Reig, Jacques Roubaud énigmes du roman / romans à énigmes, em C. Reggiani; B. Magné (orgs.), op. cit., p. 198.

De acordo com a citação acima, podemos perceber que, primeiramente, o enigma pode ser visto como uma forma de *contrainte* e, assim, possibilitar uma quebra e uma redistribuição das fronteiras preexistentes, ou seja, a proposta de escrever sob *contrainte* permite aumentar os limites da recepção do texto. Roubaud, além de utilizar *contraintes* com esse intuito, ainda trabalha com recursos policiais, poema, prosa e outros enigmas em seu ciclo de Hortense. Tenta criar uma ligação entre a *contrainte* explícita presente num poema e a prosa vinculada a *contraintes* matemáticas, proposta oulipiana. Assim, escreve sobre os enigmas e o trabalho de descoberta: "Entre as coisas que eu tinha incorporado em minhas *Hortenses*, tendo quase como certo que elas não seriam reveladas, restam ainda enigmas a decifrar."[52]

Esse ciclo de Roubaud pode ser considerado, também, um *puzzle* literário que mescla referências literárias explícitas e não explícitas, labirintos de nomes, utilização de sextinas, do segmento áureo e da sequência de Fibonacci, ciclo este em que encontramos então o Roubaud matemático e membro do Oulipo.

Assim, reafirmamos que em *Écrire l'énigme* o enigma é visto como uma *contrainte* e se defende a posição de que, a partir dessas *contraintes*, a recepção da obra literária pode ser ainda mais rica: "Diferentemente do segredo, desaparecido uma vez revelado, o enigma conserva uma parte de sombra suscetível a tornar cada leitura diferente."[53] Porém, numa análise pragmática, a utilização de uma *contrainte* pode, por vezes, ter por efeito um bloqueio na leitura: "De um ponto de vista pragmático, Christelle Reggiani mostrou até que ponto o emprego de uma *contrainte* pode ter o efeito de parar a leitura, bloqueando a interpretação no nível da descoberta de procedimentos e impedindo o alcance de um sentimento de arte."[54]

Como visto, o Oulipo e seus membros criaram seus precursores ou descobriram seus plagiadores por antecipação. A seguir, apresentamos alguns deles, destacando sua importância nas obras de Jorge Luis Borges e Georges Perec e os recursos matemáticos que utilizaram.

[53] C. Reig, Jacques Roubaud énigmes du roman / romans à énigmes, em C. Reggiani; B. Magné (orgs.), op. cit., p. 199.
[54] Ibidem.

Outros Autores

O Trovador Arnaut Daniel

Como vimos afirmando, a utilização da matemática na literatura não é uma novidade; porém, sua aplicação sistemática e rigorosa, a utilização de conceitos e estruturas mais avançadas e a aplicação na prosa, como proposto pelo grupo Oulipo, foi um diferencial.

Dentre os autores que primeiramente se valeram da matemática para a composição de sua obra, pode-se destacar o trovador Arnaut Daniel (1180-1210), que viveu em Ribérac (França) entre os séculos XII e XIII e é considerado o criador da sextina, estilo que busca rimas ricas, palavras ou assonâncias raras. De acordo com Ezra Pound em *The Spirit of Romance*, Arnaut Daniel é considerado um dos maiores poetas da humanidade. Autor de poemas de grande exigência poética, foi também citado por Petrarca e Dante. Uma sextina é um poema formado por 6 estrofes, cada uma delas composta por 6 versos, seguidas de um parágrafo de 3 versos. Cada linha termina por uma palavra escolhida entre um grupo de 6 previamente fixadas e os vocábulos A, B, C, D, E e F, distribuídos da seguinte forma:

ABCDEF – FAEBDC – CFDABE – ECBFAD – DEACFB – BDFECA – ECA

Em termos matemáticos, trata-se de uma permutação σ dessas 6 palavras, que pode ser representada pela seguinte matriz:

55 O provençal é uma variação da língua *d'oc*, falada principalmente na região de Provença, sudeste da França.

$$\sigma = \begin{pmatrix} 1 & 2 & 3 & 4 & 5 & 6 \\ 2 & 4 & 6 & 5 & 3 & 1 \end{pmatrix}$$

A seguir, transcrevemos o poema de Daniel, em provençal[55] do século XIII:

Lo ferm voler qu'el cor m'intra
no'm pot ges becs escoissendre ni ongla
de lauzengier qui pert per mal dir s'arma;
e pus no l'aus batr'ab ram ni verja,
sivals a frau, lai on non aurai oncle,
jauzirai joi, en vergier o dins cambra

Quan mi sove de la cambra
on a mon dan sai que nulhs om non intra
– ans me son tug plus que fraire ni oncle –
non ai membre no'm fremisca, neis l'ongla,
aissi cum fai l'enfas devant la verja:
tal paor ai no'l sia prop de l'arma.

Del cor li fos, non de l'arma,
e cossentis m'a celat dins sa cambra,
que plus mi nafra'l cor que colp de verja
qu'ar lo sieus sers lai ont ilh es non intra:

> de lieis serai aisi cum carn e ongla
> e non creirai castic d'amic ni d'oncle.
>
> Anc la seror de mon oncle
> non amei plus ni tan, per aquest'arma,
> qu'aitan vezis cum es lo detz de l'ongla,
> s'a lieis plagues, volgr'esser de sa cambra:
> de me pot far l'amors qu'ins el cor m'intra
> miels a son vol c'om fortz de frevol verja.
>
> Pus floric la seca verja
> ni de n'Adam foron nebot e oncle
> tan fin'amors cum selha qu'el cor m'intra
> non cug fos anc en cors no neis en arma:
> on qu'eu estei, fors en plan o dins cambra,
> mos cors no's part de lieis tan cum ten l'ongla.
>
> Aissi s'empren e s'enongla
> mos cors en lieis cum l'escors'en la verja,
> qu'ilh m'es de joi tors e palais e cambra;
> e non am tan paren, fraire ni oncle,
> qu'en Paradis n'aura doble joi m'arma,
> si ja nulhs hom per ben amar lai intra.
>
> Arnaut tramet son chantar d'ongl'e d'oncle
> a Grant Desiei, qui de sa verj'a l'arma,
> son cledisat qu'apres dins cambra intra.[56]

As palavras finais de cada estrofe são as mesmas: *intra, ongla, arma, verja, oncle, cambra*. Na estrofe seguinte, essas mesmas "palavras-rimas" são recolocadas numa ordem diferente. As palavras numeradas como 1, 2, 3, 4, 5, 6 aparecem agora na ordem 2, 4, 6, 5, 3, 1, e assim por diante. Ou seja, a rima da palavra na posição 1 da linha 1 vai aparecer na linha 2, posição 2; a rima da palavra na posição 2 da linha 1, vai aparecer na linha 2, posição 4. Logo teremos a linha 2 da seguinte forma (por exemplo: *intra*, de valor 1, está na posição 2 da segunda linha; *ongla*, de valor 2, está na posição 4 da segunda linha):

[56] M. Audin, Mathématiques et littérature, *Mathématiques & Sciences Humaines/ Mathematical Social Sciences*, v. 45, n. 178, p. 66. Aqui e no poema seguinte, mantivemos os textos originais para a preservação do aspecto matemático demonstrado em sua composição. (Tradução: O firme intento que em mim entra/ Língua não pode estraçalhar, nem unha/ De falador, que fala e perde a alma;/ E se não lhe sei dar com ramo ou verga,/ Lá onde ninguém pode conter meu sonho,/ Irei fruí-lo em vergel ou em câmara./ Quando me lembro de sua câmara/ Onde eu bem sei que nenhum homem entra,/ Por mais que irmão ou tio danem meu sonho,/ Eu tremo – membro a membro – até a unha,/ Como faz um menino em frente à verga:/ Tanto é o temor de que me falte a alma./ Antes meu corpo, e não minha alma/ Consentisse acolher em sua câmara!/ Fere-me o corpo mais do que uma verga,/ Que onde ela está nem o seu servo entra;/ Com ela eu estaria carne e unha,/ Sem castigo de amigo ou tio, nem sonho./ A irmã do meu tio nem por sonho/ Eu não amei assim com tanta alma!/ Vizinho como

MATEMÁTICA E LITERATURA   63

$$\sigma = \begin{pmatrix} 1 & 2 & 3 & 4 & 5 & 6 \\ 6 & 1 & 5 & 2 & 4 & 3 \end{pmatrix}$$

Essa matriz segue o desenho de uma espiral (615243), que pode ser generalizada para um caso n qualquer; porém, é necessário verificar se existem *quenines*[57] de qualquer ordem. Os *arrondissements* (distritos) da cidade de Paris também seguem essa mesma conformação, vista na figura 2:

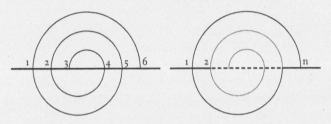

Figura 2 – Espirais de ordem 6 e n

A última estrofe não segue esse esquema: ela serve para apresentar a assinatura do autor e cada verso termina com duas palavras por ele utilizadas como "palavras-rimas".

Em termos matemáticos, dizemos que essa sextina é de ordem 6, ou seja, a iteração se dá a cada 6 vezes. Temos então $\sigma^6 = Id$ (mas $\sigma^n \neq Id$ para $n \leq 5$)[58]. Outros poetas, em outras épocas, também utilizaram esse tipo de composição atribuído a Arnaut Daniel. É o caso de Carlos Germán Belli, que compôs a "Sextina de Kid y Lulú":

> Kid el Liliputiense ya no sobras
> comerá por primera vez en siglos,
> cuando aplaque su cavernario hambre
> con el condimentado dorso en guiso
> de su Lulú la Belle hasta la muerte,
> que idolatrara aún antes de la vida
> Las presas más rollizas de la vida,
> que satisfechos otros como sobras
> al desgaire dejaban tras la muerte,

o dedo de uma unha./ Se ela quiser, serei de sua câmara:/ A mim o amor que no meu corpo entra/ Faz como um homem forte a frágil verga./ Desde que há flor na seca verga/ E Adão deu neto ou tio, não houve sonho/ De amor tão grande como o que me entra/ No coração, no corpo e até na alma;/ Onde quer que ela esteja, em praça ou câmara,/ A ela estou unido como à unha./ É assim que se entranha e se enunha/ Nela este anelo como casca em verga;/ O amor me faz palácio, torre e câmara,/ E a irmão, pai, tio desdenho no meu sonho;/ Ao paraíso em riso irá minha alma/ Se lá por bem amar um homem entra./ Arnaut tramou seu canto de unha e sonho/ Só por aquela que lhe verga a alma/ de amante que, só mente, em câmara entra.) A. Campos, *Verso, Reverso, Controverso*, p. 63-65.
57 A *quenine* é uma variação da sextina. Trata-se de um poema de n estrofes com n versos, e uma rima diferente em cada verso. O lugar dessa rima muda de estrofe para estrofe, de acordo com a permutação da sextina.
58 A fórmula em questão significa que, a cada seis iterações, encontramos a identidade novamente.

[59] M.M. Stadler, Un Paseo Matematico por la Literatura, *Sigma*, n. 32, p. 47. (Tradução livre: Kid, o liliputiano, já não sobras/ comerá pela primeira vez em séculos,/ quando aplacar sua cavernal fome/ com o condimentado dorso no guisado/ de sua Lulu la Belle até a morte,/ que idolatrava ainda mais que a vida./ As presas mais roliças da vida,/ que satisfeitos outros como sobras/ descuidadamente deixavam para trás após a morte,/ Kid por estar em jejum durante séculos/ nem um pedaço deixará de Lulu no guisado,/ aplacando a fundo antiga fome./ Mais horrível que tudo é tal fome,/ e assim já não era a sua vida um inferno,/ ao ver Lulu ontem saborosa no guisado/ para o feliz que nunca comeu sobras,/ senão o melhor manjar de cada século,/ partindo com prazer para a morte./ Pois ir ao antro da morte,/

Kid por ser en ayunas desde siglos
ni un trozo dejará de Lulú en guiso,
como aplacando a fondo en viejo hambre.
Más horrible de todos es tal hambre,
y así no más infiernos fue su vida,
al ver a Lulú ayer sabrosa en guiso
para el feliz que nunca comió sobras,
sino el mejor manjar de cada siglo,
partiendo complacido hacia la muerte.
Pues acudir al antro de la muerte,
dolido por la sed de amor y el hambre,
como la mayor pena es de los siglos,
que tal hambre se aplaca presto en vida,
cuando los cielos sirven ya no sobras,
mas sí todo el maná de Lulú en guiso.

Así el cuerpo y el alma ambos en guiso,
de su dama llevárselos a la muerte,
premio será por sólo comer sobras
acá en la tierra pálido de hambre,
y no muerte tendrá sino gran vida,
comiendo por los siglos y los siglos.
El cuerpo de Lulú sin par en siglos,
será un manjar de dioses cuyo guiso
hará recordar la terrestre vida,
aun en el seno de la negra muerte,
que si en el orbe sólo existe hambre,
grato es el sueño de mudar las sobras.
Ya no en la vida para Kid las sobras,
ni cautivo del hambre, no, en la muerte,
que a Lulú en guiso comerá por siglos.[59]

Embora em termos matemáticos os recursos utilizados não sejam muito avançados, suas implicações são bastante importantes. Muitos poetas do século XX se interessaram por composições desse tipo, entre eles Raymond Queneau – com seu *Cent mille milliards de poèmes* – e Georges Perec, que utilizou bastante o conceito, levando-o ao esgotamento[60]. A grande contribuição de Arnaut Daniel foi a possibilidade de generalização, utilizada também por Queneau e sua sextina. Substituindo o 6 por um n qualquer, questionamos a possibilidade de escrever um texto qualquer com n estrofes, cada uma com n versos, todos terminados pelas mesmas n palavras e permutadas pela fórmula abaixo:

$$\begin{cases} \sigma(p) = 2p & p \leq \frac{n}{2} \\ \sigma(p) = 2(n-p)+1 & \text{outro} \end{cases}$$

Onde n é um natural não nulo ($n \neq 0$) e representa o número de estrofes e $p \leq 1$ representa o número da linha. Logo, σ deve ser de ordem n exatamente (isso quer dizer que não havia outra estrofe além da primeira para satisfazer que a ordem das palavras seja a ordem original). Em matemática utilizamos a notação *n-tina*, já que é uma generalização para um n qualquer. Em literatura, graças ao Oulipo, utilizaremos a notação *quenine*.

O importante agora é mostrar se a fórmula é ou não válida para quaisquer valores de n, ou seja, se é possível construir poemas com n qualquer. A dificuldade da composição de um texto dessa forma não é a questão central, mas sim o fato de podermos ou não aplicar essa regra para um n qualquer. A resposta é não. Um exemplo é a composição da *quenine* de ordem 4, já que a transformação σ será:

$$\begin{pmatrix} 1 & 2 & 3 & 4 \\ 2 & 4 & 3 & 1 \end{pmatrix}$$

Assim, as rimas 1, 2 e 4 são permutadas circularmente, mas a 3 não se desloca; logo, temos que $\sigma^3 = Id$ enquanto esperaríamos que $\sigma^4 = Id$. O mesmo raciocínio será feito para uma *quenine* de ordem 10, já que a permutação será, neste caso, de ordem 7.

Arnaut Daniel utilizou uma estrutura matemática rigorosa para compor sua poesia. A composição de suas estrofes e versos é estruturada matematicamente e foi definida antes mesmo da escrita de seu poema; temos, portanto, o uso de uma *contrainte* explícita.

ferido pela sede de amor e pela fome,/ é como a maior pena de todos os séculos,/ que tal fome se aplaque ainda em vida,/ quando os céus já não servem sobras,/ mas sim todo o maná de Lulu no guisado./Assim, o corpo e a alma, ambos no guisado,/ de sua dama leva-los-á na morte,/ prêmio será por apenas comer as sobras/ aqui na terra pálido de fome,/ e morte não terá, senão grande vida,/ comendo por séculos e séculos./ O corpo de Lulu inigualável em séculos,/ será um manjar dos deuses cujo guisado/ fará recordar a vida terrestre,/ mesmo no seio da negra morte,/ que se no orbe só existe fome,/ agradável é o sonho de mudar as sobras./ Não mais na vida para Kid sobras,/ nem cativo da fome, não, na morte,/ a Lulu no guisado comerá por séculos.)

80 Cf. J.-L. Joly, op. cit.

Miguel de Cervantes

Miguel de Cervantes é influência direta, explícita e declarada na obra de inúmeros escritores, em especial Jorge Luis Borges e Georges Perec. Muitas referências diretas ao autor espanhol podem ser encontradas em toda a obra desses dois autores. Aqui, porém, nos interessa destacar alguns pequenos trechos da obra de Cervantes nos quais ele indica os caminhos matemáticos de sua composição.

No capítulo XVIII ("Do que Sucedeu a Dom Quixote no Castelo ou Casa do Cavaleiro do Verde Gabão, com Outras Coisas Extravagantes"), da segunda parte de *Dom Quixote*, o protagonista lista alguns dos muitos conhecimentos que deveria possuir um cavaleiro andante qualquer:

61 M. de Cervantes, *Dom Quixote*, p. 427-428.

> É uma ciência – tornou Dom Quixote – que encerra em si ou a maior parte das ciências do mundo, porque aquele que a professa há de ser jurisperito e conhecer as leis da justiça distributiva e comutativa, [...] há de ser teólogo [...]; tem que ser médico; [...] tem de ser astrólogo, para ver, pelas estrelas, quantas horas na noite passaram, e em que parte do mundo; tem de saber matemática, porque a cada instante se lhe oferecerá ensejo de lhe ser necessária.[61]

Nessa passagem, Cervantes exalta o pensamento lógico-matemático. Uma visão muito romântica e comum em vários campos do conhecimento é a autoridade da matemática, ou seja, a crença de que o fato de se conhecer e provar alguma teoria matematicamente nos daria tranquilidade e suporte para continuar desenvolvendo o raciocínio. Entretanto, essa visão romântica da matemática como uma ciência perfeita, coerente e consistente, foi abandonada ainda no início do século XX, com a apresentação dos Teoremas de Incompletude de Gödel.

Um trecho interessante do ponto de vista lógico-matemático narra o período em que Sancho foi governador de Barataria, e teve que resolver complicadas questões colocadas por seus súditos buscando justiça. Daí surgem paradoxos lógicos bastante importantes para os futuros leitores (ou plagiadores por antecipação) de Cervantes, sobretudo para Borges. Observemos um trecho do capítulo LI ("Do

Desenrolar do Governo de Sancho Pança, com Outros Sucessos Igualmente Como Bons") da segunda parte de *Dom Quixote*:

> Senhor: um rio caudaloso dividia dois campos de um mesmo senhorio (atenda-me Vossa Mercê, porque o caso é de importância e bastante dificultoso). Nesse rio havia uma ponte, ao cabo da qual ficava uma porta e uma espécie de tribunal em que estavam habitualmente quatro juízes que julgavam segundo a lei imposta pelo dono do rio, da ponte e das terras, que era da seguinte forma: "Se alguém passar por esta ponte, de uma parte para a outra, há de dizer, primeiro, debaixo de juramento, onde é que vai, e se jurar a verdade, deixem-no passar, e se disser mentira morra por elo de morte natural, na forca que ali se ostenta, sem remissão alguma."[62]

[62] Ibidem, p. 577.
[63] Ibidem.

A formulação acima não apresenta nenhum problema inicialmente. Porém, ao fazer uso da autorreferência – o homem, ele próprio, jura que vai morrer na forca – cria-se um impasse insolúvel para os juízes: "Se deixarmos passar este homem livremente, ele mentiu no seu juramento e, portanto, deve morrer; e, se o enforcamos, ele jurou que ia morrer naquela forca, e, tendo jurado a verdade, pela mesma lei deve ficar livre."[63] O paradoxo utilizado por Cervantes não é novo, é apenas uma variação do paradoxo do mentiroso atribuído ao grego Eubulides de Mileto no século IV a.C. Em sua versão mais básica, temos: um homem, declaradamente mentiroso e infâme, declara veementemente que está mentindo. O que ele diz, portanto, é uma mentira ou uma verdade?

Borges trabalhou bastante com a obra de Cervantes, e também com inúmeros paradoxos. A princípio, o paradoxo do mentiroso parece bastante inocente. Entretanto, ele foi um dos problemas de resolução mais complicada, levando à criação de uma nova teoria de conjuntos, atribuída a Bertrand Russell, conhecida como Teoria Axiomática de Conjuntos. Russell apresentou o seguinte paradoxo a fim de resolvê-lo matematicamente: considere-se o conjunto M como sendo "o conjunto de todos os conjuntos que não se contêm a si próprios como membros". Formalmente: A é elemento de M se e só se A não é elemento de A. Temos então:

$$M = \{A \mid A \notin A\}$$

Em análise, levanta-se a seguinte questão: será que M contém a si mesmo? Se sim, não é membro de M, de acordo com a definição. Por outro lado, supondo que M não contenha a si mesmo, tem de ser membro de M, de acordo com a definição de M. Assim, as afirmações "M é membro de M" e "M não é membro de M" nos levam a um paradoxo. Essa nova teoria de conjuntos também foi muito importante para o grupo Bourbaki.

Um conceito ou uma estrutura que pareçam, em princípio, ingênuos, podem resultar em problemas complicados para a ciência e servir como importante recurso ficcional para a literatura. O paradoxo do mentiroso, aplicado à matemática e à lógica, criou problemas e novos caminhos para sua solução. Já na literatura, foi utilizado em inúmeras versões por Borges, além de Perec ter apresentado em sua obra estruturas paradoxais e complexas.

Lewis Carroll

Escritor e matemático, Lewis Carroll trabalhou e aplicou os conceitos matemáticos conscientemente, deixando como legado, além de sua obra literária, alguns teoremas da matemática. Muitas passagens dos livros *Alice no País das Maravilhas* e *Alice Através do Espelho* estão repletas de enigmas e problemas matemáticos. Diferentemente de Miguel de Cervantes e Arnaut Daniel, Carroll trabalhou com conceitos puramente matemáticos e lógicos como recurso ficcional para sua obra. Talvez um dos momentos mais citados de *Alice*, e que contém questões lógicas interessantes, seja o encontro de Alice com o gato de Cheshire. As perguntas (e as respostas) são muito bem conduzidas e logicamente formatadas, produzindo um momento de desconforto e diversão:

> "O senhor poderia me dizer, por favor, qual o caminho que devo tomar para sair daqui?"
>
> "Isso depende muito de para onde você quer ir", respondeu o Gato.
>
> "Não me importo muito para onde...", retrucou Alice.

"Então não importa o caminho que você escolha", disse o Gato.

"...contanto que dê em algum lugar", Alice completou.

"Oh, você pode ter certeza que vai chegar", disse o Gato, "se você caminhar bastante."

Alice sentiu que isso não deveria ser negado, então ela tentou outra pergunta.

"Que tipo de gente vive lá?"

"Naquela direção", o Gato disse, apontando sua pata direita em círculo, "vive o Chapeleiro, e naquela", apontando a outra pata, "vive a Lebre de Março. Visite qualquer um que você queira, os dois são malucos."

[64] L. Carroll, *Alice*, p. 59-60.

"Mas eu não quero ficar entre gente maluca", Alice retrucou.

"Oh, você não tem saída", disse o Gato, "nós somos todos malucos aqui. Eu sou louco. Você é louca."

"Como você sabe que eu sou louca?", perguntou Alice.

"Você deve ser", afirmou o Gato, "ou então não teria vindo para cá."

Alice não achou que isso provasse nada afinal: entretanto, ela continuou: "E como você sabe que você é maluco?"

"Para começar", disse o Gato, "um cachorro não é louco. Você concorda?"

"Eu suponho que sim", respondeu Alice.

"Então, bem", o Gato continuou, "você vê os cães rosnarem quando estão bravos e balançar o rabo quando estão contentes. Bem, eu rosno quando estou feliz e balanço o rabo quando estou bravo. Portanto, eu sou louco."[64]

Sim, se em qualquer um dos caminhos que Alice tomar ela caminhar o suficiente, chegará em algum lugar. Questões lógicas e interessantes. E, claro, Alice não deseja estar entre loucos, mas, através da prova por contradição, e da aceitação da regra do jogo, o Gato prova que todos (inclusive Alice) são loucos.

A questão levantada por Carroll é interessante do ponto de vista matemático: o postulado, regra ou axioma enunciado pelo Gato: "um cachorro não é louco" é aceito por Alice. Ao estar de acordo com o jogo, Alice continua aceitando os argumentos do Gato. Ao argumentar que os cães rosnam quando estão bravos e balançam o rabo quando contentes, o Gato constrói a negação do argumento, dizendo que ele é justamente o contrário, logo seria um "cachorro doido", provando que todos ali são doidos. Aqui encontramos os conectivos lógicos "e" e a "negação" bem construídos e conhecidos por Carroll.

Já em "Conselhos de uma Lagarta", narra-se a seguinte conversa:

> "Arre, Cobra!"
> "Mas não sou uma cobra, estou lhe dizendo!" Insistiu Alice. "Sou uma... uma ..."
> "Ora essa! Você é o quê?" Perguntou a Pomba. "Aposto que está tentando inventar alguma coisa!"
> "Eu... eu sou uma menininha", respondeu Alice, bastante insegura, lembrando-se do número de mudanças que sofrera naquele dia.
> "Realmente uma história plausível!" Disse a Pomba num tom do mais profundo desprezo. "Vi muitas menininhas no meu tempo, mas nunca uma com um pescoço desse! Não, não! Você é uma cobra; e não adianta negar. Suponho que agora vai me dizer que nunca provou um ovo!"
> "Provei ovos, sem dúvida", disse Alice, que era uma criança sincera; "mas meninas comem quase tantos ovos quanto as cobras, sabe."
> "Não acredito nisso", declarou a Pomba; "mas, se comem, então são uma espécie de cobra, é só o que posso dizer."[65]

Aqui, meninas e cobras têm uma propriedade em comum: o fato de comerem ovos. Isso somente não torna as duas classes idênticas, e não faz que a menininha seja uma cobra, mas confunde (e brinca) com o leitor e com a lógica.

Já em "Um Chá Maluco", Carroll cria o seguinte enigma lógico em relação ao seu problema de relógios – Qual dos relógios marca o tempo mais fielmente? Um que se atrasa um minuto por dia ou um que está sempre parado? Se pensarmos matematicamente, o relógio parado estará correto pelo menos duas vezes ao dia, já o que se atrasa um minuto levará bastante "tempo" para estar no momento correto.

> "Que relógio engraçado!" Observou. "Marca o dia do mês, e não marca hora!"

[65] Ibidem, p. 52-53.

"Por que deveria?" Resmungou o Chapeleiro. "Por acaso o seu relógio marca o ano?"
"Claro que não." Alice respondeu mais que depressa. "Mas porque continua sendo o mesmo ano por muito tempo seguido."
"O que é exatamente o caso do meu!" Disse o Chapeleiro.[66]

Outro problema também pode ser criado a partir desse enigma: esteja o relógio do Chapeleiro funcionando, e os ponteiros possuam todos o mesmo tamanho. Coloque-o agora em frente a um espelho e descubra a que horas, entre as 7 e as 8, o relógio e sua imagem espelhada marcam exatamente a mesma hora. Essas brincadeiras lógicas e espectrais foram muito utilizadas nas obras de Borges e Perec.

[66] Ibidem, p. 69.
[67] Ibidem, p. 139.

Outra questão exaustivamente trabalhada por Carroll: a utilização da imagem dos espelhos e o jogo de xadrez, um dos principais argumentos ficcionais retomado por Borges posteriormente. Em *Alice Através do Espelho,* Carroll apresenta inúmeros problemas lógicos e ficcionais utilizando esse recurso:

> Em seguida começou a olhar em volta e notou que o que podia ser visto da sala anterior era bastante banal e desinteressante, mas todo o resto era tão diferente quanto possível. Por exemplo, os quadros na parede perto da lareira pareciam todos vivos, e o próprio relógio sobre o console (você sabe que só pode ver o fundo dele no espelho) tinha o rosto de um velhinho, e sorria para ela.
> Esta sala não é tão arrumada como a outra, Alice pensou, ao notar várias peças do jogo de xadrez caídas no chão entre as cinzas; mas no instante seguinte, com um pequeno "Oh!" de surpresa, estava de gatinhas, observando-as. As peças de xadrez estavam andando, duas a duas![67]

Lewis Carroll tem importância fundamental nas leituras de Borges e Perec, como "precursor" que aplica recursos matemáticos e lógicos em sua prosa. Assim Perec o define:

> Um dos modelos mais, digamos, que não pertencem ao Oulipo, que foi feito bem antes do Oulipo, é a imagem de uma partida

de xadrez que engendra um romance. O romance *Alice Através do Espelho* pode ser descrito como uma partida de xadrez. Existe um certo número de análises e sabemos que Lewis Carroll o escreveu, visivelmente, concebendo a repartição do que se passa nos capítulos, que correspondem à situação de um tabuleiro após o golpe. Isso é um exemplo de estrutura.[68]

Perec, por sua vez, também utilizará um tabuleiro modificado de xadrez em *A Vida Modo de Usar*.

[68] G. Perec, *Entretiens et conférences* II, p. 286.

Edgar Allan Poe

A obra de Edgar Allan Poe está também repleta de conceitos matemáticos e lógicos. Em seus contos, para descobrir os enigmas propostos, as personagens fazem uso exaustivo da lógica matemática, partindo de certas premissas com o objetivo de convencer o leitor da veracidade de suas conclusões. A leitura da obra de Poe por Borges é evidente, sobretudo quando Borges compõe certos contos policiais, e também o é por Perec, quando ele utiliza sua *contrainte* citação.

Em "A Carta Roubada", Poe faz algumas referências à matemática e cria um diálogo muito interessante, sobretudo se trabalhado em conjunto com as obras e os autores oulipianos:

> Ele, contudo, foi ludibriado por completo; e a fonte remota de sua derrota está na suposição de que o ministro é um maluco, porque adquiriu renome como poeta. Todos os malucos são poetas; é isso o que o comissário de polícia sente; ele é simplesmente culpado de um *non distributio medii*, ao deduzir daí que todos os poetas são malucos.
> – Mas esse é realmente o poeta? – perguntei. – Sei que são dois irmãos, e ambos alcançaram reputação nas letras. O ministro, creio eu, escreveu eruditamente sobre o cálculo diferencial. É um matemático, e não um poeta.
> – Você não se engana. Eu o conheço bem; é ambas as coisas. Como poeta e matemático, ele raciocinaria bem; como simples matemático, não teria essa capacidade e, assim, estaria à mercê do comissário.

MATEMÁTICA E LITERATURA 73

– Você me surpreende – disse eu – com essas opiniões, que têm sido desmentidas pelo senso comum. Por certo, não é sua intenção reduzir a nada ideias bem estabelecidas através dos séculos. Há muito, o raciocínio matemático é considerado o raciocínio *par excellence*.[69]

Já no conto "O Escaravelho de Ouro", a referência que aparece vincula-se à criptografia:

> Aqui, Legrand, tendo novamente aquecido o pergaminho, submeteu-o ao meu exame. Os caracteres seguintes apareceram em vermelho, grosseiramente traçados entre a caveira e o cabrito:
> 53‰ ‰ + 305))6*; 4
> 826)4‰)4‰); 806*; 48+8&60))85;
> 1‰(;:‰*8+83(88)5*+; 46(; 88*96*?; 8)*‰(; 485); 5*+2:*‰(;
> 4956 *2(5*-4)8&8*; 4069285);)6+8)4‰‰; 1;(‰9; 48081; 8:8‰1;
> 481;48+85:4)485+528806*81(‰9; 48; (88; 4(‰?34; 48)4‰;
> 161;:188;‰?[70]

[69] E.A. Poe, *Histórias Extraordinárias*, p. 60-61.
[70] Ibidem, p. 217.

Após a proposição do problema, Poe apresenta sua solução utilizando uma teoria básica e simples da criptografia – a frequência de recorrência de determinada letra – para recompor a mensagem original:

O caractere 8 ocorre 33 vezes
O caractere ; ocorre 26 vezes
O caractere 4 ocorre 19 vezes
O caractere ‰ ocorre 16 vezes
O caractere) ocorre 16 vezes
O caractere * ocorre 13 vezes
O caractere 5 ocorre 12 vezes
O caractere 6 ocorre 11 vezes
O caractere (ocorre 10 vezes
O caractere + ocorre 8 vezes
O caractere 1 ocorre 8 vezes
O caractere o ocorre 6 vezes
O caractere 9 ocorre 5 vezes

O caractere	2	ocorre	5	vezes
O caractere	:	ocorre	4	vezes
O caractere	3	ocorre	4	vezes
O caractere	?	ocorre	3	vezes
O caractere	&	ocorre	2	vezes
O caractere	–	ocorre	1	vez
O caractere	.	ocorre	1	vez

Ora, a letra que se encontra mais frequentemente em inglês é o *e*. As outras se sucedem nesta ordem: *a o i d h n r s t u y c f g l m w b k p q x z*. O *e* predomina tão singularmente que é raro se encontrar uma palavra de certo tamanho em que ele não entre como letra principal. Temos, pois, para começar, uma base de operações que dá alguma coisa mais do que uma simples conjectura. O uso geral que se pode fazer dessa tabela é evidente, mas, nesse caso, ele nos seria de pouca utilidade. Sendo o nosso caractere dominante o "8", começaremos por torná-lo o *e* do alfabeto. Para verificar essa suposição, vejamos se o "8" se encontra duplo, porque o *e* se duplica muito em inglês, como por exemplo nas palavras *meet, fleet, speed, seen, been, agree* etc. Ora, no caso presente, vemos que ele dobra cinco vezes, embora seja curto o criptograma.[71]

71 Ibidem, p. 219.

Poe, conforme a citação, recupera a mensagem, utilizando uma tabela de frequência de letras ou sinais. Assim, através de uma relação entre o aparecimento da letra e o uso de combinações possíveis das letras que têm frequência parecida, consegue descriptografar a mensagem. Diferentemente de Poe, já que não tem o objetivo de criptografar uma mensagem, mas apenas de realizar uma tarefa árdua (o desaparecimento de uma letra), Georges Perec escreve um livro chamado *La Disparition*, sem se valer da letra de maior frequência na língua francesa: a letra *e*. Assim, de acordo com o próprio Perec, se o seu livro fosse criptografado para, posteriormente, ser descriptografado pelo mesmo processo que Poe utilizou no conto acima, o processo seria muito mais complicado, já que o espectro de frequência do livro não seguiria o de um livro qualquer escrito em francês. Esse recurso é chamado de lipograma e será posteriormente trabalhado como *contrainte* literária e como recurso matemático.

Júlio Verne

Uma das referências mais diretas de Perec em A *Vida Modo de Usar* e também de Borges em vários de seus textos é Júlio Verne. Em *A Ilha Misteriosa*, Verne apresenta algumas pequenas ideias matemáticas:

> – Conheces os primeiros princípios da geometria? Um pouco, senhor Cyrus – respondeu Harbert [...]
> – E lembras-te bem de quais as propriedades dos triângulos semelhantes? – Sim, respondeu Harbert [...]
> – Os seus lados homólogos são proporcionais.
> – [...] acabo de construir dois triângulos semelhantes, ambos retângulos.
> – Assim, como a distância da estaca à vara é proporcional à distância da vara à base da falésia, do mesmo modo a altura da vara é proporcional à altura dessa falésia.
> Terminadas essas medidas, Cyrus Smith e o jovem Habert voltaram às chaminés [...].
> Ficou então estabelecido que a falésia media trezentos e trinta e três pés de altura.[72]

[72] J. Verne, *A Ilha Misteriosa*, p. 109. Ver também M.M. Stadler, *Un Paseo Matematico por la Literatura*, p. 273.

Pequenas inserções matemáticas em textos literários são muito comuns. Essa passagem de Verne nos mostra a aplicação de um conceito matemático simples para a resolução de um problema prático: a utilização da semelhança entre triângulos e o cálculo das proporções é matéria obrigatória em todas as escolas, atualmente. Entretanto, ao longo da história, a utilização desse tipo de fundamentação foi bastante importante para a evolução da ciência de uma forma geral. Os gregos, por exemplo, aplicaram esses conceitos para resolução e entendimento de inúmeros problemas físicos presentes à época.

Perec escreve que um de seus objetivos como escritor é contar a história de sua época, como Júlio Verne o fez. Além disso, Perec já dá indícios de como será sua escritura:

> Em seguida, minha paixão foi e ainda resta Júlio Verne, hoje redescoberto como um grande escritor. Meu projeto seria

recontar a história de minha época como Júlio Verne a sua, minha época que não está mais sob o signo da eletricidade e das colônias, mas da sociologia, etnologia, psicologia, psicanálise. As enumerações de Júlio Verne me encantam: nomes de peixes em *Vinte Mil Léguas Submarinas*, nomes de todos os exploradores da América do Sul. Eu copiei as páginas do *Catálogo de Armas e Ciclos* de Saint-Étienne em *A Vida Modo de Usar*, mas retrabalhando-as[73].

Nessa passagem percebemos algumas pequenas sutilezas que serão posteriormente discutidas: a palavra "redescoberta" como referência aos "plagiadores por antecipação", o projeto de esgotamento de Perec e as inúmeras referências às mais diversas áreas do conhecimento, assim como o jogo de citações e cópias (*contrainte*) presente em *A Vida Modo de Usar*.

[73] G. Perec, *Entretiens et conférences I*, p. 23.
[74] Cf. J. Fux, A Performance Como uma Contrainte nos Trabalhos de Samuel Beckett e Georges Perec, *Aletria*, v. 21, n. 1 (2011), p. 89-99.

Samuel Beckett[74]

Apesar de não ter utilizado sistematicamente a matemática em seus textos, Beckett apresentou uma estrutura de composição que foi muito apropriada pela literatura, sobretudo em *A Vida Modo de Usar*, de Georges Perec. Em 1981, Beckett produziu um programa chamado *Quad I+II*, composto de quatro intérpretes que percorrem uma área comum (um quadrado com 6 passos de dimensão), cada um seguindo o seu próprio caminho. Os trajetos dos atores podem ser expressos pelo quadro 1, abaixo:

Quadro 1: Trajeto dos atores em Quad I + II

ATOR 1	AC	CB	BA	AD	DB	BC	CD	DA
ATOR 2	BA	AD	DB	BC	CD	DA	AC	CB
ATOR 3	CD	DA	AC	CB	BA	AD	DB	BC
ATOR 4	DB	BC	CD	DA	AC	CB	BA	AD

O Ator 1 entra num ponto A, faz seu percurso, termina seu trajeto e depois o Ator 3 entra em cena. Juntos, percorrem seus trajetos e logo depois entra em cena o Ator 4. Logo após, os três juntos percorrem seus próprios trajetos, juntando-se a eles o Ator 2. Assim, os quatro realizam seus próprios trajetos. O Ator 1, que já percorreu todos os caminhos, sai de cena, continuando os Atores 2, 3, 4. Após completar seu trajeto, o Ator 3 sai de cena, restando 2 e 4 com seus próprios trajetos. Em seguida, o Ator 4 acaba seu trajeto, deixando apenas o Ator 2 que percorre seu trajeto e começa então a nova série, já que entra novamente em cena o Ator 1, e assim por diante até completar quatro séries. A entrada dos atores é realizada como no quadro 2, a seguir:

[75] M. Carlson, *Performance*, p. 24.

Quadro 2: Entrada dos Atores em Quad I + II

1ª SÉRIE	1	13	134	1342	342	42
2ª SÉRIE	2	21	214	2143	143	43
3ª SÉRIE	3	32	321	3214	214	14
4ª SÉRIE	4	43	432	4321	321	21

Beckett também utiliza uma estrutura matemática para dirigir a iluminação da cena (quatro focos de luz, de diferentes cores, cada um iluminando determinado ator), a sonorização (quatro tipos de sons, cada um associado a um ator diferente), o andar de cada personagem (cada ator deve emitir um som diferente no seu caminhar) e a estrutura física de cada ator (que devem ter estatura igual e peso próximo). Toda a cena deve se desenrolar ao longo de 25 minutos, ou seja, 1 passo por segundo.

Percebemos aqui um projeto performático bem estruturado e definido. O movimento, o tempo, a iluminação, o desenvolvimento, tudo é fixado anteriormente à execução da performance.

Segundo Marvin Carlson "existe um consenso difundido entre os teóricos de performance de que toda performance é baseada em modelo, roteiro ou padrão preexistente"[75]. Assim, podemos relacionar a *contrainte* com a performance, já que a primeira é baseada em modelos, roteiros, regras e padrões preexistentes. As *contraintes* de Perec em *A Vida Modo de Usar*, assim como o projeto de Beckett em

Quad I + II seguem inicialmente essa primeira definição. Entretanto, tanto a performance quanto a *contrainte* vão além dessas simples definições. A *contrainte*, ainda que criada posteriormente, pode ser descoberta em outros autores, os chamados "plagiadores por antecipação". Assim, uma estrutura ou regra criada pelos oulipianos pode ser descoberta posteriormente na obra de algum escritor ou poeta que os precedeu, o qual receberá o nome de "plagiador por antecipação", por ter trabalhado com um *contrainte* criado a *posteriori* pelo Oulipo. Já o termo "performance" incorpora, com o passar do tempo, novas acepções, sendo que "os temas gerais e as questões associadas com a performance podem ser, e estão claramente sendo, aplicados produtivamente a uma quase ilimitada gama de atividades humanas"[76]. Assim, o campo de atuação da performance e da *contrainte* ainda pode se estender indefinidamente. Outra definição encontrada no livro de Carlson é que a performance possui certas características: "um espaço de tempo definitivamente limitado, um princípio e um fim, um programa de atividades organizado, um conjunto de *performers*, uma audiência, um lugar e uma ocasião de performance"[77].

Em seus últimos trabalhos, Beckett utilizou muito essa abordagem e, assim como Perec, tentou controlar através das *contraintes* todas as possibilidades de recepção e concepção das obras, o que não é possível. Logo há uma *overdose* de ordem, como escreveu Sutton-Smith: "temos algo a aprender por meio da desordem".[78] A desordem está presente em todo o projeto, seja ele literário, seja ele performático, já que, por mais detalhado, matemático e restritivo que seja o projeto, como é o caso de Beckett e Perec, a recepção e a adaptação das obras, tanto no construtor do *puzzle* ou diretor quanto no leitor ou na audiência, é imponderável. Assim afirma Carlson: "a performance implica não apenas fazer ou mesmo refazer, mas uma autoconsciência sobre o fazer e o refazer, por parte dos *performers* e dos espectadores"[79]. O *puzzle* e a *contrainte* também podem ser encarados de forma lúdica como um jogo. Para Caillois, o jogo deve ser "circunscrito em tempo e espaço, indeterminado, materialmente improdutivo, preso a regras e preocupado com uma realidade alternativa"[80].

Embora Caillois tenha como preocupação central o jogo das batalhas e competições, suas características podem muito bem ser

[76] Ibidem, p. 220.
[77] Ibidem, p. 25.
[78] B. Sutton-Smith, apud M. Carlson, op. cit., p. 33.
[79] M. Carlson, op. cit., p. 221.
[80] R. Caillois, apud M. Carlson, op. cit., p. 36.

aplicadas à literatura sob *contrainte*. Mas a análise da performance, assim como a da literatura sob *contrainte*, precisa usar o estudo da recepção apenas como uma parte, embora necessária, de sua abordagem. O papel dos *performers* no modelo moderno deve ser considerado, sobretudo nas obras de Beckett. No fim de seu livro *Beckett/Beckett*, Vivian Mercier escreve: "Estou preparada para argumentar que a brevidade dos últimos trabalhos não é devido a alguma aspiração filosófica em direção ao silêncio, mas em direção [...] ao perfeccionismo; a única obra perfeitamente acabada é a miniatura."[81] Assim como Perec, Beckett buscou a perfeição. Perec tentou controlar todas as possibilidades de leitura através de suas *contraintes* matemáticas. Beckett acrescentou cada vez mais controle, regras e restrições em seus projetos, mesmo sabendo que discutir controle e recepção é estar ciente da contingência de qualquer sistema. Jonathan Kalb, em *Beckett in Performance* escreve:

[81] V. Mercier, *Beckett/Beckett*, p. 237.
[82] J. Kalb, *Beckett in Performance*, p. 95.
[83] T. Driver, Becket by the Madeleine, *Columbia University Forum*, p. 25.

> Em sua procura pela imagem perfeita, Beckett inseriu mais e mais direções de palco em seus textos, e buscou mais e mais um controle completo sobre as ações nas produções dirigidas por ele. No teatro ao vivo, entretanto, mesmo com a mais amigável atmosfera de ensaio, é impossível ter controle total já que, por razões práticas, sempre são necessários alguns acordos.[82]

Em seus últimos trabalhos (exceto em *Eh Joe*), Beckett reduziu as falas de suas peças quase ao silêncio, construindo suas histórias através de imagens visuais bem estruturadas. Dessa forma trabalhou muito mais como um coreógrafo ou como um construtor de *puzzle* que como um diretor de uma peça tradicional.

Os últimos projetos de Beckett se assemelham ao projeto de *A Vida Modo de Usar*. Assim escreve Tom Driver em seu texto "Beckett by the Madeleine": "Beckett sugere algo mais livre (que o dogmatismo) – que a vida é para ser vista, para ser falada, e que o caminho a ser vivido não pode ser declarado de forma inequívoca, mas deve vir como uma resposta ao que se encontra 'na bagunça'".[83]

Literatura e Matemática
no Brasil[84]

Saudado com fervor pela geração de 1922, o experimentalismo na literatura voltou a ganhar contornos fortes nas últimas décadas do século XX e primeiras do XXI. Como uma retomada mais amadurecida do espírito vanguardista de seus antecessores modernistas, pode-se destacar como exemplos mais significativos de um trabalho sofisticado e não convencional com a linguagem na década de 1970 os autores Raduan Nassar e Osman Lins. Nas décadas seguintes, para além do trabalho formal e em busca de uma nova maneira de escrever romances, o hibridismo entre formas literárias e não literárias surgiria como solução inventiva eficaz para numerosos autores brasileiros contemporâneos. Assim, a fusão entre jornalismo e literatura resultaria no chamado romance-reportagem; da junção de crítica e criação literária, nasceria o romance-ensaio; a partir da década de 1980, a interação com meios de comunicação visuais, como fotografia, cinema, publicidade, vídeo e a produção da mídia em geral[85], marcaria sobremaneira a produção literária nacional; e as novas tecnologias de computação e o advento da internet causariam impacto nas décadas de 1990 e 2000, modificando os meios de difusão da literatura e também a construção de narrativas ficcionais, que se tornariam mais difusas e, por vezes, curtas ou instantâneas.

O romance brasileiro praticado no Brasil nos últimos dez anos aponta para várias direções e bebe em diferentes fontes, mas um dos caminhos mais percorridos pelos novos autores ainda é, sem dúvida, o do hibridismo literário: "Chegamos talvez ao traço que melhor caracteriza a literatura da última década: o convívio entre a continuação de elementos específicos, que teriam emergido nas décadas anteriores, e uma retomada inovadora de certas formas e temas da década de 1970"[86], aponta Karl Erik Schøllhammer.

Do ponto de vista dos estudos críticos e literários, Tânia Franco Carvalhal, estudiosa reconhecida por suas contribuições à Literatura Comparada, constata uma ampliação dos estudos literários comparativos em relação à época de seu surgimento, no século XIX. Tal

[84] De acordo com o artigo publicado em: J. Fux; A. Rissard, Três Romances em Interseção, *O Eixo e a Roda*, v. 22, n. 1, p. 167-183.
[85] K.E. Schøllhammer, *Ficção Brasileira Contemporânea*, p. 31.
[86] Ibidem, p. 37.

expansão, segundo ela, é reflexo de uma mudança de paradigma forjada ao longo do século XX, o que permitiu à Literatura Comparada se libertar de sua posição inicial de "subsidiária da história literária" para abarcar diferentes campos das Ciências Humanas: "Surgida de uma necessidade de evitar o fechamento em si das nações recém-constituídas e com uma intenção de cosmopolitismo literário, a Literatura Comparada deixa de exercer essa função 'internacionalista' para converter-se em uma disciplina que põe em relação diferentes campos das Ciências Humanas."[87]

Sabemos, porém, que os estudos comparativos hoje podem se relacionar com diversas áreas do conhecimento e não mais somente com as Ciências Humanas. Um dos casos menos convencionais é a utilização da matemática como estrutura e argumento ficcional em algumas obras literárias.

[87] T. Carvalhal, *Literatura Comparada*, p. 9.
[88] A. Candido, Prefácio, em O. Lins, *Avalovara*, p. 9.
[89] Ibidem.

Partindo dos escritores oulipianos apresentados aqui, chegamos a uma literatura que amplia cada vez mais suas possibilidades comparatistas. Muitos estudos já foram feitos mostrando esse comparativismo; resta, todavia, apresentar e estudar alguns escritores brasileiros que utilizaram essas restrições e regras, a serem analisadas sob o viés matemático, em suas narrativas ficcionais. De volta à reflexão sobre experimentalismo e hibridismo literário no Brasil, é justamente na década de 1970, com Osman Lins, que tal recurso será utilizado pela primeira vez em um romance no país. Como evidência de que a estratégia retomou fôlego na última década, Alberto Mussa e José Castello também aderiram ao uso da matemática como estrutura para seus romances.

As obras aqui escolhidas ocultam, ao primeiro encontro, regras de composição que podem ser estudas a partir de conceitos e estruturas matemáticas. Assim, em um primeiro momento, dificilmente percebemos a *regra do jogo* de alguns romances. Em *Avalovara*, de 1973, Osman Lins parte de um recurso matemático antigo conhecido como *quadrado mágico*, para construir uma "geometria rigorosa e oculta, [...] que dá à narrativa um movimento espiralado, sem começo nem fim, quando tomado em si mesmo"[88]. No entanto, tal movimento, que nos passa a ideia de infinito, tem um limite: a espiral está contida em um quadrado, repartido em quadrados menores, "cada um correspondendo a uma letra"[89]. Alberto Mussa, em *O Movimento Pendular*, de 2006, permuta as possibilidades triangulares com o intuito de criar novas histórias, potenciais narrativos, diferentes desfechos, e novas teorias conspiratórias, redescobrindo e reinventando caminhos literários. Já José Castello, em *Ribamar*, de 2010, parte do comparatismo inerente entre a música e a matemática para estruturar um projeto bem definido de contar (e cantar) um livro, uma autoficção, a partir da canção de ninar que ele próprio intitulou de "Cala a Boca". A regra estipulada em relação ao tamanho dos capítulos ajudou-o, segundo ele próprio, a construir esse livro.

Entretanto, nada disso é novo nem inédito. Alguns desses recursos matemáticos já podem ser encontrados em livros clássicos como a *Torá* ou a *Divina Comédia*. Essa matemática, já proposta em obras da antiguidade, foi também muito utilizada por Lins e Mussa. Assim como Borges, que conheceu muitos dos conceitos matemáticos após a leitura de *Matemática e Imaginação*, o autor brasileiro conhece toda a inventividade matemática e justifica a sua atração pelas estruturas de inspiração geométrica a partir da leitura dos ensaios *Estética das Proporções na Natureza e na Arte* e *O Número de Ouro*, de Matila C. Ghyka:

[90] O. Lins, *Evangelho na Taba*, p. 179.

> Também Pitágoras e a alquimia não são estranhos à minha atração pelas figuras geométricas. Quanto aos números, tem fascinado aos homens desde sempre. Na Idade Média, como podemos ler em Curtius, eram frequentes as obras regidas por uma estrutura numeral. A *Divina Comédia*, baseada na tríada e na década, é culminância dessa tendência. E o meu livro, já o disse mais de uma vez, constitui, entre outras coisas, uma homenagem ao poema de Dante. É também construído com base na tríada e na década.[90]

Inicialmente, a utilização da matemática na literatura pela inclusão de paradoxos, jogos e enigmas lógicos, apesar de constantemente referenciada, como argumenta Lins, não era sistemática. Porém, com a criação do grupo francês Oulipo e suas restrições matemáticas em escritos literários, nos tornamos capazes de estudar as obras literárias do passado e do futuro com diferentes olhares em relação à matemática; fato esse que pretendemos aqui estudar relacionando-o aos escritores brasileiros.

O Quadrado Mágico
e a Estrutura Matemática de "Avalovara"

Falar de *Avalovara* é falar de matemática, de música, dos triângulos amorosos e de uma construção extremamente rígida e axiomática. Nesse romance é possível encontrar as estruturas, relações, restrições, regras e jogos também presentes nos outros livros aqui estudados e nas propostas do Oulipo. Três estruturas básicas vão nortear o romance: o quadrado, a espiral e o palíndromo.

O livro de Osman Lins pode ser aproximado, inicialmente, da proposta do Oulipo e de Italo Calvino[91]. O mesmo quadrado mágico utilizado por Calvino mede 5x5 cm e pode ser lido em todas as direções (horizontais e verticais). Sua origem e seu significado não são muito conhecidos, mas sua utilização como uma regra de estrutura textual se dá pela simetria. *Avalovara* toma como ponto de partida a interseção desse quadrado com uma espiral, fornecendo assim uma restrição para a construção da obra. A frase palindromática *sator arepo tenet opera rotas* tem diversas acepções mas, segundo o livro, significa: *o lavrador mantém cuidadosamente o arado nos sulcos*.

A narrativa de Lins divide esse quadrado em 25 outros quadrados menores e em cada um encontra-se uma letra da frase palindromática. Sobre o quadrado grande perpassa-se uma espiral e sobre cada um dos quadrados menores, nos quais estão inseridas as letras que compõem esse palíndromo, surgem oito histórias diferentes, ciclicamente retomadas de acordo com a espiral. São elas: R – "O e Abel: Encontros, Percursos, Revelações"; S – "A Espiral e o Quadrado"; O – "História de Ọ, Nascida e Nascida"; A – "Roos e as Cidades"; T – "Cecília Entre os Leões"; P – "O Relógio de Julius Heckethorn"; E – "O e Abel: Ante o Paraíso"; N – "O e Abel: o Paraíso"[92]. Também podemos relacionar e reagrupar essas narrativas em relação a uma figura triangular, de acordo com a história de cada uma: S e P, reflexões sobre a construção do romance; A e T, o amor do protagonista Abel, escritor, por Anneliese Roos e por Cecília; R, O, E e N, a história de Ọ e da paixão vivida por ela e Abel, que representa o encontro que conduz ao autoconhecimento e ao domínio da criação literária. O tamanho dos capítulos respeita uma progressão aritmética de 10

[91] J. Fux; M.E.R. Moreira, Uma Rede Que Serve de Passagem e Sustentáculo, *Letras Hoje*, n. 45, v. 2, p. 63. Disponível em: <http://revistaseletronicas.pucrs.br/ojs/index.php/fale/article/view/7527>.

[92] J. Paganini, Uma Introdução a Avalovara, de Osman Lins, a Partir do Conceito de Jogo, *Revista do Departamento de Pós-Graduação em Letras da UERJ*, v. 5, p. 64.

linhas para os temas R, S, O, A, E; de 12, para o tema P; e de 20 para o tema T. Segundo o próprio narrador de *Avalovara*, "o quadrado será o recinto, o âmbito do romance, de que a espiral é a força motriz".[93]

O quadrado mágico é uma alusão à questão do espaço da própria página. Assim como em um tabuleiro de xadrez, imagem recorrente em artigos e textos literários que trabalham com matemática, devido ao seu caráter combinatório e rigoroso, o quadrado mágico delimita a área de atuação do jogo, limitando (ou potencializando) as possibilidades narrativas do livro, espaço igualmente utilizado por Calvino em *O Castelo dos Destinos Cruzados*. Partindo dessa organização primeira, regra inicial, inquestionável, como na figura matemática de um axioma, a narrativa se desenvolve. Esse mesmo quadrado também suporta a espiral, cujo movimento é interminável, como em um círculo e seus infinitos lados. A espiral, símbolo do tempo, remete a uma possível infinitude do universo e da matemática, contrastando com a finitude da existência humana.[94]

A espiral possibilita a leitura do palíndromo e faz com que as oito histórias presentes no livro apareçam e desapareçam. Como em um jogo de esconde-esconde, bem característico das restrições oulipianas, as histórias vão, aos poucos, se revelando e se consolidando.

O narrador de *Avalovara* reflete também sobre a intenção e a posição do autor além da possibilidade de controlar a recepção de sua obra, gesto que se aproxima muito das questões e restrições primordiais das obras oulipianas. Segundo esse narrador, "pouco sabe do invento o inventor, antes de o desvendar com o seu trabalho. Assim, na construção aqui iniciada. Só um elemento, por enquanto, é claro e definitivo: rege-a uma espiral, seu ponto de partida, sua matriz, seu núcleo"[95].

[93] O. Lins, *Avalovara*, p. 19.
[94] J. Paganini, op. cit., p. 67.
[95] O. Lins, *Avalovara*, p. 15.

Triângulos Matemáticos, Amorosos, Conspiratórios em "Movimento Pendular"

No romance *O Movimento Pendular*, de Alberto Mussa, o narrador propõe uma teoria universal do triângulo amoroso a partir de seis postulados fundamentais; histórias que também podem ser lidas independentemente do todo. Logo nas primeiras linhas, o leitor se depara com uma advertência que seria a apresentação ou o indício daquilo que podemos esperar das restrições às ficções presentes no livro:

> Pode parecer que este livro é resultante de um encadeamento mais ou menos frouxo de histórias de adultério, colhidas ao acaso em diversas fontes. É uma ilusão: elas formam, na verdade, um sistema; e – lidas em sequência – propõem uma teoria do triângulo amoroso. [...] Para instituir um mínimo de ordem, pus no fim do livro uma tabela em que elas aparecem resumidas e classificadas segundo um critério estritamente matemático. Há ainda um índice, para ser consultado durante a leitura, em caso de dúvidas sobre a estrutura dos triângulos.[96]

[96] A. Mussa, *O Movimento Pendular*, p. 9.
[97] Ibidem, p. 25.

O romance trabalha, entre outras estruturas matemáticas, com as permutações, campo da Análise Combinatória. Em uma trama que apresenta um triângulo amoroso, Mussa mostra outras variações possíveis para o desfecho de cada história. Por intermédio da variação das possibilidades narrativas e partindo de uma trama construída (ou inventada) para que mudanças em seus finais não tornem a estrutura e o final contraditórios, o autor sempre aumenta a potencialidade dessas obras. Em "O Enredo Circular", o narrador apresenta algumas das versões possíveis para a morte dos vários generais supostamente traídos a partir de uma mensagem que permite várias leituras:

> Certamente não fui eu o criador do método de gerar histórias novas a partir de transformações introduzidas em histórias precedentes. Narradores populares empregam intuitivamente essa técnica; e talvez seja por isso que haja tantas variantes de uma mesma narrativa, dispersas por imensas extensões geográficas.[97]

Permutadas as letras e as histórias, encontramos alguns números por vezes muito grandes de possibilidades, porém igualmente distantes de atingir o infinito. É a isso que Mussa se refere quando menciona a quantidade de versões das mortes dos generais presentes no texto "O Enredo Circular", bem como sua relação com as variações de livros que podem ser encontrados no conto de Borges, "A Biblioteca de Babel":

> Isso, todavia, não tira o interesse teórico pelas hipóteses catalogadas pelos investigadores de Shi Huang Di. E nem é necessário consultá-los para afirmar que o número máximo de versões é 256, uma vez que cada general poderia ter morrido de quatro modos: assassinado por um dos três restantes ou por si mesmo. Matematicamente, 4^4. Li Si demonstra, dessa forma, que – dadas duas cenas fixas de uma narrativa – é possível produzir não mais que um número finito de cenas intermediárias. Intui-se que seja finita a quantidade de histórias possíveis, já que os idiomas são também finitos. Jorge Luis Borges tenta demonstrar isso no estudo intitulado La Biblioteca de Babel. Pena que tenha cometido o pequeno deslize de não contabilizar, entre os livros possíveis, as traduções bilíngues de obras com mais de 205 páginas completas, o catálogo das primeiras frases de todos os livros, o dicionário do professor Houaiss.[98]

[98] Ibidem.
[99] J.L. Borges, Discussão, Obras Completas I, p. 255.

Apesar do suposto "esquecimento" de Borges, o número possível de livros presentes na Biblioteca de Babel é gigantesco. Aplicando a combinatória, recurso bastante conhecido pelo Oulipo e presente em O Movimento Pendular, no conto "A Biblioteca de Babel" podemos mostrar matematicamente o tamanho dessa biblioteca. De acordo com Borges, "cada livro é de quatrocentas e dez páginas; cada página, de quarenta linhas; cada linha, de umas oitenta letras de cor preta. Também há letras no dorso de cada livro; essas letras não indicam ou prefiguram o que dirão as páginas".[99]

É curioso notar que, assim como Borges, Mussa atribui o amor e o conhecimento literários à biblioteca de seu pai, como descreve a seguir:

> Quando ingressei na faculdade de matemática, a noção de que o conhecimento é um bem físico – e cabe numa biblioteca – se manifestou em mim de forma consciente. [...]. Passei, então, a montar algo que não era apenas uma coleção aleatória, mas uma pequena biblioteca pessoal, que obedecia a um plano rigoroso e predeterminado. [...] Foi essa uma lição que a biblioteca me ensinou: a busca do conhecimento deve ser feita de maneira independente. [...] Meu pai tinha uma biblioteca imensa,

espalhada pela casa toda. Meu avô também. Portanto, minha relação com a leitura era simples, natural.[100]

A escrita de Mussa é muito próxima da de Borges. E, da mesma forma como Borges compõe uma obra sobre a própria literatura, Mussa argumenta que "não escrevo sobre mim, mas sobre os livros que leio".[101]

Nesse sentido, o emprego da intertextualidade é uma escolha aberta e consciente de Mussa, aproximando-o dos autores oulipianos. Entre as ferramentas utilizadas por esses escritores, incluem-se a *citação*, mais literal e mais explícita, e a *alusão*. Gerard Vigner afirma que será legível numa perspectiva intertextual todo texto que, "pela relação que estabelece com textos anteriores ou com o texto geral, dissemina em si fragmentos de sentido já conhecidos pelo leitor, desde a citação direta até a mais elaborada reescritura". E ressalta: "Ler significa aí perceber esse trabalho de manipulação sobre os textos originais e interpretá-los." [102]

[100] A. Mussa, *Decompondo uma Biblioteca*. Disponível em: <http://www.digestivocultural.com/ensaios/ensaio.asp?codigo=344&titulo=Decompondo_uma_biblioteca>.
[101] Ibidem.
[102] G. Vigner, *Intertextualidade, Norma e Legibilidade*, p. 34.

A partir dessa definição, podemos concluir que a prática da intertextualidade é mais um ponto em comum entre os escritores oulipianos e os autores brasileiros aqui estudados: Osman Lins trabalha sistematicamente com colagens e citações de textos alheios; Mussa adota um estilo de erudição borgiano, dialogando constantemente com o escritor argentino em seus romances; e Castello cria, em *Ribamar*, uma estrutura narrativa que elege como interlocutor o narrador de *Carta ao Pai*, de Kafka, como veremos.

Música, Literatura e Matemática no Canto de Ribamar

Diferentemente dos outros escritores aqui apresentados, José Castello não desenvolve uma obra literária com recursos matemáticos. Também não teve formação na área de Exatas, mas, em seu romance *Ribamar*, lança mão de uma estrutura que pode ser relacionada às restrições oulipianas.

Ribamar é considerado por Castello o seu livro mais pessoal[103] e narra o percurso do próprio autor na tentativa de escrever sobre o pai, com quem teve um relacionamento turbulento. A perpétua presença de Ribamar e a dificuldade que o narrador tem de aceitá-lo (e de matá-lo metaforicamente) permeiam o romance e estabelecem um constante diálogo com *Carta ao Pai*, de Kafka. Para construir a sua narrativa, Castello reuniu suas memórias e anotações sobre Ribamar, bem como seus apontamentos críticos e indagações sobre a literatura e o fazer literário. Assim escreve Gonçalo Tavares na "orelha" de *Ribamar*:

> Carta ao Pai que acompanha a carta ao pai de Kafka. Kafka, o escritor minhoca; escreve como se rasteja e poderemos pensar que em parte é isto: trata-se de ver se os traços que o nosso rastejar deixou atrás conseguem ser decifráveis, se foram transformados ou não num livro ou se são, afinal, como os gatafunhos ilegíveis do velho demente de *Ribamar*, que é cego e por isso não precisa de escrever nada que se entenda. [...] Ler é expor-se – como se escreve nos capítulos Kafkas – menos na leitura privada. *Ribamar* é pois uma coisa que nos interpreta.[104]

[103] G. Freitas, José Castello Lança o Romance *Ribamar*, *O Globo*, 15 ago. 2010.
[104] G. Tavares, em J. Castello, *Ribamar*, p. x.
[105] E. Figueiredo, "Dany Lafarrière", *Interfaces Brasil/Canadá*, v. 7, n. 7, p. 57.

Portanto, se não chega a ser uma autobiografia declarada, *Ribamar* tampouco pode ser visto como um romance de exacerbada imaginação. Ao ficcionalizar fatos e acontecimentos reais, optar pelo uso de nomes verídicos de sua própria história e construir um narrador que também é escritor, a narrativa de Castello poderia ser descrita como *autoficção*, segundo o termo cunhado por Serge Doubrovsky: uma construção literária que, ao misturar a escrita de si a um outro eu ficcional, produz um gênero híbrido que se situa entre a autobiografia e a ficção, entre a memória e a imaginação. E pode ainda ser definida como "uma variante 'pós-moderna' da autobiografia"[105].

Ribamar é também um texto metaliterário, no qual o narrador busca a própria ideia e estrutura, ao longo de sua narrativa, para compor o livro em questão: um recurso linguístico e também matemático conhecido como autorreferência. Constantemente o narrador se pergunta como e se será capaz de escrever o livro, de que forma agrupará suas lembranças, suas ideias e sua ficção.

Quando trabalhamos com fenômenos autorreferentes, estamos sujeitos a paradoxos que são variações do paradoxo do mentiroso.

Assim, na matemática, Bertrand Russell discutiu a dificuldade e a importância de tal problema que, apesar de ser aparentemente ingênuo, foi responsável pela refundação de uma corrente matemática.

É curioso notar que, embora o emprego da matemática, tanto como linguagem quanto como método de criação literária, se aproxime daquilo que entendemos por experimentalismo, a utilização de regras e estruturas bem definidas parece entrar em choque com os ideais vanguardistas do início do século XX, francamente experimentalistas, segundo os quais o artista deveria deixar fluir a imaginação e conceder liberdade às palavras. No entanto, a utilização de restrições pode, ao invés de atrapalhar e limitar a obra, aumentar as possibilidades e fazer com que o autor "consiga escrever o livro".

Com o intuito de aproximar as ideias do Oulipo da composição de *Ribamar*, tomamos uma entrevista de José Castello concedida na VIII Flip. O autor fala sobre as restrições metaliterárias impostas em *Ribamar* e como elas o ajudaram a criar o livro:

> CLAUDINEY FERREIRA: Esse livro é extremamente lógico. Conte a história dele e das restrições criativas que você colocou. [...]
> CASTELLO: Uma coisa que me ajudou a escrever foi, visitando minha mãe, ela começa a cantarolar uma canção de ninar [...] aí eu perguntei: – mamãe, que canção é essa? – você não sabe? é a canção que seu pai cantava pra você dormir. Que eu chamei de "Cala a Boca", porque não tem título. [...]. E aí eu peguei essa canção, cantei para o meu irmão pelo telefone, e ele fez uma partitura, uma canção simples de ninar. E eu peguei essa partitura [...] e a transformei, digamos, em uma fórmula matemática simples. Ela tem mínimas, semínimas e fusas. Cada mínima vale 6.000 caracteres, cada semínima 3.000, cada fusa 1.500. Aí transformei a partitura em 98 capítulos do livro, cada nota cantada 2 vezes.
> FERREIRA: Cada nota é um capítulo?
> CASTELLO: É. Eu tinha vários temas. Eu tinha textos sobre *Carta ao Pai*, aí viraram a nota *mi*. Eu tinha um monte de relatos da minha viagem a Parnaíba, aí viraram a nota *sol*. [...] Sempre que você chegar a um capítulo com a nota *sol* é Parnaíba. Sempre que você chegar a um capítulo com nota *mi* é Kafka.

Aí eu peguei toda essa estrutura, todo o meu monte de anotações intermináveis que não chegava a lugar nenhum, e comecei a separar por blocos de acordo com os temas e depois comecei a trabalhar corte. Corte, corte, corte. [...] Tem hora que você acha que não tem mais nada que você pode cortar, aí tem o diabo da tabela lá, que você tem que seguir, e eu me impus.[...] Portanto no fundo desse livro toca uma música, embora ninguém ouça.[106]

Autor da *Trilogia do Controle* (1984, 1986 e 1988), em que procura destrinchar os mecanismos adotados pelas instituições (Igreja, Ciência, Estado) para refrear o imaginário, desde a época clássica até o início do século XX, Luiz Costa Lima lembra em uma entrevista que o controle, em alguns casos, pode permitir e até promover aos escritos ficcionais um maior rendimento estético: "Como dizia Borges, mesmo a censura pode ser benéfica. Ainda mais do que ela, também o controle, porque exige o autor ser capaz de disfarces e de recursos a que de outro modo não estaria obrigado."[107]

No entanto, vale reiterar, no caso dos autores aqui estudados, tal controle não é exercido por instituições externas, mas é tão somente um exercício autoimposto, seja para ajudá-los a organizar e lapidar o próprio imaginário, seja na busca por um jogo narrativo que resulte original. Perguntamo-nos, portanto: por que trabalhar com matemática na literatura, por que discutir conceitos e estruturas matemáticas em alguns autores que não eram matemáticos profissionais e nem amadores? A única resposta possível é que esse estudo potencializa a recepção de algumas obras e traça um novo horizonte no campo e nos estudos literários. Cria-se um espaço entre áreas diferentes do conhecimento, possibilitando uma abertura a descobertas sobre o universo, os jogos, as trapaças e os saberes matemáticos e ficcionais daqueles que podem ser revelados nesse *novo espaço matemático*. Assim redescobrimos e elucidamos obras sob um aspecto diferente da arte, novo e ainda não muito explorado. O trabalho criativo de autores de ficção a partir de regras e estruturas bem definidas, e abordadas aqui sob um viés matemático, não deveria ser encarado como limitante do imaginário, mas como um fator que permite alargar as possibilidades da criação literária.

---

[106] J. Castello, Entrevista, Jogo de Ideias. Disponível em <http://www.youtube.com/watch?v=dw2tGnHx-XY>.
[107] L.C. Lima, *O Controle do Imaginário e a Afirmação do Romance*, p. 383.

Assim, apresentados alguns escritores que utilizaram conceitos e estruturas matemáticas, no próximo capítulos nos deteremos sobre Georges Perec, seus conhecimentos matemáticos e lógicos, seus jogos, suas criações e sua "máquina de contar histórias".

2.
Georges Perec e Relações Borgianas

No artigo "Georges Perec et les mathématiques", Bernard Magné apresenta Perec como um jovem que não gostava muito de matemática, mas que era bastante interessado e intrigado pelos grandes e também simples problemas da matemática. A matemática utilizada por Perec em seus trabalhos não era a mesma utilizada por Jacques Roubaud e por Raymond Queneau, já que Perec utilizou, sobretudo, três regras matemáticas e – como em quase todos os aspectos de sua obra – tentou esgotar suas possibilidades.

1 B. Magné, C.A. Thomasset, *Georges Perec*, p. 75.

Perec constrói uma aritmética original, com seus próprios valores e seus próprios símbolos, sem referência à numerologia clássica e, assim como a gematria está presente na Cabala, desenvolveu uma geometria *fantasmatique* que repousa sobre algumas figuras, pouco numerosas, mas muitas vezes recorrentes, que determinam as estruturas formais de seu texto[1]. Essas estruturas recorrentes são, essencialmente, o *carré* e as "simetrias bilaterais". O *carré* pode ser visto como um tabuleiro clássico de xadrez (8 x 8), um outro tabuleiro presente em *A Vida Modo de Usar* (de tamanho 10 x 10), ou ainda um de 9 x 9 presente no "Deux cent quarante-trois cartes postales". Já a simetria bilateral pode ser vista no jogo de palíndromos, na utilização das letras w e x e de suas devidas representações geométricas e da combinatória, presentes, por exemplo, em *Alphabets*. Utilizando um conceito matemático, podemos chamar essa tentativa de esgotamento de "método da exaustão" (um método de cálculo). No prefácio de *Romans et récits*, Bernard Magné escreve:

> As *contraintes* de *A Vida Modo de Usar* são notórias não somente pelo seu número, mas também pela sua novidade no campo

literário: dos três processos formais aos enunciados esperados, apenas um tem ascendência retórica – a *pseudo-quenine*, transformação, graças à Raymond Queneau e depois a Jacques Roubaud, de uma forma poética medieval, a sextina do trovador Arnaut Daniel. A poligrafia do cavalo vem, como seu nome indica, do xadrez, e o *bi-carré* [duplo quadrado] *latino* da combinatória matemática. Perec não inventa, propriamente, as principais *contraintes* de A Vida Modo de Usar, mas as toma emprestadas fora da herança literária tradicional.[2]

2 B. Magné apud G. Perec, Les Revenentes, em G. Perec e B. Magné, *Romans et récits*, p. 563.
3 Nesta citação há uma referência à história de Galois, algebrista que foi morto num duelo, ainda jovem, e que escreveu todo seu conhecimento matemático na prisão, antes de morrer.
4 G. Perec e B. Magné, op. cit., p. 351.

Segundo a definição do termo, exaustão é o ato de esgotar todas as possibilidades de uma questão. Já em matemática, exaustão é uma maneira de provar que duas grandezas são iguais. Apesar do conceito matemático, Perec utilizou essa ideia num contexto vulgar, principalmente nos livros: *Espèces d'espaces*; *Théâtre I: La Poche parmentier et précédé de l'augmentation*; *Tentative d'épuisement d'un lieu parisien*; *Cantatrix Sopranica L. et autres récits scientifiques*; e A Vida Modo de Usar.

A aproximação entre a matemática de Perec e a verdadeira matemática é claramente simplista, já que ele era um amador na área. A utilização da matemática por Perec se deve ao amor que ele nutria por jogos e *contraintes* e, logicamente, por sua vinculação ao grupo Oulipo. A estrutura *bicarré latino* utilizada em A Vida Modo de Usar, por exemplo, foi dada a Perec por Claude Berge, matemático membro do Oulipo. De maneira geral, a utilização matemática de Perec resulta sempre de uma colaboração. Em seu livro *La Disparition*, ele pediu a Jacques Roubaud que escrevesse um texto lipogramático, e em A Vida Modo de Usar extraiu um pedaço da tese de Roubaud:

Aos Matemáticos:

A noção aqui, quem a descobriu, quem a deu? Gauss ou Galois? Nós nunca saberemos. Hoje todos conhecem isso. Portanto, dizemos que no fim da noite, antes de sua morte, Galois[3] gravou em seu leito uma longa cadeia à sua maneira. Assim: $aa^{-1} = bb^{-1} = cc^{-1} = dd^{-1} = ff^{-1} = gg^{-1} = hh^{-1} = ii^{-1} = jj^{-1} = kk^{-1} = ll^{-1} = mm^{-1} = nn^{-1} = oo^{-1} = pp^{-1} = qq^{-1} = rr^{-1} = ss^{-1} = tt^{-1} = uu^{-1} = vv^{-1} = ww^{-1} = xx^{-1} = yy^{-1} = zz^{-1}$.[4]

As personagens que trabalham com matemática em *A Vida Modo de Usar* – Mortimer Smautf, Carel Van Loorens, Abel Speiss – são, como quase todas as personagens do livro, obsessivas. Smautf passa sua vida calculando exaustivamente fatoriais em busca do infinito; Loorens exerce várias atividades, de cirurgião a geômetra, ensinando também matemática em Halle e astronomia em Barcelona; Speiss preenche seus dias resolvendo problemas diversos da lógica e da matemática com grande facilidade.

Perec, ele mesmo, tinha a obsessão declarada "de preencher um corredor da biblioteca nacional, de utilizar todas as palavras da língua francesa, de escrever tudo que é possível a um homem de hoje escrever"[5]. Em matemática, o conceito de indução matemática visa demonstrar que uma propriedade é válida para todos os números naturais. Para essa demonstração são necessários dois passos:

[5] B. Magné, Georges Perec et les mathématiques. *Tangente*, n. 87, p. 643.
[6] Cf. G. Perec e B. Magné, op. cit.

a. que a propriedade se satisfaça, para o termo 0 ou para o primeiro termo de uma série ou progressão;
b. se essa propriedade é válida para um número inteiro n, então ela deve ser satisfeita para o seu sucessor, ou seja, $n + 1$.

Uma vez atendidos os passos a e b, podemos concluir que a propriedade é válida para todos os elementos do conjunto em questão.

O aspecto enciclopédico na obra de Perec pode ser comparado ao aspecto indutivo e esgotante da matemática. Perec queria utilizar todas as palavras e possibilidades da língua francesa, além da potencialidade e do processo de criação formalista da matemática. Os formalistas, na área da matemática, são aqueles que acreditam que a matemática não existe anteriormente (*a priori*), que podemos criar regras lógicas e, em seguida, utilizá-las. Essa lógica está para a matemática assim como as palavras estão para Perec. O processo de indução matemática visa demonstrar a validade de uma propriedade para todos os números naturais, assim como a obra de Perec visa esgotar todas as possibilidades da literatura.

Perec tinha também uma obsessão pelos números, sendo considerado, além de um manipulador de palavras e letras, um manipulador também de números e cifras[6]. Em *Je me souviens* escreve: "Eu me recordo da teoria matemática da transitividade.

Eu me recordo que todos os números cuja soma de seus elementos dão um total de nove são divisíveis por nove (às vezes, passava as tardes a verificar)."[7] E também, em suas palavras sobre 53 *jours*: "As nove maneiras nas quais o número 53 faz parte de uma sequência de Fibonacci. Os holandeses dizem que todo número pode ser a soma de seus *k* primos (Conjectura de Goldbach)."[8] A observação feita por Perec em *Je me souviens* é incompleta do ponto de vista matemático. De fato, todo número cuja soma de seus termos dá um total de 9 é divisível por 9, mas há números como o 99, que é divisível por 9 e cuja soma dos elementos não é 9, e sim 18. O mais correto seria dizer que são múltiplos de 9 e não que dão um total de 9.

[7] G. Perec, *Je me souviens*, p. 285.
[8] Idem, apud B. Magné e C.A. Thomasset, *Georges Perec*, p. 65.

Em Matemática há um campo de estudos chamado Teoria dos Números, que trabalha com as propriedades dos números inteiros e no qual há muitos problemas em aberto. Denominamos número primo, por exemplo, aquele que tem apenas 2 divisores; o 1 e ele mesmo. Já um número composto é formado pela multiplicação de outros números não nulos. O 12 é um número composto, já que é formado pela multiplicação de 12 = 2×6 (o 12 pode ser dividido por 1, 2, 3, 4, 6, 12, o que o exclui da categoria de números primos). Já o 11 é primo pois seus únicos divisores são o 1 e o 11. Os números primos positivos inferiores a 100 são: 2, 3, 5, 7, 11, 13, 17, 19, 23, 29, 31, 37, 41, 43, 47, 53, 59, 61, 67, 71, 73, 79, 83, 89 e 97.

A conjectura de Goldbach, à qual se refere Perec, diz que todo número inteiro par superior a 2 pode ser escrito pela soma de dois números primos. Esse é um dos mais antigos problemas presente na Teoria dos Números, para o qual ainda não houve demonstração. Por exemplo:

$$
\begin{aligned}
4 &= 2 + 2 \\
6 &= 3 + 3 \\
8 &= 3 + 5 \\
10 &= 3 + 7 = 5 + 5 \\
12 &= 5 + 7 \\
14 &= 3 + 11 = 7 + 7
\end{aligned}
$$

A sequência de Fibonnaci é um problema bem conhecido e está presente em várias áreas do conhecimento humano. Sua origem é relacionada ao n-ésimo termo correspondente ao número de pares de coelhos em um n-ésimo mês e foi assim descrita pelo italiano Leonardo Pisano (1175-1250): de posse inicialmente de um casal de coelhos, quantos casais obteremos em doze meses se cada casal dá vida a um novo casal todo mês, contando do segundo mês de existência?[9]

Nessa população supomos que:

a. no primeiro mês há somente um par de coelhos: 1;
b. os coelhos só são reprodutíveis a partir do segundo mês: 1;
c. a cada mês, cada par suscetível de se reproduzir, produz um novo par: 2;
d. os coelhos não morrem jamais (logo a Sequência de Fibonnaci é estritamente crescente).

[9] Cf. R. Hersh, *What Is Mathematics, Really?*
[10] C. Reggiani, *La Rhetorique de l'invention de Raymond Roussel à l'Oulipo*, p. 58.
[11] Ibidem, p. 57.

Assim apresentamos alguns dos seguintes termos da sequência infinita de Fibonacci: 1, 1, 2, 3, 5, 8, 13, 21, 34, 55, 89, 144, 233, 377, 610, 987, 1597, 2584, 4181, ...

Em Perec, lipogramas, palíndromos e as *contraintes* do jogo de xadrez podem ser representados como de natureza matemática. Segundo Christelle Reggiani, "estamos então face a uma concepção instrumental da relação entre matemática e invenção literária: a matemática será retida pela atitude oulipiana em razão do seu caráter formal, evidentemente interessante para uma literatura que se escreve essencialmente em torno de estruturas"[10]. Em seguida, ela traça um paralelo entre a literatura dos componentes do Oulipo e o Bourbaki: "o trabalho oulipiano se coloca, dizendo de outra forma, como uma refundação axiomática da literatura, de acordo com o modelo operado pelos matemáticos do Bourbaki"[11].

"A Vida Modo de Usar" ou Máquina de Contar Histórias

Italo Calvino, que, como vimos, também foi membro do Oulipo e escreveu alguns livros utilizando *contraintes* matemáticas, em *Porque Ler os Clássicos?* fala um pouco sobre a *A Vida Modo de Usar* como uma das maiores obras da literatura. Entretanto, é no texto "Cibernética e Fantasmas (Notas Sobre a Narrativa Como Processo Combinatório)", do livro *Assunto Encerrado*, que Calvino elabora alguns conceitos relativos a uma possível *machine à écrire*, ou seja, a uma *máquina a escrever* que podemos relacionar ao grupo e, mais especificamente, ao livro de Perec, *A Vida Modo de Usar*. Nesse texto, Calvino reflete sobre o conceito de escrita axiomática, que é governado pelo "princípio primeiro", determinando a composição do texto a partir dos parâmetros definidos pelo Oulipo. Além de ter sido trabalhada por Perec, a escrita axiomática foi também utilizada pelo próprio Calvino, em *O Barão nas Árvores*, narrativa que respeita o princípio de que seu herói, uma vez tendo subido nas árvores, nunca mais retorna à terra, num exemplo de novela axiomática: o axioma básico criado por Calvino é construir sua narrativa de forma a nunca deixar o protagonista retornar à terra firme. É importante ressaltar que, ainda que a elaboração desse romance seja anterior à criação do Oulipo, os artifícios utilizados são os mesmos, tornando-se essa obra um trabalho "não consciente" de sua potencialidade, conforme discussão precedente.

A *contrainte* básica de qualquer sistema é sua linguagem[12], seja ela matemática ou literária, e a partir do momento em que esse sistema se vê limitado, expandem-se suas possibilidades através da criação de novos caminhos, que objetivam ampliar suas combinações. Assim afirma Calvino:

> O número de palavras era limitado: ao lidar com o mundo multiforme e inumerável, os homens defendiam-se opondo um número finito de sons variadamente combinados. [...] Quanto mais limitadas as escolhas das frases e de comportamentos, tanto

[12] De acordo com François Le Lionnais, no *Primeiro Manifesto*: *contraintes* de vocabulário e de gramática, *contraintes* de regras do romance (divisão em capítulos etc.) ou da tragédia clássica (regra de três unidades), *contraintes* de versificação geral, *contraintes* de formas fixas (como no caso do *rondeau* ou do soneto) etc. Ver Oulipo, *La Littérature potentielle*, p. 16.

mais as regras da linguagem e dos hábitos eram obrigadas a complicar-se, para dominar uma variedade sempre crescente de situações. O narrador começou a articular palavras não para que os outros lhe respondessem com outras palavras previsíveis, mas para experimentar até que ponto as palavras podiam combinar-se umas com as outras, gerar-se umas às outras, para deduzir uma explicação do mundo mediante o fio de todo discurso-narrativo possível. [...] O narrador explorava as possibilidades implícitas da própria linguagem, combinando e permutando as figuras, as ações e os objetos sobre os quais essas ações podiam se exercer. Derivavam daí histórias, construções lineares que sempre apresentavam algumas correlações, algumas contraposições.[13]

[13] I. Calvino, *Assunto Encerrado*, p. 197.
[14] Ibidem, p. 203.

Para Calvino, essa máquina rudimentar para a construção de textos é um modelo combinatório, um texto que nos permite muitas possibilidades de leitura, sendo que tais possibilidades são determinadas matematicamente, como no *Cent mille milliards de poèmes*, de Queneau. E Calvino continua em sua reflexão:

Outro encontro entre matemática e literatura é celebrado na França sob o signo do divertimento e do chiste: é o *Ouvroir de Littérature Potentielle* que Raymond Queneau e alguns matemáticos amigos fundaram. Esse grupo quase clandestino de dez pessoas é uma expressão da Academia de Patafísica, o cenáculo fundado por Jarry como uma espécie de academia do esgar intelectual; no entanto, as pesquisas do Oulipo sobre estrutura matemática da sextina usada pelos trovadores provençais e por Dante não são menos austeras que as dos cibernéticos soviéticos. Queneau, não podemos esquecer, é o autor de um livro intitulado *Cent mille milliards de poèmes*, que, mais que como volume, apresenta-se como um modelo rudimentar de máquina para a construção de sonetos, um diferente do outro.[14]

Calvino não deseja que um computador seja capaz de realizar as tarefas de um poeta ou de um escritor, substituindo-os; deseja saber a possibilidade teórica de construir uma *máquina* que coloque na página "todos aqueles elementos que costumamos considerar como os mais ciosos atributos da intimidade psicológica, da experiência, da imprevisibilidade das mudanças de humor, os sobressaltos, as aflições e as iluminações interiores"[15]. E é isso que Perec faz através de suas *contraintes* em toda sua obra, mais especificamente nos 42 elementos de cada capítulo de *A Vida Modo de Usar*.

Além disso, para Calvino, a verdadeira máquina literária será aquela a serviço de uma necessidade típica humana: a produção da desordem. Em *A Vida Modo de Usar*, Perec faz exatamente isso através da introdução de sua *pseudo-quenine de ordem 10*, que tem por objetivo aumentar ainda mais a desordem de seus elementos, para que os capítulos não fiquem parecidos em relação às *contraintes*: "A verdadeira máquina literária, ela própria sentirá a necessidade de produzir desordem, mas como uma reação a uma sua produção anterior de ordem."[16] Temos aí o procedimento utilizado por Perec, que, apesar da tentativa de ordenar e fugir do acaso através da utilização da matemática e da combinatória, aplica também um procedimento de desordem aparente.

Georges Perec conhecia bem todos os *acordos* do Oulipo. Sua obra, a partir do momento de sua união ao grupo, representa conscientemente suas diretrizes. A matemática utilizada em seus trabalhos é a postulada pelos representantes do grupo. Ao se tornar membro do Oulipo, Perec começa a trabalhar com palíndromos[17], lipogramas[18], xadrez, go[19], lógica, anagramas[20]. Escreve um livro inteiro sem o uso da letra *e: La Disparition*. Cria possivelmente o maior palíndromo conhecido na época, composto de cinco mil palavras, "Palindrome"[21]. Escreve um conto chamado *What a Man!*, no qual discute a história de duas personagens, Andras MacAdam e Armand d'Artagnan, no qual somente a vogal *a* é permitida.

No dia 26 de outubro de 1976, morreu Raymond Queneau. Nesse mesmo dia, Georges Perec começou a escrever *A Vida Modo de Usar*, dedicado a seu grande amigo, então falecido. De grande complexidade e construído sob *contraintes*, o livro trata de histórias inter-relacionadas de habitantes de um mesmo prédio situado à 11 *Rue Simon-Crubellier*. Assim Claude Burgelin descreve *A Vida Modo de Usar*:

---

[15] Ibidem.
[16] Ibidem.
[17] Um texto de tamanho indeterminado, cujas letras podem ser lidas da direita para esquerda ou ao contrário, como se vê em "amor – roma".
[18] Um texto que exclui uma ou mais letras do alfabeto.
[19] Jogo chinês conhecido por sua complexidade e pelo grande número de combinações possíveis.
[20] Transposição de letras de palavras ou de frases, a partir da qual uma nova palavra ou frase é formada.
[21] Georges Perec, Palindrome, em Oulipo, *La Littérature potentielle*, p. 97-102. Na época foi considerado o maior palíndromo conhecido. Hoje, com o advento do computador, a criação de palíndromos muito maiores é bastante simples.

Construir a torre de Babel, escrever um romance que contenha todos os tipos de romances; colocar em cena dezenas de vidas simultaneamente; evocar modos de usar da existência tão diversa quanto possível; deixar seguir múltiplos tempos a partir desse espaço fechado; obrigar a evocação de milhares de objetos, emblemas, imagens e dar vida a esse propósito; juntar o prazer da infância (jogos, encaixes, listas, quebra-cabeças, livros de aventuras, trocadilhos, adivinhas, cadeias ao infinito) e combinatórias mais sofisticadas; abolir, subverter, ultrapassar fronteiras entre texto e imagem, narrativa e ícones, transformar a literatura em uma cópia miniaturizada do mundo e da literatura; aprender a olhar e ler errando sem parar; metamorfosear o enciclopedismo em material romanesco; estruturar claramente um romance labiríntico, tornar móvel um romance-imóvel, dirigir um romance-jogo de xadrez (em todos os sentidos da palavra). Estas são algumas das proezas do acrobata Perec.[22]

[22] C. Burgelin, *Georges Perec*, p. 177.

O enredo gira em torno de três personagens principais, o excêntrico e rico Percy Bartlhebooth, o artista Gaspard Winckler e o pintor Serge Valène:

Durante dez anos, de 1925 a 1935, Bartlebooth se iniciaria na arte da aquarela.

Durante vinte anos, de 1935 a 1955, percorreria o mundo, pintando, à razão de uma aquarela a cada quinze dias, quinhentas marinhas do mesmo tamanho, as quais representariam portos marítimos. Ao terminar cada uma dessas marinhas, ela seria enviada a um artista especializado (Gaspard Winckler), que a colaria sobre finíssima placa de madeira e a recortaria num *puzzle* de setecentas e cinquenta peças.

Durante vinte anos, de 1955 a 1975, Bartlhebooth, de volta à França, reconstituiria, na mesma ordem, os *puzzles* assim preparados, à razão, novamente, de um a cada quinze dias. À medida que os *puzzles* fossem reorganizados, as marinhas seriam "retexturadas", de modo que se pudesse descolá-las de seus suportes, transportá-las para os próprios locais onde – vinte anos antes – haviam sido pintadas e ali mergulhá-las numa solução detergente da qual saísse apenas uma folha de papel Whatman, intacta e virgem.²³

O nome dado a uma das principais personagens do livro, Bartlebooth, alude a duas outras personagens literárias: Bartleby, de Herman Melville, o homem da imobilidade que não deseja nada, que *prefere não fazer*; e Barnabooth, de Valèry Larbaud, o homem da viagem, que tem desejos errantes. Esse é o paradoxo vivido por Bartlebooth, homem de tamanha riqueza e de indiferença face ao mundo, que se propõe um projeto de perfeição circular, de muito viajar, muito registrar e destruir todos os traços dessa grande e inútil jornada. Nas palavras de Perec:

[23] G. Perec, *A Vida Modo de Usar*, p. 152.
[24] Idem, *Entretiens et conférences* II, p. 82.

> Então Bartlebooth é Bartleby porque ele é completamente desesperado, que está além do desespero. Ele é também Barnabooth, o bilionário, que quer organizar sua vida como uma obra de arte. A conjunção dos dois compõe uma personagem que utilizaria toda sua vida, toda sua energia e toda sua fortuna para alcançar um resultado nulo. O projeto de Bartlebooth: aprender a pintar aquarelas, pintar as aquarelas, tê-las cortadas em *puzzles* por um artesão e, enfim, reconstruí-las. É perfeitamente louco e inútil. E é para mim a mesma imagem de escrever. Um esforço gigantesco por uma coisa que, uma vez terminado o livro, se evade completamente.²⁴

Perec tem o costume de fazer referências a outros livros dentro dos seus próprios. Assim, seu *Um Homem que Dorme* é o começo do *Du côté de chez Swann*, de Proust: "un homme qui dort, tient en cercle autour de lui le fil des heures, l'ordre des années et des mondes"("Um homem que dorme sustenta em círculo, a seu redor, o fio das horas, a ordenação dos anos e dos mundos"). Também nesse livro, Perec conta a história de seu Bartleby:

> Em tempos passados, em Nova York, a algumas centenas de metros de distância dos quebra-mares, ali onde vêm bater as últimas ondas do Atlântico, um homem deixou-se morrer. Ele era escriba junto a um homem da lei. Escondido atrás de um biombo, permanecia sentado à sua escrivaninha e nunca saía

dali. Alimentava-se de biscoitos de gengibre. Contemplava pela janela um muro de tijolos escurecidos que quase podia alcançar. Era inútil pedir-lhe qualquer coisa que fosse, reler um texto ou ir ao correio. Nem ameaças nem súplicas tinham poder sobre ele. Por fim, ficou quase cego. Foi necessário despedi-lo. Instalou-se na escadaria do prédio. Prenderam-no, mas ele sentou-se no pátio da prisão e recusou-se a alimentar-se.[25]

O projeto de A *Vida Modo de Usar* é rigoroso e bem estruturado. A composição do livro explora três principais estruturas matemáticas: *Bicarré latin orthogonal*[26] *d'ordre 10, la polygraphie du cavalier*[27] e *la pseudo-quenine*[28] *d'ordre 10*. A construção lógica e definida sob regras nos remete ao teor axiomático da matemática. A demonstração de um teorema segue a mesma estrutura lógica traçada no projeto sensacional de uma das personagens do livro. Entretanto, o objetivo proposto *não* é concretizado, como descrito abaixo:

> É o dia 23 de junho de 1975, e vão dar oito horas da noite. Sentado diante do *puzzle*, Bartlebooth acaba de morrer. Sobre a toalha da mesa, nalgum lugar do céu crepuscular do quadringentésimo trigésimo nono *puzzle*, o vazio negro da única peça ainda não encaixada desenha a silhueta quase perfeita de um x. Mas a peça que o morto segura entre os dedos, já de há muito prevista em sua própria ironia, tem a forma de um w.[29]

[25] Idem, *Um Homem que Dorme*, p. 109-110.
[26] *Bicarré latin* (duplo quadrado latino) *orthogonal* de ordem n é a figura com $n \times n$ quadrados preenchidos com n diferentes letras e n diferentes números, cada quadrado contendo uma letra e um número. Cada letra aparece somente uma vez em cada linha e em cada coluna, assim como cada número.
[27] Consiste em mover as peças do xadrez da forma como o "cavalo" se move. Há várias formas de se fazer isso, "varrendo" todo o tabuleiro, e por isso utiliza-se o estudo combinatório.
[28] A ação de trocar a ordem de um determinado conjunto de coisas linearmente arranjadas.
[29] G. Perec, *A Vida Modo de Usar*, p. 594.

Essa não concretização do projeto pode ser encarada também como uma das *contraintes* que Perec utiliza para a confecção de sua *máquina de contar histórias*, que será conhecida e discutida com mais profundidade nos próximos itens deste capítulo, como *manque* (falta). Há também uma relação desse projeto não acabado com sua obra, sua incompletude em relação à tentativa de controlar todas as possibilidades e combinações de leitura e escrita.

Bicarré Latin Orthogonal d'Ordre 10[30]

Mesmo conhecendo as regras matemáticas e as *contraintes* presentes nos trabalhos de Perec, não somos capazes de refazer tal obra, como seria o caso puro e simples de uma demonstração matemática, na qual, conhecendo a conjectura e a forma como a pessoa a provou, somos capazes de reproduzi-la integralmente, sem maiores diferenças.

Obrigar-se a utilizar uma restrição em uma linha qualquer já condiciona um pouco a escrita. Obrigar-se a utilizar 42 restrições em cada capítulo de algumas páginas desencadeia uma série de padrões e dificuldades. Começa, dessa forma, a composição da máquina literária, e essa é somente uma das *contraintes* presentes em A *Vida Modo de Usar*. As 42 restrições impostas em cada capítulo provêm de uma tabela de 420 restrições, separadas em 42 tabelas com 10 possibilidades cada. Desses 42 tipos, temos, por exemplo: a posição ocupada por uma pessoa, a presença de um animal, uma cor, uma citação, uma forma geométrica, referências a certos livros e quadros etc. Um capítulo, portanto, utiliza uma das 10 possibilidades de cada um dos 42 tipos, dando um total de 10^{42} possibilidades de inserção de elementos, um número incrivelmente grande. Resta saber quais os recursos combinatórios utilizados por Perec para escolher dentre as 10^{42} possibilidades a forma de desordenar ao máximo esse espaço[31]. O texto fundador da utilização do *carré* é *W*, e sua primeira lembrança de infância:

> Tenho três anos. Estou sentado no centro do quarto, no meio de jornais em ídiche empilhados. [...] Todos se extasiam diante do fato de ter desenhado uma letra hebraica, identificando-a: o signo teria a forma de um quadrado aberto em seu ângulo inferior esquerdo, algo como (aqui aparece a letra que não existe) e seu nome teria sido gammeth, ou gammel.[32]

É dentro de um *carré* que se inscreve a *polygraphie du cavalier* utilizada por Perec em A *Vida Modo de Usar* (um tabuleiro de 10 x 10); é num *carré* de 9 x 9 que se organizam as listas de localidades, de países e de hotéis em seu "Deux cent quarant-trois cartes postales";

[30] Cf. W. Wauquaire, Un roman à contraintes mathématiques: La Vie mode d'emplois Bibliothèque, em *Tangente* 28, *Le cahier des charges* e L'ARC 76.
[31] Cf. G. Perec; H. Hartje et al., *Le Cahier des charges de La Vie mode d'emploi*.
[32] G. Perec, W *ou a Memória da Infância*, p. 21-22.

em 53 *jours* podemos encontrar um *carré* de ordem 3; em *La Poche Parmentier*, um *carré* de ordem 10; em *Konzerstück für Sprecher und Orchester*[33], um *carré* de ordem 12.

A primeira *contrainte* presente em A *Vida Modo de Usar* sobre a qual nos deteremos com maior apuro é o *Bicarré latin orthogonal d'ordre 10*, conhecido e modificado por Perec, conforme ele próprio explica:

> O mais simples, para se compreender o que é um *bicarré* latino ortogonal de ordem 10 e quais suas aplicações romanescas, é partir de um *bicarré* latino ortogonal de ordem 3. Suponhamos então uma história em três capítulos, nos quais tomam parte três personagens de nomes Dupont, Durand e Schustenberger. Concedamos às três personagens duas séries de atributos: de uma parte chapéus, seja um capacete (K), um chapéu coco (M) e uma boina (B); de outra parte, coisas que podemos ter nas mãos, um cachorro (C), uma mala (V) e um buquê de rosas (R). O problema é então contar uma história na qual as três personagens terão ciclicamente os seis elementos mas nunca dois repetidos. A fórmula seguinte não é outra coisa senão um *bicarré* ortogonal de ordem 3 (trivial), tal que a solução do problema seja: no primeiro capítulo Dupont terá um capacete e uma mala, Durand uma boina e um buquê de rosas, Schustenberger um chapéu coco e um cachorro; no segundo, Dupont terá uma boina e um cachorro, Durand um chapéu coco e uma mala, Schustenberger um capacete e um buquê de rosas; no terceiro, Dupont terá um chapéu coco e rosas, Durand um capacete e passeará com seu cachorro e Schustenberger uma boina e uma mala. Não resta mais nada além de inventar as histórias justificando essas transformações sucessivas.[34]

[33] Idem, Konzerstück für Sprecher und Orchester, em B. Magné, C.A. Thomasset, *Georges Perec*, p. 76.
[34] L'ARC, p. 51.

Quadro 3. Exemplo de *bicarré* ortogonal de ordem 3:

	Dupont	Durand	Schustenberger
1	KV	BR	MC
2	BC	MV	KR
3	MR	KC	BV

Observamos que este método é bem parecido matematicamente com o método utilizado por Samuel Beckett, visto no capítulo 1. Veremos, também, que Perec utilizará uma variação do método trabalhado por Arnaut Daniel.

Porém, o problema presente em A *Vida Modo de Usar* é ainda mais complexo:

[35] Ibidem, p. 52.

> Em A *Vida Modo de Usar*, não são apenas duas séries de três elementos, mas vinte e uma vezes duas séries de dez elementos que são permutados e que determinam os elementos constituintes de cada capítulo. Nota: não podemos construir *bicarrés latinos ortogonais* a partir de qualquer número. Por exemplo, não existe um *bicarré* de ordem 2. Durante mais de dois séculos, foi impossível construir um *bicarré latino ortogonal* de ordem 10, Euler até conjecturou a impossibilidade. Somente em 1960 Bose, Parker e Shrikande conseguiram obter um espécime.[35]

O problema é, assim, partir de duas listas de dez objetos, com o intuito de colocar cada objeto de cada lista em uma casa de uma tabela de 10 x 10, de modo que cada objeto apareça somente uma vez em cada coluna e em cada linha.

A *Vida Modo de Usar* é construída graças a um grande *cahier des charges*, como o indicado no quadro 4 que se segue. Temos duas listas: 1, 2, 3, 4, 5, 6, 7, 8, 9, 0 e A, B, C, D, E, F, G, H, J, K. Em cada coluna e em cada linha, observa-se somente uma letra e um número, que indicam que determinadas *contraintes* serão utilizadas em cada apartamento do prédio situado em 11 Rue Simon-Crubellier:

Quadro 4 – Cahier des charges de A *Vida Modo de Usar*

1A	7H	6J	5K	0B	9D	8F	2C	3E	4G
8G	2B	1H	7J	6K	0C	9E	3D	4F	5A
9F	8A	3C	2H	1J	7K	0D	4E	5G	6B
0E	9G	8B	4D	3H	2J	1K	5F	6A	7C
2K	0F	9A	8C	5E	4H	3J	6G	7B	1D
4J	3K	0G	9B	8D	6F	5H	7A	1C	2E
6H	5J	4K	0A	9C	8E	7G	1B	2D	3F
3B	4C	5D	6E	7F	1G	2A	8H	9J	0K
5C	6D	7E	1F	2G	3A	4B	9K	0H	8J
7D	1E	2F	3G	4A	5B	6C	0J	8K	9H

Para nos aproximarmos do exemplo proposto por Perec, trocamos a lista de letras (A, B, C, D, E, F, G, H, J, K) por outra lista de números e, em cada casa, atribuímos um valor de acordo com um *tabuleiro de xadrez*[36] 10 x 10. Perec se pergunta também se essa composição é bastante *desordenada*, já que seu objetivo é variar ao máximo as regras para que os capítulos não sejam de forma alguma parecidos: "É necessário perceber como Perec fez aparecer essa estrutura, mas também se perguntar se há outros *bicarrés*: colocamo-nos em dúvida imaginando rotações, simetrias, mas será que é bastante, e bastante desordenado?"[37]

36 O tabuleiro de xadrez é de tamanho 8 x 8, porém Perec utiliza um suposto tabuleiro de 10 x 10, contendo 100 casas.
37 Cf. G. Perec, H. Hartje et al., op. cit.

Quadro 5 – Tabuleiro de xadrez 10 x 10

1 59 1	7 83 8	6 15 9	5 10 0	0 57 2	9 48 4	8 7 8	2 52 3	3 45 5	4 54 7
8 97 7	2 11 2	1 58 8	7 82 9	6 16 0	0 9 3	9 46 5	3 55 4	4 6 8	5 51 1
9 84 6	8 60 1	3 96 3	2 14 8	1 47 9	7 56 0	0 49 4	4 8 5	5 53 7	6 44 2
0 12 5	9 98 7	8 81 2	4 86 4	3 95 8	2 17 9	1 28 0	5 43 6	6 50 1	7 5 3
2 61 0	0 85 6	9 13 1	8 18 3	5 27 5	4 79 8	3 94 9	6 4 7	7 41 2	1 30 4
4 99 0	3 70 0	0 26 7	9 80 2	8 87 4	6 1 6	5 42 8	7 29 1	1 93 3	2 3 5
6 25 8	5 62 9	4 88 0	0 69 1	9 19 3	8 36 5	7 78 7	1 2 2	2 31 4	3 40 6
3 71 2	4 65 3	5 20 4	6 23 5	7 89 6	1 68 7	2 34 1	8 37 8	9 77 9	0 92 0
5 63 3	6 24 4	7 66 5	1 73 6	2 35 7	3 22 1	4 90 2	9 75 0	0 39 8	8 32 9
7 4	1 72 5	2 64 6	3 21 7	4 67 1	5 74 2	6 38 3	0 33 9	8 91 0	9 76 8

Cada casa do novo tabuleiro de xadrez representa um apartamento. Como temos 99 capítulos, consideramos a aparição do capítulo faltante como um *bicarré 1ab* (Posição – Atividade), no canto esquerdo abaixo. O quadro foi composto de acordo com cada capítulo do livro. O primeiro número representa a Posição, o número do meio representa o capítulo em questão e o terceiro número representa a Atividade. Temos também outros pares: *1cd* (Citação 1, Citação 2), *2ab* (Número, Função), *2cd* (Terceiro Setor, Recurso), *3ab* (Muros, Solos) etc.

Tomamos, por exemplo, o apartamento situado no canto superior direito (estaremos no capítulo 54). Nesse capítulo aparecem os números 4 e 7, que representam respectivamente as *contraintes* Posição (sentado) e a Atividade (reparação), de acordo com o quadro 6 abaixo:

Quadro 6: *Contraintes* Posição e Atividade de A *Vida Modo de Usar*

1 a POSIÇÃO	1 b ATIVIDADE
1. Ajoelhado	1. Pintura
2. Agachado ou abaixado	2. Entrevista
3. De bruços	3. Limpeza
4. Sentado	4. Erótico
5. Em pé	5. Classificar, arrumar
6. Subir ou mais alto que o solo	6. Se servir de um mapa
7. Entrar	7. Reparar
8. Sair	8. Ler ou escrever
9. Deitado sobre as costas	9. Ter um pedaço de madeira
0. Um braço no ar	0. Comer

Conforme mostra o quadro 7 a seguir, o livro apresenta 42 tipos de *contraintes*, que aparecerão em duplas:

Quadro 7: 42 *Contraintes*

1a Posição	1b Atividade	1c Citação 1	1d Citação 2
2a Número	2b Papel	2c Terceiro setor	2d Mola
3a Muros	3b Solo	3c Época	3d Lugar
4a Estilo	4b Móveis	4c Comprimento	4d Diversos
5a Idade e sexo	5b Animais	5c Roupas	5d Tecido (natural)
6a Tecido (matéria)	6b Cores	6c Acessórios	6d Joias
7a Leituras	7b Músicas	7c Tabelas	7d Livros
8a Bebidas	8b Alimento	8c Pequenos móveis	8d Jogos
9a Sentimentos	9b Pinturas	9c Superfícies	9d Volumes
0a Flores	0b Bibelô	0c Falta em	0d Falso
Ca 1º de uma dupla	Cb 2º de uma dupla		

Se tomarmos novamente o capítulo 54, teremos sempre a dupla (4,7), que nos leva à seguinte lista: (sentado, reparar); (Kafka, Stendhal); (4, cliente); (fazer parte, criar); (cortiça, tapete de lã); (século XVII, extremo oriente); (império, *Guéridon*); (3, clero); (mulher velha, abelha); (saia ou calça, a confeccionar); (flanela ou feltro, cinza); (luvas, relógio); (carta, pop ou folk); (A *Queda de Ícaro, Cem Anos de Solidão*); (cerveja ou cidra, queijos); (esculturas móveis, palavras cruzadas); (tédio, cartas e planos); (hexágono, poliedro); (plantas verdes, cristal); (4,7); (Philémon, Brouillard)[38]. Escolhendo, por exemplo, o primeiro termo da dupla como sendo o 4, teremos 10 capítulos com os mesmos primeiros elementos aparecendo 21 vezes. Logo teremos 21 x 2 elementos em cada um dos 10 capítulos, dando um total de 420 elementos. Tomamos das 42 *contraintes* um par e, em cada elemento desse par, temos a possibilidade de 10 escolhas. A questão é que, apesar de não termos os mesmos pares se repetindo, a *dispersão* não será suficiente. Outros capítulos associados ao elemento primeiro 4 (capítulos 6, 8, 86, 79, 99, 88, 65, 90, 67), terão as mesmas *contraintes* (sentado,***), (Kafka,***), (4,***) etc. Logo, 10 listas terão 21 elementos parecidos, e o mesmo acontecerá com os capítulos que terão o elemento segundo como 7: (***, reparar), (***, Stendhal), (***, cliente) etc. Porém, observando os novos *bicarrés*, percebemos que em cada apartamento há um novo *bicarré*, o que muda totalmente a disposição de elementos.

[38] Ibidem.

Em princípio, bastaria utilizar os mesmos *bicarrés* para construir capítulos com diferentes regras. Porém, capítulos com os mesmos *bicarrés* não apresentariam uma *desordem* suficiente à desejada por Perec. Logo, aplicou-se uma nova *contrainte*, que incluiu mais 20 *bicarrés* aos outros 20 pares de elementos. O método mais simples seria a permutação desses elementos por linhas e colunas. Porém, se essa permutação não fosse cuidadosa, poderia gerar uma pouca variabilidade de elementos. Assim, Perec utiliza uma regra de permutação já conhecida, chamada *quenines*, e adaptada ao modelo de ordem 10 no qual é construído seu romance. Desta maneira, Perec vê a necessidade da sua própria máquina literária produzir desordem, criando a *Pseudo-Quenine d'ordre* 10.

Pseudo-Quenine d'Ordre 10
de Perec

Uma *quenine* de ordem n (natural não nulo) é o conjunto ordenado que segue a seguinte fórmula:

$$\begin{cases} \sigma(p) = 2p & p \le \frac{n}{2} \\ \sigma(p) = 2(n-p)+1 & \text{outro} \end{cases}$$

na qual a *quenine* é a aplicação de *n* elementos ordenados que envia o elemento da linha *p* à linha da aplicação dessa fórmula.

Os valores de *n* que podemos construir nessas permutações são chamados *Números de Queneau* e compõem um conjunto infinito (1, 2, 3, 5, 6, 9, 11, 14, 18, 23, 26...).

Tomemos como exemplo a *quenine* de ordem 6, já conhecida e desenvolvida no capítulo 1. Com *n* = 6 temos, portanto, a matriz:

1	2	3	4	5	6
6	1	5	2	4	3
3	6	4	1	2	5
5	3	2	6	1	4
4	5	1	3	6	2
2	4	6	5	3	1

Para *n* = 10, constatamos que não há tal *quenine*, uma vez que para a mesma deve haver a permutação de todos os elementos, não podendo se repetir nenhum dos elementos na mesma coluna. Nesse caso, na linha 7, aplicando a fórmula teríamos 2 · (10-7) + 1 = 7, ou seja, o elemento se repete:

| 1 | 2 | 3 | 4 | 5 | 6 | **7** | 8 | 9 | 0 |
| 2 | 4 | 6 | 8 | 0 | 9 | **7** | 5 | 3 | 1 |

Entretanto, é possível encontrar permutações que conduzirão ao resultado desejado e que, como são construídas de forma semelhante às *quenines*, chamaremos de *pseudo-quenines*.

Seja a *pseudo-quenine* presente em *A Vida Modo de Usar*, que envia um elemento da linha *p* a uma linha:

$$\begin{cases} \frac{p}{2} & \text{se} \quad p \quad \text{par} \\ \frac{(11+p)}{2} & \text{se} \quad p \quad \text{ímpar} \end{cases}$$

Temos, portanto, a seguinte matriz:

1	2	3	4	5	6	7	8	9	0
6	1	7	2	8	3	9	4	0	5
3	6	9	1	4	7	0	2	5	8
7	3	0	6	2	9	5	1	8	4
9	7	5	3	1	0	8	6	4	2
0	9	8	7	6	5	4	3	2	1
5	0	4	9	3	8	2	7	1	6
8	5	2	0	7	4	1	9	6	3
4	8	1	5	9	2	6	0	3	7
2	4	6	8	0	1	3	5	7	9
1	2	3	4	5	6	7	8	9	0

Observe que a linha 10 é a aplicação da fórmula da *pseudo-quenine d'ordre* 10 de Perec e que a linha 11 repete a 1.

Considerando novamente o 1*ab* como o *bicarré* inicial e aplicando a *pseudo-quenine d'ordre* 10 teremos, de acordo com a primeira linha da matriz acima:

a. sua linha 1 aparecerá na sexta linha em um novo *carré*;
b. sua linha 2 ocupará a posição 1 do novo *carré*;
c. a linha 3 irá para a posição 7;
d. a linha 4 na posição 2;
e. a linha 5 na posição 8;
f. a linha 6 na posição 3;
g. a linha 7 na posição 9;
h. a linha 8 na posição 4;
i. a linha 9 na posição 10;
j. a linha 10 na posição 5.

Podemos nomear esse novo *bicarré* como 2*ab*, relativo ao (Número de Pessoas, Função). Aplicando o mesmo procedimento em 2*ab*, encontramos 3*ab*, que seria (Muros, Solos).

Teremos a seguinte sucessão de *bicarrés* obtidos pelo procedimento descrito:

1*ab* 2*ab* 3*ab* 4*ab* 5*ab* 6*ab* 7*ab* 8*ab* 9*ab* 0*ab*

Onde 0*ab* é, novamente, 1*ab*. E, de maneira análoga, aplicamos esse procedimento nas colunas do *bicarré*, obtendo 1*cd*, formando assim a nova sucessão:

1*ab* 1*cd* 2*cd* 3*cd* 4*cd* 5*cd* 7*cd* 8*cd* 9*cd* o*cd*

Novamente o*cd* volta a ser o 1*ab*. É importante notar que o *bicarré* 6*cd* não é encontrado por esse procedimento. Para encontrá-lo é necessário aplicar a *pseudo-quenine* nas linhas o*cd*.

O *bicarré* de pares (*Couples*) ainda não foi encontrado pela aplicação da *pseudo-quenine*. Para que isso ocorra, devemos aplicar outras permutações, como abaixo:

1 2 3 4 5 6 7 8 9 0
1 3 5 7 9 2 4 6 8 0

Nesse caso, temos pares como sendo a imagem do *bicarré* 9*cd*, aplicando-se a permutação nas colunas que chamaremos de *r* e *s* como sendo a permutação de linhas utilizando o mesmo algoritmo de *pseudo-quenine*.

Ainda trabalhando na sua *machine à raconter des histoires*, Perec utiliza outra *contrainte*, fazendo referência a um jogo de xadrez e a Lewis Carroll em seu livro *Alice Através do Espelho*.

La Polygraphie du Cavalier

O problema do deslocamento do cavalo no jogo do xadrez (ou seu algoritmo) é um problema clássico na lógica e na computação. Colocado o cavalo numa posição qualquer do tabuleiro, devemos fazer com que o cavalo se desloque e visite todas as outras casas, lembrando que seu deslocamento é sempre em forma de L.

Algumas soluções já haviam sido dadas anteriormente para tal problema. Perec, entretanto, criou um *tabuleiro* de 100 casas e mostrou como deslocar-se por essas casas seguindo o movimento de um cavalo:

> Teria sido cansativo descrever um prédio andar por andar e apartamento por apartamento. Mas a sucessão de capítulos não poderia, portanto, ser ao acaso. Eu decidi aplicar um princípio derivado de um velho problema bem conhecido pelos amadores de xadrez: a poligrafia do cavalo: trata-se de fazer com que um cavalo percorra as 64 casas de um tabuleiro sem jamais parar mais de uma vez na mesma casa. Existem milhares de soluções, das quais algumas

como as de Euler, formam um quadrado mágico. No caso particular de A *Vida Modo de Usar*, era necessário encontrar uma solução para um tabuleiro de 10 x 10. Eu a atingi de uma maneira milagrosa. A divisão do livro em seis partes provém do mesmo princípio: cada vez que o cavalo passa por uma das quatro bordas do quadrado, começa uma nova parte. Reparamos, entretanto, que o livro não tem 100 capítulos, mas 99. A menininha da página 295 e da página 394 é a única responsável.[39]

A figura 3 a seguir mostra o prédio de A *Vida Modo de Usar* e o deslocamento (ou relação) entre os apartamentos[40]:

[39] *L'ARC*, p. 51
[40] Baseado no algoritmo da figura, disponível em "Quatre figures pour La Vie mode d'emploi", *L'ARC*, n. 76, 1979.

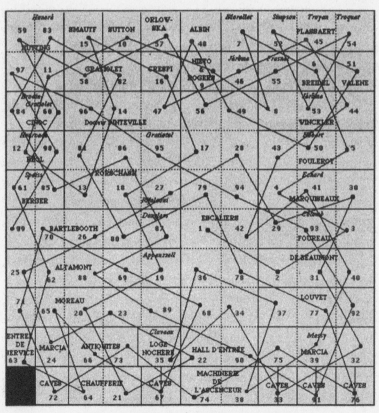

Figura 3: O prédio e os deslocamentos do cavalo

Partindo do capítulo I (*Escaliers*), Perec aplica um algoritmo que visitará, pelo menos uma vez, cada casa do tabuleiro de 10 x 10 (excluindo a casa do canto abaixo esquerdo, já que temos 99 capítulos). Observamos também que o tamanho do apartamento está relacionado ao número de "visitas do cavalo" a esse apartamento e à importância da personagem no livro. Por exemplo, Bartlebooth dá nome aos capítulos 99, 70, 26 e 80 e, em cada um desses capítulos, Perec aplica os *bicarrés* utilizando todas as *contraintes* já explicadas.

Apresentamos os três recursos matemáticos mais importantes para a construção dos "romances" – *bicarré latin orthogonal d'ordre 10*, *la polygraphie du cavalier* e *la pseudo-quenine d'ordre 10*. Entretanto, A *Vida Modo de Usar* apresenta ainda muitas outras *contraintes*. O *post-scriptum* de Perec ao livro é justificado pela *contrainte ocd* (*faux, manque*), como em suas palavras: "Esse livro apresenta citações, por vezes ligeiramente modificadas, de: René Belleto, Hans Bellmer, Jorge Luis Borges, [...]."[41] Essas modificações e faltas, atributos da *contrainte* (*faux, manque*), podem ser analisadas com o problema de classificação que Perec trabalhou ao longo de sua obra. Torna-se necessário, ao abordar todas as *contraintes* utilizados por Perec, explicar num primeiro momento as *contraintes* "falta" e "falso" (*manque et faux*). Na verdade, teríamos que chamá-lo de *metacontrainte*, *anticontrainte* ou *clinamen*[42]. O termo *metacontrainte* pode ser entendido como uma *contrainte* de outra *contrainte*, assim como o termo *metamatemática* é utilizado para falar sobre a matemática partindo de outro nível hierárquico. Temos aqui um problema formal: não podemos introduzir num sistema um argumento que, dentro do próprio sistema, se refira a ele mesmo. É a mesma situação de, no caso de encontrarmos um gênio da lâmpada que nos oferecesse três desejos, escolhêssemos dentre esses desejos ter mais três desejos. Esse não seria um pedido válido, seria um *metapedido*. Assim, o termo utilizado por Magné nesse caso específico é melhor que os utilizados tanto por Perec (*anticontrainte*) quanto pelo Oulipo (*clinamen*): não houve a introdução de um erro no sistema, e sim uma declaração não cabível.

De acordo com Jean-Luc Joly[43], podemos distinguir seis grandes famílias de *contraintes* na obra de Perec, que muitas vezes se misturam umas com as outras:

[41] G. Perec, *A Vida Modo de Usar*, p. 671.
[42] Cf. B. Magné, C.A. Thomasset, *Georges Perec*.
[43] *Connaissement du monde*, p. 857-873.

a. *Contraintes* Literais:
   podem ser "graphématiques" em relação a letras e palavras, como anagramas, palíndromos de letras (*ressasser*) ou de palavras (*mot à mot*), anacíclicos (Roma/Amor), palavras lipogramáticas (*La Disparition*) e monovocálicas (Perec), *contrainte* do prisioneiro; e podem ser "phonématiques" em relação às sílabas (palíndromos e anacíclicos silábicos como *Perceval avale ce père*), fonemas (homofonismos: *J'en sais baste*! *J'tiens bac*) e hipográficas (*Coppélia enseigne à Noé l'art nautique*).
b. *Contraintes* Estruturais:
   b.1. linguísticos: palíndromo de frase ou de texto, tautograma frase ou palavras que começam todas pela mesma letra); pangrama (frase na qual todas as letras do alfabeto são utilizadas de preferência uma só vez).
   b.2. geométricos: permitem o aparecimento de outras palavras quando olhados em diferentes linhas, como é o caso de *Alphabets* ou do *Compendium* de *A Vida Modo de Usar*, que forma a palavra *âme*.
   b.3. combinatórios: o *bicarré latino*, a poligrafia do cavaleiro, as *quenines*.
   b.4. de lugar: os *incipit*, as primeiras palavras de cada capítulo ou página que servem para se tornar, também, *contraintes* estruturais geométricas.
c. *Contraintes* de Citações:
   inclusão de partes e citações de obras de outros autores ou de si próprio.
d. As "engrenagens":
   elementos recorrentes autobiográficos como, por exemplo, a utilização dos números 11 e 43 em lembrança à data da morte de sua mãe; simetrias bilaterais.
e. As traduções:
   toda tradução é uma *contrainte*, já que se trata de, utilizando algumas estratégias, rearranjar, restituir e reescrever o texto. Perec faz isso quando traduz os textos de Harry Matthews.
f. Totalizações:
   tentativa de saturação, de escrever tudo. Tanto para Joly quanto para Magné, essa é uma *contrainte* pensada por Perec e, por isso, ele também introduz as *metacontraintes* falta e falso, já que o esgotamento e a totalização são impossíveis.

As Citações de Borges
em "A Vida Modo de Usar" [44]

Em *A Vida Modo de Usar*, segundo Claude Burgelin, Perec copia de inúmeras fontes:

> outros escritores, dicionário, escritos da vida cotidiana (notas, catálogos etc.). Mesmo o mundo dos objetos parece copiado através de uma sequência de anotações. Ou não há nada de cópia, que, *a priori*, vem titilar nosso apetite romanesco. [...] Copiar – explicitamente – as palavras dos outros é citar. Copiar sem aspas é uma conduta suspeita, reprovada pela instituição escolar, às vezes passível de multas.[45]

Assim como Borges fez ao longo de toda sua obra, copiando metaforicamente outras tantas produções, Perec se vale do conselho da última linha de *Bouvard e Pécuchet*, de Gustav Flaubert: o "prazer que há no ato material de recopiar". Além de citações explícitas de outros escritores, apresenta cópias escondidas e transforma algumas de suas personagens de *A Vida Modo de Usar* em copiadores ou falsários, como Bartlebooth – que pinta suas aquarelas, as reconstrói como quebra-cabeças e as destrói –, LeBran-Chastel (capítulo XCVI) – um copiador ladrão –, e Cinoc (capítulo LX) – que copia todas as palavras perdidas do dicionário.

Aplicando a *contrainte* 1c9 e utilizando as tabelas do *cahier de charges*, podemos encontrar as citações explícitas e por vezes modificadas de Jorge Luis Borges[46].

Vejamos trechos do capítulo 2 de *A Vida Modo de Usar* (p. 24) vis-a-vis *História Universal da Infâmia* (p. 369-371):

> ■ p. 24 e 369: "Nos primeiros dias, havia no reino dos andaluzes uma cidade na qual residiam seus reis e que tinha por nome Lebtit ou Ceuta, ou Jaén. Existia um forte castelo nessa cidade, cuja porta de dois batentes não era para se entrar nem sair, mas para se manter fechada. Cada vez que um rei falecia e outro rei herdava seu trono altíssimo, este adicionava

---

[44] Cf. G. Perec, H. Hartje et al., *Cahiers des charges de La Vie, mode d'emploi*; J.-L. Joly, op. cit.

[45] C. Burgelin, op. cit., p. 210.

[46] É importante chamar a atenção, neste momento, para um problema de tradução: Perec utilizou a tradução francesa da obra de Borges, e nós utilizamos aqui as traduções para o português tanto de *A Vida Modo de Usar* quanto das *Obras Completas* de Borges, o que pode levar a algumas diferenças textuais.

com suas próprias mãos uma fechadura nova à porta, até que foram vinte e quatro fechaduras, uma para cada rei."

- p. 24 e 370: "Dentro estavam desenhados os árabes em metal e madeira, sobre seus rápidos camelos e potros, com turbantes que ondeavam sobre as espáduas e os alfanjes suspensos por talabartes e a direita lança destra."
- p. 24 e 371: "A sétima era tão comprida que o arqueiro mais destro, atirando uma flecha a partir do umbral, não conseguia cravá-la na parede ao fundo."

No capítulo 2, encontramos Fernand de Beaumont, arqueólogo que destinou sua vida à procura de Leibit, onde teria existido um castelo e uma lenda acerca da "Sala das Estátuas". Nesse conto, Borges faz referência à noite 272 de *As Mil e uma Noites* e Perec a utiliza como intertexto, copiando, recriando e aumentando as possibilidades ficcionais do romance acerca de Beaumont.

[47] J.L. Borges, Pierre Menard, Autor do Quixote, *Obras Completas I*, p. 490-498.

Capítulo 6, substituído por Verne, por causa da *contrainte* Falso (Faux).

No capítulo "Quartos de Empregada, 1", Perec aplica a *contrainte falso* e, em vez de utilizar a citação de Borges, faz uso da citação de Júlio Verne. Como Perec e Borges, Verne tentou também o esgotamento e a totalização de todo o conhecimento de sua época, em todos os campos do saber.

Capítulo 12, citação ausente, mas alusão, pelo nome Hourcade, ao conto "Pierre Ménard, Autor do Quixote".[47]

Mesmo com a citação ausente, Perec faz alusão ao "Pierre Ménard, Autor do Quixote". Ménard escreveu um prefácio para o catálogo da exposição de litografias de Carolus Hourcade, uma de suas obras *visíveis*. E é justamente a Senhora Hourcarde de Perec que se encarrega de fornecer a Bartlebooth as caixas para colocar suas aquarelas, ou seja, a obra visível de Bartlebooth.

Capítulo 15, citação ausente.

Apesar de não aparecer uma citação direta de Borges, o capítulo "Quartos de Empregada, 5 Smautf" apresenta uma das personagens mais importantes do livro e sua obsessão pela matemática: a extração de raízes quadradas e o desenvolvimento de fatoriais. Além disso, aqui percebemos o *clinamen* de Perec.

Capítulo 56 de A *Vida Modo de Usar* (p. 274-275) e *Ficções*, de Borges:

- p. 274 e 487 – "Tlön, Uqbar, Orbis Tertius"[48]
  "A princesa de Fauciny Lucinge recebera de Poitiers sua baixela de prata. Do vasto interior de um caixote rubricado de carimbos internacionais, iam saindo finas coisas imóveis: prataria de Utrecht e de Paris com dura fauna heráldica, um samovar."
- p.275 – No *Bulletin de l'Institut de Linguistique de Louvain* há um sumário
- em "Tlön, Uqbar, Orbis Tertius"
  Boris Baruq Nolt é um *anacyclique* alfabético e silábico de Tlön, Uqbar, Orbis.
  "Em março de 1941, descobriu-se uma carta manuscrita de Gunnar Erfjord num livro de Hinton que fora de Herbert Ashe."[49]
- em "Pierre Ménard, Autor do Quixote"
  " … Madame Henri Bachelier…"[50]
  "Uma monographie sobre a *Characteristica universalis* de Leibniz."[51]
- em "O Jardim de Veredas Que Se Bifurcam"[52]
  "o professor Stephen Albert […]".[53]
  "o jardim de meu ancestral Ts'ui Pen […]".[54]
- em "A Morte e a Bússola"[55]
  "O Tetragrámaton – o Nome de, JHVH – consta de quatro termos […]."[56]

[48] Idem, Tlön, Uqbar, Orbis Tertius, *Obras Completas I*, p. 475-489.
[49] Ibidem, p. 486.
[50] J.L. Borges, Pierre Menard, Autor do Quixote, *Obras Completas I*, p. 490.
[51] Ibidem, p. 491.
[52] J.L. Borges, O Jardim de Veredas Que Se Bifurcam, *Obras Completas I*, p. 524-533.
[53] Ibidem, p. 532.
[54] Ibidem, p. 533.
[55] J.L. Borges, A Morte e a Bússola, *Obras Completas I*, p. 556-566.
[56] Ibidem, p. 565.
[57] "A la limite/ Poème-lettre composé uniquement de la ponctuation/ Un poème avec une seule lettre, t/ Un poème avec un seul mot, fenouil" (Oulipo, *Anthologie de l'Oulipo*). "Il y a des poèmes fameux composés d'un seul mot énorme" (J.L. Borges, *Ficções*, p. 19).

Todos os contos presentes em *Ficções* aos quais Perec faz menção apresentam problemas linguísticos e estruturais. Em relação a "Tlön, Uqbar, Orbis Tertius", encontramos algumas referências lógico-matemáticas que, segundo as teorias oulipianas, podem ser vistas como um "plágio por antecipação"[57]. Borges também faz um exame da língua de Tlön, em que os substantivos são retirados, funcionando como uma espécie de lipograma, tema bem trabalhado por Perec, sobretudo em *La Disparition*. Em seguida, Perec apresenta à Senhora Bachelier, responsável pela confecção do falacioso catálogo encontrado novamente em "Pierre Ménard, Autor do Quixote", que apresenta uma cópia "melhorada" do *Quixote* de Cervantes. Em "O Jardim de Veredas Que Se Bifurcam", Borges propõe várias possibilidades de tempos, de escrituras, da história e do universo: uma aproximação com a combinatória do Oulipo. Percebemos a diferença da utilização dos recursos matemáticos em Perec e Borges: a combinatória de Borges é um recurso ficcional, uma ferramenta para aumentar as possibilidades ficcionais de leitura; já em Perec, ela é uma ferramenta estrutural. Essas são as diferenças que ressaltam as personagens Stephen Albert e Ts'ui Pen. Já no fim da citação do capítulo LXVI, encontramos "A Morte e a Bússola" com o seu tetragrama, exemplo fundamental da estrutura combinatória e ficcional da Cabala.

Capítulo 67, p. 335 e 524 "O Jardim de Veredas Que Se Bifurcam"

[58] J.L. Borges, *História da Eternidade, Obras Completas I*, p. 381-468.
[59] Idem, A Aproximação a Almotásim, *Obras Completas I*, p. 458-463.
[60] Idem, O Tempo Circular, *Obras Completas I*, p. 434-437.

- "Na página 242 da *História da Guerra Europeia*, de Liddell Hart [...]"

Perec faz menção à *História da Guerra Europeia* dizendo que faltam as suas vinte e duas primeiras páginas. Em Borges, é exatamente na página 22 que começa o conto, e aqui faltam as duas primeiras páginas. Em relação a Perec, percebemos sempre a utilização de números e restrições, e o número vinte e dois tem a propriedade do palíndromo. Além disso, Perec desaparece com as vinte e duas primeiras páginas, ou seja, com todo o conto de Borges: a totalidade da *falta* e da *citação*.

Capítulo 70, p. 341 e 463, de *História da Eternidade*[58]

- nota, "A aproximação a Almotasim"[59]
  "Do místico persa Farid AL-Din Abu Talib Muhammad ben Ibrahim Attar"
- p.345 e 436, "O Tempo Circular"[60]
  "nos períodos cujo imóvel relógio é uma pirâmide, desgastada muito lentamente pela asa de um pássaro, que roça nela a cada mil e um anos [...]"

Os dois contos presentes em *História da Eternidade* apresentam os conceitos de *mise en abyme*, seja em relação à Teoria do

Eterno Retorno de Nietzsche e dos gregos, seja em relação ao jogo de espelhos. Já em Perec, no capítulo "Bartlebooth, 2", encontramos algumas explicações relativas à solução, dificuldade e devoção na arte de *puzzles*; um trabalho metódico composto por vários ciclos de tentativa e erro, como nas explicações de Borges.

Capítulo 73, p. 357 de A *Vida Modo de Usar*, e *História Universal da Infâmia*[61]

- p. 81 (71) e p. 83 (72), "O tintureiro mascarado Hakim de Merv"[62]
- p. 354, "d) umas moedas em efígie desenterradas pelo engenheiro Andrusov, num desmonte da Estrada de Ferro Transcaspiana. Essas moedas foram depositadas no Gabinete Numismático de Teerã e contêm dísticos persas que resumem ou corrigem certas passagens da *Aniquilação*"
- p. 355 e 365 (A *Vida Modo de Usar*)
"No ano 146 da Hégira, Hakim desapareceu de sua pátria. Encontraram destruídas as caldeiras e cubas de imersão, assim como um alfanje de Xiraz e um espelho de bronze."
- p. 365 (A *Vida Modo de Usar*), p.360, "O Homem da Esquina Rosada"[63]
"Rosendo Juárez, o Batedor, era dos que falavam mais alto em Vila Santa Rita. Rapaz afamado por ser bom na faca, era um dos homens de Dom Nicolás Paredes, que era homem de Morel."

[61] Idem, História Universal da Infâmia, *Obras Completas I*, p. 311-379.
[62] Idem, O Tintureiro Mascarado Hakim de Merv, *Obras Completas I*, p. 354-359.
[63] Idem, O Homem da Esquina Rosada, *Obras Completas I*, p. 360-367.
[64] Idem, O Tintureiro Mascarado Hakim de Merv, *Obras Completas I*, p. 358.

O primeiro quarto da boutique da Senhora Marcia ("Marcia, 5") está cheio de móveis e, entre eles, encontram-se fontes de informações acerca de Al Moqanna, o Profeta de Borges. É interessante notar que, nesse quarto, recuperam-se as moedas sem imagens que são provas da existência do Profeta e encontra-se, também, o espelho de bronze, prova do desaparecimento do mesmo. Continuando no conto de Borges, "O Tintureiro Mascarado Hakim de Merv", há ainda referências, no subitem "Os Espelhos Abomináveis", a outro palíndromo, o 999, e à afirmação de que "os espelhos e a paternidade são coisas abomináveis, porque a multiplicam e afirmam"[64]. Em "Marcia, 5", encontramos uma semelhança com a personagem de Funes, já que este passou por um terrível acidente e, logo depois,

Lino Margay descobriu nessa ocasião que possuía uma memória espantosa: quando saiu da prisão, em junho de 1942, sabia tudo sobre o *pedigree* de três quartos do banditismo sul-americano. Não apenas conhecia em detalhe sua ficha criminal mas também sabia na ponta da língua seus gostos, defeitos, armas preferidas, especialidades, tarifas, esconderijos, a maneira de contatá-los etc.[65]

Assim Perec, utilizando a *contrainte*, parte de uma citação ou de uma história de um outro escritor para enriquecer e possibilitar várias leituras de seus "romances" em *A Vida Modo de Usar*. Em relação à citação de Rosendo Juarez, tanto Perec, no capítulo LXIII, quanto Borges, em "O Homem da Esquina Rosada", compõem fábulas regionais.

Capítulo 92, p. 466 de *A Vida Modo de Usar*, e p. 560, de "A Morte e a Bússola"

[65] G. Perec, *A Vida Modo de Usar*, p. 429.
[66] J.L. Borges, Os Tradutores das Mil e Uma Noites, *Obras Completas I*, p. 438-457.
[67] Cf. G. Perec, H. Hartje et al. op. cit.; W. Wauquaire, Un Roman à contraintes mathématiques, *Tangente*, n. 28, p. 128-133.

- "Havia no chão uma brusca estrela de sangue; nos cantos, restos de cigarros da marca húngara; num armário, um livro em latim – O *Philologus Hebraeograecus*."

No capítulo "Louvet, 3" se faz menção a uma festa que aconteceu no apartamento e pela qual, devido ao grande barulho, a polícia foi chamada. Também em relação aos outros capítulos Louvet (1 e 2), encontramos algumas referências à polícia, o que nos conduz à direção do conto policial de Borges que Perec utiliza em sua citação.

Capítulo 94, p. 472 de *A Vida Modo de Usar* e *História da Eternidade*

- p. 444, "Os Tradutores das Mil e Uma Noites"[66]
- "Burton, disfarçado em afegão, havia peregrinado às cidades santas da Arábia."[67]

Perec faz menção a Mark Twain construindo uma biografia falsa, como muitas vezes fez Borges ao longo de sua obra. Aqui percebemos também um entrelaçamento entre as *Mil e Uma Noites* de Borges e a literatura norte-americana de Twain.

A *contrainte* citação não é uma restrição totalmente ingênua na obra de Perec. As cópias que Perec faz de Borges são bem mais profundas, já que há sempre uma rede de referências literárias também em Borges. Todos os capítulos apresentam muitas *contraintes* e, seguindo os caminhos indicados por essa rede intertextual, Perec torna sua obra ainda mais rica e complexa.

Outros Livros e a Utilização do "Carré" e de Sua Simetria Bilateral

[68] Em A. Denize, *Machines à écrire*.
[69] G. Perec apud B. Magné, C.A. Thomasset, op. cit., p. 77.

Em "Deux cent quarante-trois cartes postales"[68], Perec utiliza o quadrado mágico abaixo:

```
1  9  5
8  4  3
6  2  7
```

Nesse quadrado, a constante é 15, ou seja, em todas as direções a soma dá um total de 15 (inclusive na diagonal 5+4+6). Porém, a diagonal (1+4+7) não dá o valor de 15, já que a outra diagonal é, digamos, a mais importante. Em *A Vida Modo de Usar* há também um quadrado mágico em 15, que é, como escreve Perec, um "quadrado de Saturno no qual a constante é 15 e no qual a influência mágica se manifesta no sábado"[69].

Por analogia com a estrofe *carrée*, podemos falar de poemas *carrés* na obra de Perec quando um poema comporta o mesmo tanto de versos que um verso comporta de letras. O primeiro exemplo está no *Compendium* de *A Vida Modo de Usar*, com suas duas estrofes de 60 versos, cada verso com 60 signos tipográficos. O segundo exemplo encontra-se em todos os poemas *hétérogrammatiques*, em que o número de letras de um verso é igual ao número de versos do poema. É o caso de *La Clôture* (12 versos, 12 letras), *Alphabets* (11 versos, 11 letras) e *Métaux* (14 versos, 14 letras).

Assim, nas palavras de Bernard Magné:

> Se o quadrado é um lugar de multiplicação de *contraintes*, essa proliferação não é gratuita. O quadrado é um espaço de tipo malarmmeniano, em que a estrutura permite atingir os limites de tentativas de substituir a construção ao fortuito e de eliminar o acaso. Poligrafia, *bicarré*, *quenine*, quadrado mágico, heterogramas, todos esses algoritmos são como percursos fixos, cadeias estritamente determinadas, obedecendo ao aumento de uma dupla exigência de exaustividade e rentabilidade: espaço quadriculado onde se trata de ocupar a totalidade com máxima economia de meios. O quadrado é então um lugar de dupla resistência: resistência ao acaso e à inutilidade.[70]

[70] B. Magné, C.A. Thomasset, op. cit., p. 78.
[71] G. Perec, *Espèces d'espaces*, p. 18.

A utilização dos recursos formais na obra de Perec é sua tentativa de fugir do acaso, de controlar aquilo que não é controlável, de mudar e dominar o destino de todas as coisas, o que reflete muito sua história pessoal. Já a utilização da simetria bilateral pode ser encontrada em vários de seus textos e livros, como em *Espèces d'espaces*: "Eu escrevo: eu traço palavras numa página. [...]. Antes não havia nada, ou quase nada: após, não há grande coisa, alguns sinais, mas que são suficientes para que haja um alto e um baixo, um começo e um fim, uma esquerda e uma direita, um reto e um verso."[71]

Se escrever é dar uma direção ao espaço de uma página, essa direção difere nas duas escrituras que marcam a vida de Perec: a escritura hebraica, que começa pelo alto à direita e termina à esquerda e embaixo, e que organiza segundo a diagonal mais importante do quadrado mágico (ou seja: /), e a escritura ocidental, que é justamente o contrário (\ ). Assim aparecem as primeiras imagens de simetria que serão trabalhadas por Perec, em toda sua obra, de forma exaustiva.

Perec inicia *Espèces d'espaces* fazendo referência à diagonal:

> Eu escrevo: eu traço palavras sobre a página.
> Letras a letras, um texto se forma, se afirma, toma forma, fixa, se imobiliza: uma linha estritamente

            h
             o
              r
               i
                z
                 o
                  n
                   t
                    a
                     l
[72] Ibidem.   se deposita sobre a folha em branco[72]
[73] B. Magné, C.A.
Thomasset, op. cit., p. 84.
[74] G. Perec, Palindrome   Assim podemos começar a entender o palíndromo,
pour Pierre Getzler,   sua tentativa de escapar do acaso, do incontrolável e,
Catalogue de l'exposi-   por isso, sua utilização simétrica. Uma explicação mais
tion de Pierre Getzler.   profunda em relação aos conflitos internos e à história
                            pessoal do autor pode ser encontrada nos estudos de
Bernard Magné; porém, como essa pesquisa tem um recorte matemático, faremos aqui apenas algumas pequenas considerações:

> Mas, se tratando de Perec, o palíndromo permite uma leitura
> de duplo sentido, exibe uma dupla escritura, conflitante, onde
> a orientação direita-esquerda se encontra recoberta, mascarada,
> dominada pela existência do texto padrão, como na escritura
> judaica em Perec, rebaixada ao nível de escritura jamais esque-
> cida, mas, pior ainda, jamais sabida: "Eu não falo a língua que
> meus pais falavam." Dessa língua ausente, o palíndromo é o
> traço e a memória. Não surpreende a sua onipresença na obra
> perequiana.[73]

Aos dois palíndromos publicados por Perec – À *Pierre Getzler*[74], constituído por 589 letras, e 9691 EDNA D'NILU O, UM, ACÉRÉ, PSEG ROEG, constituído por mais de 5000 letras e que figura no *Guiness Book of Records* – podemos ainda juntar outros micropalíndromos presentes em sua obra. Em *La Disparition* temos alguns, como *Noyon, s.o.s, nommons, mon nom, Radar, lit-il*. Em *W ou a Memória da Infância*, temos *Otto, bob, selles*. Em *A Vida Modo de Usar* temos um palíndromo com o "Tlön Uqbar Orbis Tertius" de Borges: "Boris

Baruq Nolt". Na obra de Perec, podemos observar que a utilização dos palíndromos (bem como a utilização de todas as *contraintes*) está relacionada com a simetria e com sua tentativa de controlar o acaso.

Outro recurso de simetria bem trabalhado por Perec é a *chiasme*, que consiste em um cruzamento de elementos de uma frase ou de um conjunto de frases, que tem por objetivo dar ritmo ou estabelecer paralelos entre elas. Pode também estabelecer a ligação entre dois elementos ou reforçar sua antítese. Alguns exemplos de *chiasmes* podem ser encontrados em *Quel petit vélo à guidon chromé au fond de la cour* e em *La Disparition*.

Destacam-se ainda nesse campo o lipograma e o *clinamen*. O lipograma, texto em que o autor se impõe não empregar uma ou várias letras, constituiu uma manifestação formal da *contrainte* falta (*manque*) trabalhada em *A Vida Modo de Usar*. Seu texto mais conhecido no qual esse recurso é aplicado é *La Disparition*, escrito sem utilizar a letra *e*.

[75] G. Perec, apud B. Magné, C.A. Thomasset, op. cit., p. 41.
[76] G. Perec, Morton's Ob, em D. Bellos, *Georges Perec*, p. 703.

A letra *e* aparece quatro vezes em "Georges Perec", duas em seu nome e duas em seu sobrenome. Perec perdeu seus pais na Segunda Guerra Mundial e, de acordo com muitos estudos, a privação da letra *e* seria a privação da letra mais importante do alfabeto, representando a falta das pessoas mais importantes em sua vida, conforme discute Bernard Magné:

Eu escrevo [...] *porque eu fui um entre outros. Eu escrevo sem e, eu escrevo sem eles, e e eles estão inseparavelmente ligados, ausentes/presentes, eles presentes no livro como na letra tabu sempre aqui em filigrana, jamais escrito e sempre convocado pela perífrase, metáfora, comparação ou metonímia. Breve, o lipograma, ou como dizer (como se calar?) o indizível.*[75]

Outros lipogramas ou monovocalismos são encontrados em sua obra: *Les Revenentes*, texto escrito somente com a letra *e*, que seria um conjunto complemento de *La Disparition*; "What a man!", texto escrito em francês (apesar do título em inglês) que utiliza somente a vogal *a*; e o texto em inglês "Morton's Ob"[76], em que se grafa apenas a vogal *o*. Permutando também as letras, o texto "Beaux Présents" utiliza somente as letras do nome de seu destinatário, aquele que está recebendo o presente. Já em "Belles Absents", as letras faltantes traçam, em forma de cruz, o nome a ser decifrado.

Outras variações lipogramáticas podem ser encontradas em seus trabalhos. A *contrainte* do prisioneiro deseja que um prisioneiro em sua cela, que dispõe de muito pouco papel, escreva a maior carta possível. Neste caso, as letras que ultrapassam as linhas são proibidas (é o caso, por exemplo, do *p*, que ultrapassa a linha para baixo, e do *b*, que ultrapassa a linha para cima). Perec ainda se proíbe utilizar letras como o *i* e o *e* acentuado. Menos conhecido, ele usa também o palíndromo vertical, no qual só são admitidas letras que, após uma rotação de 180º, continuem idênticas (caso das letras o, s, x, z, i)[77] e letras que se transformam em caracteres diferentes após tal rotação: (a→e, b→q, d→p, n→u), como na frase: *andin basnoda a une epouse qui pue*[78].

Dessa forma, nas palavras de Bernard Magné:

Considerar o lipograma como uma das figuras canônicas na engrenagem da falta permite, me parece, compreender as razões profundas de uma tal atração por essa *contrainte*. Se Perec é um "lipogramamaníaco", não é por qualquer gosto perverso, por uma extravagância que a história literária respeitável foi engendrada a denunciar. Dando novamente à palavra todos os seus sentidos, ele faz do lipograma o fundamento de um trabalho que visa, pacientemente, meticulosamente, obstinadamente, texto após texto, elaborar uma autêntica escritura de falta.[79]

Já o *clinamen*, aplicado à literatura pelo *pataphysique* Alfred Jarry, faz referência à filosofia de Epicuro – *le monde fonctionne parce que, au départ, il y a un déséquilibre* (o mundo funciona porque, desde o princípio, há um desequilíbrio) – e também ao pintor alemão Paul Klee – *le génie, c'est l'erreur dans le système* (a genialidade, esse é o erro do sistema)[80]. Sua utilização pelo Oulipo e por Georges Perec está relacionada a um desvio da *contrainte*, a uma falta em relação à regra ou a uma variação dela. Em relação a Perec, esse *clinamen* aparece em *Les Revenentes* quando, em alguns momentos, a regra não está presente ou aparece burlada (Perec por vezes escreve algumas palavras erradas para poder utilizar somente a vogal *e*). Porém, o exemplo mais importante que podemos encontrar está em *A Vida Modo de Usar*: o *clinamen* em relação ao número de capítulos. Como Perec construiu um *tabuleiro* de 10 x 10, espera-se

---

[77] Sem considerar o "pingo do *i*".
[78] Em tradução literal: "Andin Basnoda tem uma esposa que fede".
[79] B. Magné, C.A. Thomasset, op. cit., p. 42-43.
[80] G. Perec, *Entretiens et conférences II*, p. 202.

100 capítulos; porém, há somente 99. O *clinamen* está na ausência de um capítulo. Entretanto, em relação ao sistema de *contraintes*, aparecerão sempre 42 *elementos* em cada capítulo, dentre os quais há a *contrainte* falta (*manque*), uma recursividade ou uma crítica à classificação. Conforme Perec:

> Isso me deu a ideia de suprimir um capítulo, de modo que não se possa reconstituir o sistema que só existe para mim e que eu gostaria um pouco *tour de piser*, tornar um pouco manco em alguma parte: era necessário que houvesse um erro, mas esse erro não podia ser deixado ao acaso completo por várias razões. Quer dizer, um quadrado de dez por dez parece bastante um biscoito amanteigado, do qual começamos sempre a comer um canto. Ou há a pequena menina que aparece no fim do capítulo 65: ela morde um biscoito amanteigado e cai o capítulo seguinte tão bem que toda a numeração seguinte é falsa.[81]

[81] Ibidem, p. 166.
[82] Ibidem, p. 202.

Para Perec, é necessário destruir a simetria a fim de introduzir um erro no sistema, o que será, portanto, uma *anticontrainte*. Não se pode ser rígido, é importante que continue a existir o jogo, e, por isso, o *clinamen*.

É interessante notar que Perec atribui o desaparecimento do capítulo à Cabala, ao aparecimento do número 66:

> essa dama que faz aparecer o diabo, ela nasceu dessa invenção formal, pois eu já sabia que nesse capítulo o diabo iria aparecer; isso tinha sido decidido anteriormente, já que o número 66 tem um valor cabalístico; 6 é o número do diabo, isso sabemos devido a qualquer livro besta de ocultismo, e essa personagem devia fazer aparecer o diabo para suprimir um capítulo porque, normalmente, a partir do plano do livro, ele deveria ter cem capítulos. De fato, ele tem noventa e nove. Há um capítulo que foi suprimido devido à menina que morde o biscoito amanteigado.[82]

A "História do Lipograma" e a Cabala

Para Perec, o lipograma pode ser considerado como o grau zero da *contrainte*, já que seu entendimento é bem simples e direto, ainda que sua aplicação, algumas vezes, seja bastante difícil: "Nesse sentido, a eliminação de uma letra, de um sinal tipográfico, do suporte elementar, é uma operação mais neutra, mais limpa, mais decisiva, qualquer coisa como o grau zero da *contrainte*, a partir do qual tudo se torna possível."[83]

Em "Histoire du lipogramme", Perec justifica a importância e a utilização de *contraintes*, por ele e pelo Oulipo. Seu objetivo é traçar um paralelo entre a Cabala, esse conhecimento sagrado e soberano, e a aplicação, por vezes natural e espontânea ao longo da história, de textos lipogramáticos.

Construindo seu argumento inicial, Perec critica aqueles que ignoram a escritura como prática, como trabalho e como jogo (que é exatamente o que ele faz em toda sua obra). Ele deseja que essa dimensão seja respeitada, que a utilização de regras seja considerada, já que a própria linguagem é uma *contrainte*:

> Essa ignorância lexicográfica acompanha um desconhecimento crítico também tenaz e negligenciado. Unicamente preocupado por suas grandes maiúsculas (a Obra, o Estilo, a Inspiração, a Visão do Mundo, as Opções Fundamentais, a Genialidade, a Criação etc.) a história literária parece deliberadamente ignorar a escrita como uma prática, como trabalho, como jogo [...]. As *contraintes* são tratadas como aberrações, monstruosidades patológicas da linguagem e da escritura; as obras que suscitam não têm o direito do *status* de obra: doentes, de uma vez por todas, em sua proeza e sua habilidade, tornam-se monstros para-literários justificados somente por uma semiologia em que a enumeração e a fadiga ordenam um dicionário da loucura literária. [...]. Não pretendemos que os artifícios sistemáticos se confundam com a escritura, mas somente que eles se constituam como uma dimensão não negligenciável.[84]

[83] G. Perec, Histoire du lipogramme, em Oulipo, *La Littérature potentielle*, p. 85.
[84] Ibidem, p. 75-76.

Assim como Edgar Allan Poe utilizou, em seu "Escaravelho de Ouro", a estratégia que apresentamos no capítulo 1, de uma mensagem criptografada através da utilização de uma tabela de letras mais frequentes, Perec generaliza o lipograma: "A probabilidade lipogramática (que é uma das bases da criptografia) explica facilmente a existência de uma arte inversa: a arte pangramática, em que um exemplo ao menos é familiar a todos que aprenderam datilografia."[85]

Segundo Perec, podemos reconhecer três tradições lipogramáticas ao longo da história: a primeira seria o produto de uma obra contínua inspirada em uma obra maior (como a *Ilíada* e a *Bíblia*), dividida em vários capítulos e, em cada um deles, ocorrendo a ausência de uma letra; a segunda seria a não utilização da letra *r*, característica quase exclusiva dos lipogramas em alemão e em italiano (apesar de o *r* não ser a letra mais frequente nem a mais importante no alemão, seu uso é fundamental para escrever qualquer palavra no masculino); já a terceira e última tradição lipogramática seria a vocálica, ou seja, o banimento de alguma vogal em um texto.

[85] Ibidem, p. 77.
[86] Ibidem, p. 83.
[87] Por exemplo, o *álef* (א) = 1, o *bet* (ב) = 2, e assim por diante.

Em *La Disparition*, um romance de cerca de 320 páginas, com 78 mil palavras e 297 mil sinais, Perec utiliza a terceira tradição, eliminando a letra mais frequente do francês, numa *contrainte* da mais alta dificuldade: "a terceira tradição do lipograma é a tradição vocálica, aquela que bane as vogais. Ela não é necessariamente a mais difícil, escrever sem a letra *a* em francês é banal, mas difícil em espanhol; o inverso é para o *e*"[86]. A eliminação da letra *e* impede a utilização de três quartos das palavras em francês, além de impedir o uso de termos indispensáveis no idioma, como, *je, le, de, que, ne, en*, o que faz com que o ambiente feminino se torne difícil e o adjetivo seja sempre masculino.

A Cabala (palavra que significa "recepção") é uma tradição esotérica do judaísmo, que faz uso do valor numérico das letras do alfabeto hebraico[87], cuja combinação, segundo os cabalistas, é capaz de criar e destruir. Na introdução do *Zohar, o Livro do Esplendor*, uma fábula relata a disputa das 22 letras do alfabeto hebraico pelo privilégio de receber o valor do número um, ou seja, de ser a primeira (e talvez a mais importante) letra. O *álef*, no caso, que se queixava por ser a única letra a não ter plural, recebe de Deus a atribuição mais importante: "Não temas, porque tu reinarás sobre as outras letras como um rei; tu és uma e Eu Sou Uno e a *Torá* é uma e contigo darei [a *Torá*] ao meu povo que foi chamado uno, e contigo iniciarei [os Dez Mandamentos] no Monte Sinai conforme está escrito: Anokhi, Eu Sou."[88] A partir dessa definição, as letras do alfabeto hebraico são consideradas como fonte de energia com grande valor místico e de poder além da compreensão humana. Em seu texto "Histoire du lipogramme" e em *Récits d'Ellis Island,* Perec escreve:

[88] S. Sosnowski, *Borges e a Cabala*, p. 68.
[89] G. Perec, Histoire du lipogramme, em Oulipo, op. cit., p. 74.
[90] G. Perec, *Récit d'Ellis Island*, p. 49.
[91] C. Reggiani, *Rhétoriques de la contrainte*, p. 293.

> Nos 21 conjuntos inventariados por Scholem, cuja reunião forma os cinco livros do *Zohar*, o 16º é um monólogo do rabino Siméon sobre as letras que compõem o nome de Deus; o último dá setenta interpretações da primeira palavra da *Torá*: *Bereschit*. Em seu Elogio à Cabala, Borges fala de "essa ideia prodigiosa de um livro impenetrável à contingência". Se é verdade que no começo era o Verbo e que a Obra de Deus chama-se Escritura, cada palavra, cada letra pertence à necessidade: o Livro é uma rede infinita percorrida em todo instante pelo Sentido; o Espírito se confunde com a Letra; o Segredo (o Saber, a Sabedoria) é uma letra escondida, uma palavra morta: o Livro é um criptograma no qual o alfabeto é o numero.[89]

> Na lenda do Golem, é contada
> Que é suficiente uma palavra, *emet*, na testa
> Da estátua de argila para que ela se anime
> E te obedeça, e apagando uma letra, a primeira
> Para que ele volte à poeira.[90]

A utilização da Cabala por Perec é a aparição da *contrainte* lipograma em sua obra. De acordo com algumas interpretações e estudos sobre a Cabala, como a teoria dos círculos cósmicos, a *Torá* atual não é a *Torá* primordial, ou seja, falta ou há uma lacuna na compreensão da escritura. Gershom Scholem, a quem Perec cita como sua fonte para o estudo desse texto, relaciona tal lacuna à letra faltante: "a letra incompleta e falsa da *Torá* seria a consoante *schin*, que escrevemos agora com três cabeças mas que, na sua forma completa, deveria possuir quatro".[91]

Segundo Christelle Reggiani, podemos fazer uma relação entre a letra faltante *e* de *La Disparition* e a letra *schin* da *Torá*: "E, de fato, esta letra faltante corresponde a um universo imperfeito, mutilado – que sonha um mundo de caos e de violência (descrito pelo romance)."[92] Já a referência ao Golem, uma criação humana imperfeita e problemática, ainda de acordo com Reggiani, é esse paradoxo na escritura de Perec: sua tentativa de controlar o acaso através de regras, mesmo sabendo que toda criação humana é falha. Assim como o projeto de Bartlebooth, o projeto de Perec[93] é, cabalisticamente falando, falho. Retomo aqui, uma vez mais, o trecho de Perec que evidencia esse aspecto:

> É o dia 23 de junho de 1975, e vão dar oito horas da noite. Sentado diante do *puzzle*, Bartlebooth acaba de morrer. Sobre a toalha da mesa, nalgum lugar do céu crepuscular do quadringentésimo trigésimo nono *puzzle*, o vazio negro da única peça ainda não encaixada desenha a silhueta quase perfeita de um x. Mas a peça que o morto segura entre os dedos, já de há muito prevista em sua própria ironia, tem a forma de um w[94].
>
> O triunfo lipogramático de Perec foi a publicação de *La Disparition* e a resposta da crítica à obra, que muitas vezes não "descobriu" seu lipograma não declarado:
>
> Podemos nos surpreender de não aparecer nenhum dos Grandes Retóricos; poderíamos explicar isso de acordo com um acróstico, uma rima, um tautograma que são sempre espetaculares, mas um lipograma não é remarcável, de tal forma que na maior parte dos tempos a omissão é anunciada a partir do título. Um lipograma que não se anunciará como tal (mas isso pode ser concebido?) terá toda chance de passar despercebido.[95]

Assim existe uma relação importante entre o lipograma e a Cabala construídos por Perec. Importante também será a ligação entre a Cabala presente na obra de Perec e Cabala presente na obra de Borges e suas devidas relações com a judeidade.

[92] Ibidem.
[93] Outro projeto também falho de Perec é o *53 jours*, que ele não conseguiu – voluntária ou involuntariamente – terminar.
[94] G. Perec, *A Vida Modo de Usar*, p. 591.
[95] Idem, Histoire du lipogramme, em Oulipo, op. cit., p. 87.

"L'Augmentation" e "Le Petit traité invitant à l'art subtil du go"

O go é um jogo estratégico em que duas pessoas posicionam suas peças (181 pretas e 180 brancas) num tabuleiro (que pode ter 9 x 9, 13 x 13 ou 19 x 19). De origem chinesa, o go é um jogo de guerra em que os jogadores devem *conquistar* as peças do adversário, tornando-as suas e aumentando seu *exército* para, por fim, ganhar a partida. A complexidade e dificuldade do go é muito superior à do xadrez. Em "O Go", escreve Borges:

> Hoje, 9 de setembro de 1978, tive na palma da mão um pequeno disco dos trezentos e sessenta e um que se requerem para o jogo astrológico do go, esse outro xadrez do Oriente. É mais antigo que a mais antiga escritura e o tabuleiro é um mapa do universo. Suas variações negras e brancas esgotarão o tempo: nele podem se perder os homens como no amor ou no dia. Hoje, 9 de setembro de 1978, eu, que sou ignorante de tantas coisas, sei que ignoro mais uma, e agradeço a meus numes essa revelação de labirintos que já não explorarei.[96]

Perec, juntamente com os matemáticos Jacques Roubaud e Pierre Lusson, após terminado o *La Disparition*, escreveu o livro *Le Petit traité invitant à l'art subtil du go*[97], o primeiro manual francês sobre o jogo de go, a respeito do qual afirma:

> Em torno de 1965, um professor de matemática, Chevalley, ensinou a jogar o meu amigo Jacques Roubaud. Jacques Roubaud ensinou o jogo a duas pessoas: Pierre Lusson e eu. E todos nós três escrevemos um livro sobre go, sem saber que um outro jogador, Girault, conhecia o jogo desde muito tempo e tinha redigido um tratado que não conseguiu publicar. Em seguida, fundamos um clube, e todos os membros do clube se tornaram, muito rapidamente, mais fortes que nós.[98]

[96] J.L. Borges, O Go, *Obras Completas III*, p. 370.
[97] P. Lusson; G. Perec; J. Roubaud, *Le Petit traité invitant à l'art subtil du go*.
[98] G. Perec, *Entretiens et conférences II*, p. 113.

No livro, Roubaud fica responsável pela parte técnica do jogo e por sua contextualização japonesa; Lusson apresenta algumas estratégias e outras técnicas específicas; e Perec contribui – bem ao seu estilo – através de brincadeiras, trocadilhos e divertimentos relacionados ao go. Os jogos são tratados de forma séria por Perec:

> *Le Petit traité invitant à l'art subtil du go* coloca essa ideia anterior, que deve ser a mesma de Roubaud antes de se tornar também a de Perec, que só uma outra atividade humana sofreria a comparação com esse jogo; e essa atividade não era o xadrez, a besta negra do livro, mas... a escritura. Pela qual não era necessário entender que a escritura era um jogo, mas que o go era uma atividade séria.[99]

[99] D. Bellos, *Georges Perec*, p. 429.

Um dos problemas da ciência da computação é a construção de um *software* ou um algoritmo que jogue xadrez e seja capaz de ganhar de um grande mestre. Em 1997, o computador Deep Blue jogou de igual pra igual com o campeão mundial de xadrez Kasparov, realizando assim um grande passo na evolução dos algoritmos e estruturas para o xadrez. No jogo de go, o número de combinações possíveis é ainda maior que no jogo de xadrez. Apesar de existirem algoritmos (e *softwares*) para se jogar go, nenhum conseguiu jogar contra um grande mestre no mesmo nível, de forma que esse é também um dos problemas em aberto da computação: construir um *software* capaz de derrotar um grande mestre do go.

Perec explica a dificuldade do jogo em relação ao xadrez:

> Talvez porque seja um jogo realmente difícil. Um pouco árido. Por outro lado, não é beneficiado, como no xadrez, de uma tradição: na França, rubricas de xadrez aparecem regularmente nos jornais. Mas, também, no jogo de xadrez perseguimos um objetivo único: a prisão do Rei, e há somente três soluções: ganhar, perder ou o jogo nulo.
>
> O go, ao contrário, é um jogo contínuo, e que traz disposições de espírito bem diferentes. Perceba: um dos principais obstáculos à compreensão do go é saber quando a partida terminou, qual o momento em que um dos jogadores controla mais território que o outro, e como se materializa essa vantagem. Quando lemos

nos manuais de partidas de *go* que alguém a abandona na 60ª ou na 90ª jogada, já que ele saberia que perderia por dois pontos, dizemos que não é possível! E, portanto, na maior parte do tempo, as diferenças entre dois jogadores de mesmo nível não são mais importantes. Mesmo assim, desde certa época, existiu um francês campeão da Europa.[100]

O tratado de *go* foi um bom intermediário para a futura oferta do Centro de Cálculo em Ciências Humanas do CNRS (Centre National de la Recherche Scientifique, órgão financiador de pesquisas na França) para a redação de um algoritmo, sob a forma de um organograma, representando as etapas pelas quais um empregado deveria passar para obter um aumento de salário. *L'Augmentation* foi escrito com base no organograma da figura 4:

Assim Perec explica seu projeto:

> Trata-se de um problema simples. Esse problema se decompõe em um certo número de proposições às quais podemos responder sim ou não; cada tipo de resposta leva a certas consequências. As sucessões de causa e efeito, a escolha das respostas são aqui representadas por flechas que constituem a única sintaxe ligando as proposições entre elas. É, em suma, uma literatura em árvore, uma rede, um labirinto e aquele que "lê" escolhe UM caminho entre vários caminhos possíveis, a totalidade de escolhas estando ofertada instantaneamente conduz a escolher seu caminho, eu fiz uma TRADUÇÃO LINEAR do organograma, quer dizer, segui UM a UM todos os caminhos, começando desde o começo cada vez que uma flecha me remetesse ao começo: em outros termos, eu não podia remeter a proposições antes de ter cada vez retomado todas aquelas que a precediam: o resultado é um texto de 57 páginas inteiramente construído pela redundância.[101]

Algumas palavras de destaque neste trecho serão importantes para a futura comparação entre Borges e Perec: labirinto, árvore, rede, caminho. Para Perec, a literatura também é uma rede de referências, uma combinação de caminhos – concepção percebida também

[100] G. Perec, *Entretiens et conférences* II, p. 114.
[101] G. Perec apud Bellos, *Georges Perec*, p. 431.

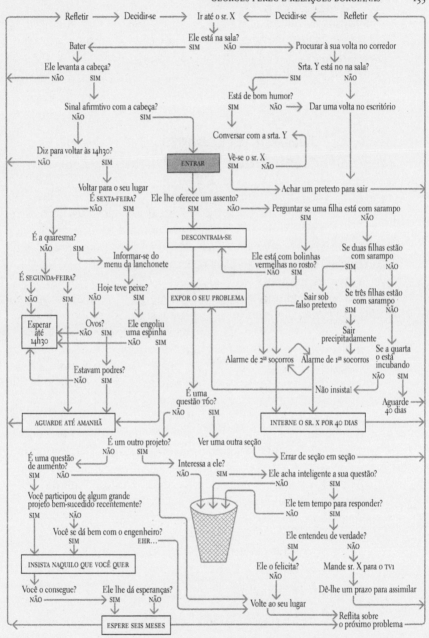

Figura 4: Organograma de *L'Augmentation*

em outros livros baseados no princípio oulipiano de exploração das potencialidades literárias, como o já citado O *Castelo dos Destinos Cruzados*, de Italo Calvino, e O *Jogo de Amarelinha*, de Julio Cortázar.

"Jeux intéressants" e "Nouveaux jeux intéressants"

[102] G. Perec, *Jeux intéressants*, p. 6.
[103] Ibidem.

Entre os anos de 1981 e 1982, Perec e Jacques Bens escreveram para as revistas *Ça m'intéresse*, *Jeune Afrique* e *Jeune Afrique Économie* uma série de jogos "que podem ser classificados em oito categorias: palavras cruzadas, provérbios escondidos, enigmas, mensagens codificadas, lógica clássica ou cálculo, testes, acrósticos, anagramas ou jogos de letras"[102]. Esses jogos já tinham sido utilizados, algumas vezes escondidos, em vários livros de Perec; porém, para essas revistas, ele propõe os jogos apenas explicitamente. Para ele, escrever e brincar são quase a mesma coisa: "a escritura é um jogo que se joga a dois".[103] Essa ideia de escritura como jogo também é trabalhada na introdução de *A Vida Modo de Usar*, quando o autor comenta que, apesar das aparências, o *puzzle* não é um jogo solitário, já que cada jogada, cada intuição, cada esperança, cada cálculo do leitor/jogador foi pensado anteriormente pelo autor. Por isso, para Perec o romance policial funciona, com suas trapaças e mistérios, como um romance eficaz, como uma atividade lúdica superior.

Assim Perec apresenta alguns de seus jogos ou enigmas nesses livros, utilizados de forma lúdica, recreativa e, também, a partir de recursos matemáticos:

a. Existe um anagrama da palavra GYMNASTE. Você o conhece?
b. 5, 2, 10, 8, 9, 4, 7... O número que vem depois é o 1, 3, ou 6?
c. Escreva o número 120 utilizando somente cinco vezes o numero 8.
d. A mensagem codificada:

```
RECALE
REMISE
CONTRE
EXERCE
TRESSE
DESERT
```

Em toda sua obra, Perec discute com seu leitor, com todos os leitores, com o leitor borgiano, com o leitor oulipiano, com o leitor ideal. E, assim como o leitor, o escritor deve ter pensado, ou tentado pensar, embora inutilmente, em todas as possibilidades de leitura, como num jogo de *go* ou de xadrez, numa discussão infinita entre a mensagem que foi pensada e a que foi recebida.

3.
Borges, Matemática e Relações Perequianas

Podemos considerar que Jorge Luis Borges utilizou diferentes conceitos matemáticos para criar suas ficções, que se "deleita na teoria moderna de conjuntos e lê textos matemáticos para aprender mais"[1]. Os conceitos mais importantes presentes em sua obra, que objetivam criar uma ligação entre matemática e literatura, são a Cabala, os paradoxos autorreferentes e a análise matemática. Assim escreve Katherine Hayles sobre a utilização dos paradoxos autorreferentes na obra de Borges, seu intuito e a desestruturação, desconstrução e incerteza por eles ocasionados:

[1] K. Hayles, *The Cosmic Web*: p. 25.
[2] Ibidem. p. 27.

> O que fascina Borges é a perspectiva de um conjunto que contém a si mesmo, um conjunto que contém e está contido em sua parte. Tais paradoxos são implícitos em muitas representações de modelos de campo, porque a representação é ao mesmo tempo do todo, no sentido em que traz as imagens do campo, e da parte, no sentido em que ele está contido dentro de tudo o que figura. Esse paradoxo, central nas ficções de Borges, é explorado através dos conjuntos infinitos e dos números transfinitos de Cantor presentes na sua teoria dos conjuntos. O pressuposto de Borges é que o universo newtoniano deve desintegrar-se quando confrontado com antinomias a que essa teoria deu origem. Mas ele não quer uma nova realidade também. Ao contrário, ele contrapõe a perda da "nova certeza" com as velhas certezas para tornar tudo incerto.[2]

Os livros *Unthinking Thinking: Jorge Luis Borges, Mathematics, and the New Physics*, de Floyd Merrell, *The Unimaginable Mathematics of Borges' Library of Babel*, de William Goldbloom Bloch e *Borges y la Matemática*, de Guillermo Martínez mostram muitos desses conceitos; porém, além daqueles por eles apresentados, discutiremos aqui outros, ainda inéditos.

Borges não tinha muitos conhecimentos técnicos em matemática mas, mesmo assim, aplicou-os exaustivamente em sua ficção. Num primeiro momento, conforme Leo Corry, percebe-se "um conhecimento muito limitado e superficial das ideias científicas, e uma produção literária da mais alta qualidade"[3]. A utilização da matemática parece estar, nesse momento, em sua fascinação pela beleza das ideias abstratas:

> A marginalidade em relação às questões que Borges menciona em sua análise é ainda mais verdadeira com o exemplo da "demonstração euclidiana da infinitude dos números primos", que só aparece em uma nota de pé de página, ocupando não mais do que oito breves linhas. Isso sim, ninguém que a conheça poderá negar que de fato essa demonstração é realmente "bela", como descrito por Borges. Entretanto, a inclinação de Borges para apreciar o valor estético de ideias abstratas é refletida aqui de maneira similar ao que poderia ser refletido pela beleza de um poema, ou de uma peça musical ou de um argumento filosófico ou, como nesse caso, de uma dedução matemática. Mas dada sua limitada competência técnica em assuntos matemáticos, deve-se limitar, azar o dele, a demonstrações relativamente simples como essa.[4]

Por outra via, o uso da matemática por Borges serve para mostrar a potencialidade de suas obras, conforme análise de Italo Calvino em *Por Que Ler os Clássicos*, o que nos permite a aproximação de Borges com os trabalhos oulipianos:

> O que mais me interessa anotar aqui é que nasce com Borges uma literatura elevada ao quadrado e ao mesmo tempo uma literatura como extração da raiz quadrada de si mesma: uma "literatura potencial", para usar um termo que será desenvolvido mais tarde na França, mas cujos prenúncios podem ser encontrados em *Ficciones*, nos estímulos e formas daquelas que poderiam ter sido as obras de um hipotético Herbert Quain.[5]

De acordo com Calvino, o mundo para Borges é construído e governado pelo intelecto, ideia que está na contracorrente do curso

---

[3] L. Corry, Algunas Ideas Científicas en la Obra de Borges y su Contexto Histórico, em M. Solotorevsky; R. Fine (eds.), *Borges en Jerusalén*, p. 9. Disponível em: <http://www.tau.ac.il/~corry/>.
[4] Ibidem, p. 13.
[5] I. Calvino, *Por Que Ler os Clássicos*, p. 248-249.

principal da literatura do século XX, que, por sua vez, tende para a exploração do inconsciente, do acúmulo magmático da existência na linguagem. Escritor breve, Borges inventa em si um narrador e apresenta toda a literatura como já escrita por um outro hipotético autor desconhecido. Em suas obras, a fim de simplificar a estrutura psicanalítica do ser e dar novas potencialidades à leitura, o escritor argentino introduz os conceitos matemáticos. No conto "O Aleph" podemos, por exemplo, observar claramente o conceito matemático de infinito elaborado por Georg Cantor:

> Duas observações quero acrescentar: uma, sobre a natureza do *álef*; outra, sobre seu nome. Este, como se sabe, é o da primeira letra do alfabeto da língua sagrada. Sua aplicação ao cerne de minha história não parece casual. Para a Cabala, essa letra significa o *Ein Sof*, a ilimitada e pura divindade; também se disse que tem a forma de um homem que assinala o céu e a terra, para indicar que o mundo inferior é o espelho e o mapa do superior; para o Mengenlehre, é o símbolo dos números transfinitos, nos quais o todo não é maior que qualquer das partes.[6]

Até 1870, os matemáticos pensavam que havia somente um infinito. Quando Cantor começa seu trabalho, descobre que havia diferentes classes de infinitos, ou seja, existiam alguns infinitos "maiores"[7] que os outros. A referência que Borges faz é relativa aos números transfinitos, a partir dos quais o todo não é maior que as partes, contrariando o postulado aristotélico segundo o qual o todo deve ser maior que qualquer uma de suas partes. O *Mengenlehre* é a denominação em alemão da teoria dos conjuntos[8].

Para entender esse conceito, pensemos no conjunto dos números naturais[9]. Certamente, verificamos a sua infinidade por não conseguirmos achar o maior dos números naturais. A prova é simples, basta conjecturar a existência do maior dos números naturais e chamá-lo de M, por exemplo. Se adicionarmos a M o 1, teríamos o M+1, que é maior que o M e ainda é um número pertencente ao conjunto dos números naturais, logo, por contradição[10], há um

[6] J.L. Borges, O Aleph, *Obras Completas I*, p. 695.
[7] No jargão matemático, esse fato é chamado cardinalidade.
[8] G. Martínez, op. cit., p. 16.
[9] São os números inteiros positivos {1, 2, 3, ...}.
[10] Pode-se usar aqui também o Princípio do Terceiro Excluído, ou seja, um terceiro valor de "verdade" não existe: ou a afirmação é verdadeira ou é falsa. Como no caso conjecturamos a existência do maior número natural e isso nos levou a uma contradição, nossa hipótese estava errada, levando à conclusão de que não existe o maior natural.

número maior que o maior número. Logo, não há maior número natural, o que leva à infinitude desse conjunto. Tomemos agora um subconjunto dos números naturais definido somente pelos números pares. Podemos fazer uma relação entre o conjunto dos números naturais e seu subconjunto dos números pares, relacionando um elemento de cada conjunto e assim por diante. Por exemplo, relacionamos o 1 com o 2, o 2 com o 4, o 3 com o 6, e assim por diante. Assim, para Cantor, há tantos números pares quanto números naturais. Verificamos que essa relação é infinita e, por isso, demonstramos que a quantidade de elementos presentes nos conjuntos é a mesma, ou seja, o todo não é maior que uma das partes.

Nos contos "A Biblioteca de Babel" e "O Livro de Areia", Borges novamente fará referências ao infinito, dessa vez a partir dos números racionais[11]. A grande importância de se trabalhar com esse conjunto é que, entre quaisquer dois números racionais, há sempre um outro número. Assim, é impossível achar o primeiro número logo depois de um outro. Sabe-se também que tanto o infinito dos números naturais quanto o infinito dos números racionais é do mesmo tamanho. Utilizando esse conceito, Borges escreve em "O Livro de Areia":

Disse-me que seu livro se chamava o Livro de Areia, porque nem o livro nem a areia têm princípio ou fim. Pediu-me que procurasse a primeira folha. Apoiei a mão esquerda sobre a portada e abri com o dedo polegar quase pegado ao indicador. Tudo foi inútil: sempre se interpunham várias folhas entre a portada e a mão. Era como se brotassem do livro.[12]

E escreve também em "A Biblioteca de Babel": "Letizia Alvarez de Toledo observou que a vasta Biblioteca é inútil; a rigor, bastaria um único volume, de formato comum, impresso em corpo nove ou em corpo dez, composto de um número infinito de folhas infinitamente delgadas."[13]

No campo da Topologia, Borges faz menção à faixa de Moebius[14], como percebemos no conto "O Disco":

---

[11] Os números racionais são aqueles que podem ser escritos em forma de fração.
[12] J.L. Borges, O Livro de Areia, *Obras Completas* III, p. 80-81.
[13] Idem, A Biblioteca de Babel, *Obras Completas* I, p. 523.
[14] A faixa de Moebius foi descoberta em 1865, pelo matemático e astrônomo alemão August Ferdinand Moebius (1790-1868). Para construir tal figura, utiliza-se uma faixa retangular de papel, unindo suas pontas para formar um "anel". Se as unirmos de maneira usual, teremos um anel circular comum, ou seja, uma faixa sem fim, com lado de dentro e de fora. Porém, se antes dermos um meio giro, o resultado será uma faixa de Moebius, sem mais a existência de lado de dentro e um lado de fora.

Abriu a palma da mão, que era ossuda. Não havia nada na mão. Estava vazia. Foi então que notei que sempre a tinha conservado fechada. Disse, olhando-me com firmeza: – Podes tocá-lo. Já com algum receio, pus a ponta dos dedos sobre a palma. Senti uma coisa fria e vi um brilho. A mão se fechou bruscamente. Não disse nada. O outro continuou com paciência, como se falasse com uma criança: – É o disco de Odin. Tem um só lado. Na terra não há outra coisa que tenha um só lado. Enquanto estiver em minha mão, serei rei.[15]

A primeira coisa que notamos na faixa de Moebius é que ela só tem um lado: podemos ir de um ponto de um lado da faixa a qualquer ponto do outro lado através de um caminho contínuo, sem nunca perfurar a superfície nem passar pela fronteira. Então, a faixa de Moebius não tem um lado de "dentro" nem de "fora", mas somente um. Além disso, ela tem uma única borda. Um fato ainda mais interessante ocorre se cortamos a faixa ao meio: obtemos um único objeto contínuo, um anel que tem dois meio giros. Esse novo objeto não é uma faixa de Moebius, já que possui dois lados distintos. Mas, se cortamos a faixa de Moebius numa linha que dista 1/3 da borda, teremos dois anéis entrelaçados: uma verdadeira faixa de Moebius e um anel que tem dois meio giros. No Oulipo, Luc Étienne trabalhou com o que chamou *Poèmes à métamorphoses pour rubans de moebius*, que utiliza um conceito chamado *equivoque*: um texto pode ser lido de duas formas, cada uma com um significado distinto e contraditório.

[15] J.L. Borges, O Disco, *Obras Completas III*, p. 77.

Borges faz menção aos seus estudos matemáticos num artigo que se intitula "La Cuarta Dimensión". Em suas palavras:

> a superfície, o ponto e a reta são ideais geométricos, assim como o volume, e também o hipervolume em quatro dimensões. Não haverá no universo material um só triângulo absolutamente equilátero, mas podemos imaginar. Não haverá também um hipercone mas podemos imaginá-lo. Essa promessa é dada pelo volume de Hinton, *Uma Nova Era do Pensamento*. Eu o comprei e comecei a lê-lo e o emprestei. Um fato inegável é, recusar-se a quarta dimensão é limitar o mundo, afirmá-la é enriquecê-lo. De acordo com a terceira dimensão, a dimensão de altura,

um ponto preso em um círculo poderia escapar sem tocar a circunferência.[16]

Na matemática podemos trabalhar, sem grandes dificuldades, com estruturas pertencentes à dimensão n.[17] Borges argumenta a impossibilidade de visualizarmos a quarta dimensão, já que estamos limitados pelos nossos sentidos. Um exemplo parecido foi fornecido e trabalhado ficcionalmente pelo livro *Planolândia*, ao qual nos referimos anteriormente. Saber que existe uma quarta dimensão e possuirmos ferramentas matemáticas para descrevê-la torna, do ponto de vista de Borges, o mundo mais rico. Em "Avatares da Tartaruga", Borges escreve: "Há um conceito que corrompe e transtorna os outros. Não falo do Mal cujo limitado império é a ética; falo do infinito."[18]

Na resenha ao livro *Men of Mathematics*, de E.T. Bell, publicada em *El Hogar*, Borges mostra seu conhecimento em campos diversos da matemática e sua predileção pelos problemas de Cantor:

Não é primordialmente uma obra didática; é uma história dos matemáticos europeus, desde Zenão de Eleia até Georg Ludwig Cantor de Halle. Não sem mistério unem-se esses dois nomes: vinte e três séculos os separam, mas uma mesma perplexidade deu fadiga e glória aos dois, e não é aventurado coligir que os estranhos números transfinitos do alemão tenham sido idealizados para de algum modo resolver os enigmas do grego. Outros nomes ilustram esse volume: Pitágoras, que descobriu para seu mal os incomensuráveis; Arquimedes, inventor do "número de areia"; Descartes, algebrizador da geometria; Baruch Spinoza, que aplicou infelizmente a linguagem de Euclides à metafísica; Gauss, "que aprendeu a calcular antes que a falar"; Jean Victor Poncelet, inventor do ponto no infinito; Boole, algebrizador da lógica; Riemann, que desacreditou o espaço kantiano.[19]

Assim, Borges utiliza alguns conceitos matemáticos para aumentar a potencialidade de leitura de seus contos. É importante notar

[16] Idem, La Cuarta Dimensión, em I. Zangara (org.), *Borges en Revista Multicolor*, p. 30.
[17] O n pode assumir qualquer valor. Se $n=4$ temos, por exemplo, quatro dimensões.
[18] J.L.Borges, Avatares da Tartaruga, *Obras Completas* I, p. 273.
[19] Idem, Mans of Mathematics, de E.T. Bell, *Obras Completas* IV, p. 425-436.

que os conceitos trabalhados, criticados e explicados por Borges, têm como fonte principal o livro *Matemática e Imaginação*.

"Matemática e Imaginação" em Borges

Conforme Alberto Manguel, "para Borges, o essencial da realidade se encontra nos livros; ler, escrever e falar dos livros. De uma forma visceral, ele estava consciente de perseguir um diálogo iniciado há muitos anos e que, acredita ele, não acabará jamais"[20]. É nesses livros que Borges descobre a matemática, diálogo realmente iniciado milhares de anos atrás e que continuará até o fim da existência humana. No seu livro *Biblioteca Pessoal*,[21] Borges faz menção especial à obra *Matemática e Imaginação*. Tal obra está também presente na biblioteca de *L'Arsenal*, onde estão os arquivos do Oulipo, e na Associação Georges Perec, além de ser uma ligação importante entre Borges e Perec.

[20] *Chez Borges*, p. 33.
[21] Cf. J.L. Borges, *Biblioteca Pessoal*, *Obras Completas* IV.

Para indicar a importância de *Matemática e Imaginação*, vale a pena informar que a empresa de internet Google tem o seu nome originado de um termo nele cunhado para expressar um número muito grande, porém finito; o 1 seguido de 100 zeros (Googol): 10^{100}. Outro número também muito grande e finito é o Googolplex que é o 10^{googol}, ou seja, o 10 elevado ao 10^{100}. Nesses números incrivelmente grandes, porém finitos, citados pelo livro, estão também a quantidade de grãos de areia de uma praia e o número de gotas de água que caem nas cataratas do Niágara ou do Iguaçu em um século. E muitos desses grandes números estão presentes em contos como "A Biblioteca de Babel" ($10^{1312000}$, como veremos numa projeção do tamanho dessa biblioteca).

Outro número gigante é o número total de jogadas possíveis em uma partida de xadrez: $10^{10^{50}}$. François Le Lionnais, assim como Marcel Duchamp, ambos membros do Oulipo, eram aficionados pelo xadrez. Esse jogo, bastante utilizado tanto em Borges quanto em Perec, pode ser matematizado: no livro *Le Jeu d'échecs*, ao qual Perec faz referência algumas vezes, Le Lionnais conta a história do xadrez, apresenta e discute partidas famosas, além de mostrar as variações e permutações matemáticas do jogo.

O cálculo do número de jogadas possíveis no xadrez é complicado e apresenta algumas variações. O importante é dizer que esse número é bastante grande, assim como aqueles apresentados em "A Biblioteca de Babel". Em A *Mathematician's Miscellany*, John E. Littlewood mostra que o número de jogadas possíveis é de aproximadamente $10^{10^{70,5}}$ e, como já citado, em *Matemática e Imaginação* esse número seria $10^{10^{50}}$.

A obra teve sua primeira edição em inglês em 1940, com o título *Mathematics and the Imagination*. Foi escrita por Edward Kasner (1878-1955) – professor de Matemática na Universidade de Colúmbia, Nova York, e membro da Academia Nacional de Ciências e do Conselho Nacional de Pesquisas dos EUA – e por James Newman (1907-1966) – professor na mesma universidade, redator da revista *Scientific American* e responsável por muitas publicações de matemática, entre elas *The World of Mathematics*, coletânea de quatro volumes dos escritos dos mais famosos matemáticos de todos os tempos, e *A Prova de Gödel*, responsável pela divulgação científica dos Teoremas de Incompletude de Gödel, marco fundamental na lógica e na teoria de conjuntos. *Matemática e Imaginação*, que foi bem aceito pela comunidade não científica, teve também edições em português, espanhol e francês. Borges o conheceu na versão original em inglês.

De acordo com Corry, os conceitos presentes no livro de Kasner e Newman mais utilizados por Borges, mas não explicitamente mencionados, foram:

> Em primeiro lugar se encontra uma discussão aprofundada dos sistemas numéricos básicos: os irracionais, os transcendentais e os imaginários. As concepções modernas desses conjuntos são, obviamente, uma parte fundamental para qualquer interesse sério na disciplina. Diretamente ligada a eles está a apresentação do cálculo infinitesimal, que constitui a espinha dorsal da matemática desde o século XVIII até os nossos dias, a qual mesmo a interpretação mais caótica pós-modernista das ciências exatas não sugere que se deva abandonar ou substituir. Dois outros temas importantes a que Kasner e Newman dedicam longos

capítulos são a topologia e o cálculo de probabilidades. A topologia é um ramo da matemática em que encontramos muitos temas de grande apelo estético. A fita de Moebius e um mapa de Brouwer, que Borges menciona separadamente, são dois exemplos importantes de tais questões topológicas.[22]

Em cada começo de capítulo, o autor cita alguns filósofos e escritores com o intuito de atrair um público não necessariamente científico. Além das citações, faz comentários, conversa e brinca com o leitor. Logo no início do livro utiliza uma frase do matemático Alfred Whitehead, que pode ter sido a responsável por atrair Borges e os oulipianos:

[22] L. Corry, Algunas Ideas Científicas en la Obra de Borges y su Contexto Histórico, em M. Solotorevsky; R. Fine (eds.), op. cit., p. 10.
[23] E. Kasner; J. Newman, *Matemática e Imaginação*, p. 11..

> Não vou ao ponto de dizer que construir a história do pensamento sem o profundo estudo das ideias matemáticas das sucessivas épocas é o mesmo que omitir Hamlet na peça que tem seu nome. Isso seria pedir demais. Mas é, certamente, semelhante a suprimir a parte de Ofélia. Essa comparação é singularmente exata. Porque Ofélia é absolutamente essencial para a peça, é muito encantadora – e um pouco louca. Reconheçamos que o propósito da Matemática é uma divina loucura do espírito humano, um refúgio contra a aguilhoante urgência dos acontecimentos contingentes.[23]

Segundo os próprios escritores, seu objetivo é popularizar a ciência com responsabilidade; retirar, gradualmente, o véu do mistério de toda a ciência, principalmente da matemática que, para eles, é "a rainha do mundo intelectual". Na época, a maior parte dos livros que falavam sobre matemática tinha o objetivo de tratá-la de forma filosófica (como a *Introdução à Filosofia de Matemática*, de Bertrand Russell, obra também muito conhecida por Borges), o que tornava seu entendimento ainda mais difícil para o público leigo. Assim, o objetivo de Kasner e Newman seria tratar do assunto por meio da *haute vulgarisation* (alta vulgarização):

> termo aplicado ao feliz resultado que nem ofende com sua condescendência nem se mantém obscuro em uma massa de

terminologia técnica. Nosso objetivo foi de estender o processo de *haute vulgarisation* até aqueles postos avançados da Matemática que são mencionados apenas em sussurros, quando o são; e, mesmo assim, somente lhes pronunciam o nome; mostrar, por sua própria diversidade, algo do caráter da Matemática, de seu intrépido, desembaraçado espírito; como, tanto como ciência quanto como arte, continuou a conduzir as faculdades criadoras mesmo além da imaginação e da intuição.[24]

O livro atingiu seus objetivos, sobretudo quando tratamos da literatura de Borges, que assim escreveu a seu respeito no número 73 de *Sur*:

Revisando a biblioteca, vejo com admiração que as obras que mais reli e adensei de notas manuscritas são o *Diccionario de la Filosofía*, de Mautner, a *Historia Biográfica de Filosofia* de Lewes, a *Historia da la Guerra de 1914-1918*, de Liddell Hart, a *Vida de Samuel Johnson*, de Boswell, e a psicologia de Gustav Spiller, *The Mind of Man*, 1902. A esse heterogêneo catálogo (que não exclui obras que talvez sejam meros hábitos, como a de G.H. Lewes) prevejo que os anos acrescentarão este livro ameníssimo [*Matemática e Imaginação*].[25]

Em uma entrevista, Borges afirma que, para compor a sua *Biblioteca Pessoal*, nunca se esqueceu de Kasner e Newman, que "escreveram um dos livros mais lindos sobre a matemática, são muito imaginativos e têm problemas".[26] De acordo com Borges, os ensinamentos desse título permitem que até um homem de letras entenda os problemas mais complicados e difíceis da matemática: "Suas quatrocentas páginas registram com clareza os imediatos e acessíveis encantos das matemáticas, que até um mero homem de letras pode entender, ou imaginar que entende."[27]

Em relação ao conteúdo, a obra apresenta desde conceitos escolares simples como a prova do 9 (todos os números que, somados os termos, resultam um múltiplo de 9 que é divisível por 9, prova essa também citada por Perec), até conceitos complicados como os de números complexos, os paradoxos na teoria de conjuntos e os números transfinitos de Cantor, sempre mantendo um diálogo com o

[24] Ibidem, p. 14.
[25] J.L. Borges, Discussão, *Obras Completas I*, p. 298.
[26] J.L. Borges apud M.E. Vásquez, *Borges: Imagenes, Memorias, Diálogos*, p. 298.
[27] J.L. Borges, Discussão, *Obras Completas I*, p. 299.

leitor e apresentando notas com certo humor e ironia. Em cada capítulo há uma epígrafe de autores como Heráclito, Descartes, Pascal, Mark Twain, W.S. Gilbert, Sir Arthur Eddington, Bertrand Russell, Spenser, Lewis Carroll, todos autores fundamentais para Borges e Perec. Em "Avatares da Tartaruga" Borges escreve: "cinco, sete anos de aprendizado metafísico, teológico, matemático, me capacitariam (talvez) para planejar decorosamente esse livro"[28], ou seja, desde então ele já estava interessado em aplicar a seus contos problemas diversos da ciência.

Mesmo antes da aparição de *Matemática e Imaginação*, Borges estava familiarizado com alguns conceitos da lógica, da física e da matemática, e utilizou muitos conceitos que posteriormente seriam encontrados nesse livro e que serviriam para corroborar ou ilustrar ideias e reflexões que já há algum tempo acompanhavam sua produção. Bons exemplos são os textos "A Perpétua Corrida de Aquiles e da Tartaruga" e "Avatares da Tartaruga", nos quais o autor utiliza um paradoxo clássico: o paradoxo da impossibilidade do movimento. Para ele, esse paradoxo é uma *joya* que implica: "valiosa pequenez, delicadeza que não está sujeita à fragilidade, facilidade máxima de translação, limpidez que não exclui o impenetrável, flor para os anos"[29]. E assim escreve, logo em seguida, sobre o paradoxo:

[28] Idem, Avatares da Tartaruga, *Obras Completas I*, p. 273.
[29] Idem, A Perpétua Corrida de Aquiles e da Tartaruga, *Obras Completas I*, p. 261.
[30] Ibidem, p. 261-262.
[31] Posição de cada um dos participantes da corrida em função do tempo. Aqui utilizamos a fórmula de Newton para um movimento retilíneo uniforme, já que não há aceleração (a velocidade é constante). Nesse caso, o gráfico é uma reta.

> Aquiles, símbolo de rapidez, tem que alcançar a tartaruga, símbolo de morosidade. Aquiles corre dez vezes mais rápido que a tartaruga e lhe dá dez metros de vantagem. Aquiles corre dez metros, a tartaruga corre um; Aquiles corre esse metro, a tartaruga corre um decímetro; Aquiles corre esse decímetro, a tartaruga corre um centímetro; Aquiles corre esse centímetro, a tartaruga um milímetro; Aquiles o milímetro, a tartaruga um décimo de milímetro, e assim infinitamente, de modo que Aquiles pode correr para sempre sem alcançá-la. Tal é o paradoxo imortal.[30]

Matematicamente, é possível resolver esse problema. Sejam $s_A(t)$ e $s_T(t)$ as posições[31] de Aquiles e da Tartaruga, respectivamente, no instante t, e $t > 0$. Por hipótese, a tartaruga tem uma vantagem inicial que será denotada por $d = s_T(0) - s_A(0) > 0$. Suponhamos que ambos se deslocam com velocidade constante e temos que: $s_A(t) = v_A t$ e $s_T(t) = d + v_T t$ em que $v_A > v_T$, hipótese presente no enunciado; onde $s_A(t)$ é a posição no instante t de Aquiles e $s_T(t)$ é a posição no instante t da Tartaruga. O gráfico 1 abaixo mostra a movimentação dos corredores:

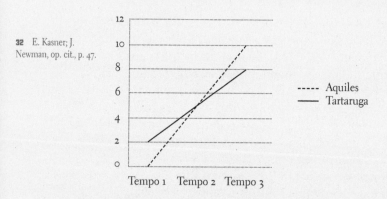

[32] E. Kasner; J. Newman, op. cit., p. 47.

Gráfico 1: Aquiles x Tartaruga

O Tempo 1 mostra a posição inicial da Tartaruga e de Aquiles, e observamos que a Tartaruga está um pouco à frente de Aquiles. No Tempo 2, Aquiles e a Tartaruga se encontram na mesma posição, e, no Tempo 3, Aquiles ultrapassa a Tartaruga.

O aparente paradoxo fica esclarecido com o gráfico, já que Aquiles irá ultrapassar a Tartaruga. Porém, parece verdadeira a afirmação que diz que se observarmos os corredores no momento inicial da corrida e, depois, quando Aquiles atinge a posição inicial da Tartaruga e, logo em seguida, quando atinge a posição da Tartaruga num próximo instante, então em cada observação a Tartaruga irá se locomover um pouco mais, o que deixa sempre Aquiles atrás. Isso se reduz ao dizer paradoxal proposto por Zenão de que o movimento é impossível, ou seja, é impossível cobrir qualquer distância. O livro *Matemática e Imaginação* assim apresenta o problema: "O argumento: primeiro, metade da distância deve ser atravessada; depois, metade da distância restante; depois, metade da que falta, e assim por diante."[32]

As sucessivas distâncias a cobrir formam uma série geométrica infinita, sendo cada termo a metade do antecedente. Embora esta série tenha um número infinito de termos, sua soma é finita e igual a 1:

$$\frac{1}{2}+\frac{1}{4}+\frac{1}{8}+\frac{1}{16}+\frac{1}{32}+\ldots$$

$$\sum_{n=1}^{\infty}+\frac{1}{2^n}=1$$

Temos aqui uma série geométrica com razão $|r|<1$, o que a torna convergente; sua soma é dada pela fórmula: $\sum_{n=1}^{\infty} ar^{n-1} = \frac{a}{1-r}$, na qual a é o primeiro termo da série; logo $a = \frac{1}{2}$ e $r = \frac{1}{2}$ e a sua soma é 1.

[33] J.L. Borges, Discussão, Obras Completas I, p. 264-265.
[34] Apud E. Kasner; J. Newman, op. cit., p. 188.

Aí está o erro de Zenão: supor que o total composto de um número infinito de partes deva, ele também, ser infinito. Ao contrário, essa série geométrica de termos infinitos tem um total finito igual a 1.

Para Borges, a refutação do paradoxo de Zenão mais convincente é a de Russell, sobre o que escreve em *Discussão*:

> Aporto, por eliminação, à única refutação que conheço, à única de inspiração condigna do original, virtude que a estética da inteligência está reclamando. É a formulada por Russell. [...] As explicações de Russell (escreve) eludem a verdadeira dificuldade, que diz respeito à categoria crescente do infinito, não à categoria estável, que é a única que ele considera, quando pressupõe que a corrida foi realizada e o problema é o de equilibrar os trajetos. Por outro lado, não são necessários dois: o trajeto de cada um dos corredores ou o mero lapso de tempo vazio implica a dificuldade, que é a de alcançar uma meta quando um intervalo prévio continua se apresentando a cada instante, obstruindo o caminho.[33]

O paradoxo de Zenão foi tratado por Borges dessa forma em alguns de seus contos. Em *Matemática e Imaginação*, a maioria dos paradoxos é tratada no capítulo VI, que começa com uma citação de W.S. Gilbert: "Como são curiosos os meios dos paradoxos – como zombam alegremente do bom senso."[34]

Essa zombaria, presente em Borges, revela o grande paradoxo: a existência de paradoxos na matemática. Segundo Kasner e Newman, há na matemática três tipos distintos de paradoxos: as proposições contraditórias e absurdas, que surgem de raciocínios falsos; os teoremas que parecem estranhos e incríveis, mas que, por serem logicamente inatacáveis, têm que ser aceitos mesmo que transcendam a intuição e a imaginação (muitas vezes falhas); e os paradoxos lógicos (os mais importantes), que aparecem em ligação com a teoria de conjuntos e que resultaram num exame detalhado dos fundamentos da matemática. Esses últimos são os mais trabalhados por Borges.

Os paradoxos lógicos tiveram seus precursores na Antiguidade. Os gregos, ocupando-se da filosofia e dos fundamentos da lógica, formulavam algumas adivinhações lógicas que, tempos depois, afligiram os matemáticos e filósofos. Os sofistas eram especialistas em formular perguntas para confundir seus oponentes em debates e, com a Lógica clássica de Aristóteles, que é válida em muitos casos até hoje, os sofistas foram combatidos. Porém, os enigmas perturbadores que se mantiveram durante muito tempo, e fazem parte dos problemas ficcionais de Borges, são o que Kasner e Newman denominaram como "o círculo vicioso da fantasia", que se deve "ao esquecimento do princípio fundamental de que o que se refere a um todo não pode, ele mesmo, ser parte desse todo"[35]. Todos eles podem ser expressos pelo paradoxo de Russell, apresentado anteriormente, e como Borges escreve em "Discussão": "Há versões quase inumeráveis que não variam de método, mas de protagonistas e de fábula."[36]

Em relação à criatividade, à estratégia de construção dos contos e à lenta aparição dos paradoxos e sua subversão em Borges, Hayles escreve:

> Borges é o primeiro autor desse estudo que, conscientemente, quer explorar ao invés de suprimir essas incoerências, porque pretende usá-las para revelar a ficcionalidade essencial do modelo. Sua intenção é, portanto, subversiva. Sua estratégia é a sedução, progredindo para essa revelação através de etapas aparentemente inócuas. O primeiro passo em sua estratégia é transformar uma continuidade em uma sucessão de pontos, e sugerir que esses pontos formem uma sequência; segue-se a insinuação de que a

[35] Ibidem, p. 206.
[36] J.L. Borges, Discussão, *Obras Completas I*, p. 299.

sequência avança para além do término previsto levando até o infinito; então a sequência é dobrada sobre si mesma, para que o fechamento se torne impossível devido ao interminável, circulando paradoxalmente em um sistema autorreferencial. Essa estratégia complexa (que não pode aparecer totalmente em qualquer história) tem o efeito de dissolver a relação da história com a realidade, de modo que a história se torne um objeto autônomo existente independentemente de qualquer realidade. O passo final é sugerir que o nosso mundo, como a ficção, é uma entidade independente, cuja ligação com a realidade é problemática ou inexistente.[37]

[37] K. Hayles, *The Cosmic Web*, p. 143.

Hayles havia estudado outros autores, como Nabokov, Pynchon, D.H. Lawrence e Pirsig, que tentavam suprimir o paradoxo e os problemas por ele ocasionados, a fim de não criar problemas nem para o escritor nem para o leitor. Borges faz justamente o contrário: ele conduz o leitor ao paradoxo, lentamente constrói uma sequência e leva essa sequência até o infinito. Além disso, elabora uma escrita autorreferente e circular, que também leva, ela própria, a paradoxos e problemas. A questão central em Borges é que esses problemas engrandecem sua ficção e sua leitura do *nosso mundo*.

Cabe ressaltar, entretanto, que apesar de os paradoxos terem sido importantes para o avanço da matemática na primeira metade do século XX, na maioria das vezes não são estudados pelos matemáticos profissionais:

> Embora seja verdade que a existência desses paradoxos, e o desejo de resolvê-los, tenha conduzido, na primeira metade do século XX, a interessantes e importantes resultados matemáticos, seria uma distorção afirmar que esse é o tópico mais importante da matemática contemporânea. De forma alguma: ele é outro das muitas áreas de pesquisa em que grandes avanços foram alcançados no século findo. Não há dúvida de que a maioria esmagadora dos matemáticos não conhece a fundo e nem se interessa profissionalmente pelos problemas de autorreferência, uma vez que, da mesma forma, não conhece ou não é profissionalmente interessado (simplesmente por falta de tempo) pelos problemas que estão sendo investigados em ramos da

matemática para além dos três ou quatro com os quais ele ou ela ocupam seu cotidiano.[38]

O Tamanho da Biblioteca de Babel[39]

Aplicando a combinatória, recurso bastante conhecido pelo Oulipo e por Perec, no conto "A Biblioteca de Babel", podemos mostrar matematicamente o tamanho gigantesco dessa biblioteca. Assim escreve Borges: "cada livro é de quatrocentas e dez páginas; cada página, de quarenta linhas; cada linha, de umas oitenta letras de cor preta. Também há letras no dorso de cada livro; essas letras não indicam ou prefiguram o que dirão as páginas".[40]

A partir dessas linhas, concluímos que cada livro contém $410 \times 40 \times 80 = 1.312.000$ símbolos ortográficos e, a partir disso, podemos considerar um livro consistindo de 1.312.000 espaços para serem preenchidos por símbolos ortográficos:

> *O número de símbolos ortográficos é vinte e cinco*. Essa comprovação permitiu, depois de trezentos anos, formular uma teoria geral da Biblioteca e resolver satisfatoriamente o problema que nenhuma conjetura decifrara: a natureza disforme e caótica de quase todos os livros. [...] Há quinhentos anos, o chefe de um hexágono superior deparou com um livro tão confuso como os outros, porém que possuía quase duas folhas de linhas homogêneas. Mostrou seu achado a um decifrador ambulante, que lhe disse que estavam redigidas em português; outros lhe afirmaram que em ídiche. Antes de um século pôde ser estabelecido o idioma: um dialeto samoiedo-lituano do guarani, com inflexões de árabe clássico. Também decifrou-se o conteúdo: noções de análise combinatória, ilustradas por exemplos de variantes com repetição ilimitada. Esses exemplos permitiram que um bibliotecário de gênio descobrisse a lei fundamental da Biblioteca. Esse pensador observou que todos os livros, por diversos que sejam, constam de elementos iguais: o espaço, o ponto, a vírgula, as vinte e duas letras do alfabeto. Também

[38] L. Corry, Algunas Ideas Científicas en la Obra de Borges y su Contexto Histórico, em M. Solotorevsky, R. Fine (eds.), op. cit., p. 12.
[39] De acordo com o estudo e o livro de W.G. Bloch, op. cit.
[40] J.L. Borges, A Biblioteca de Babel, *Obras Completas I*, p. 517.

alegou um fato que todos os viajantes confirmaram: "Não há, na vasta Biblioteca, dois livros idênticos." Dessas premissas incontrovertíveis deduziu que a Biblioteca é total e que suas prateleiras registram todas as possíveis combinações dos vinte e tantos símbolos ortográficos (número, ainda que vastíssimo, não infinito), ou seja, tudo o que é dado expressar: em todos os idiomas. Tudo: a história minuciosa do futuro, as autobiografias dos arcanjos, o catálogo fiel da Biblioteca, milhares e milhares de catálogos falsos, a demonstração da falácia desses catálogos, a demonstração da falácia do catálogo verdadeiro, o evangelho gnóstico de Basilides, o comentário desse evangelho, o comentário do comentário desse evangelho, o relato verídico de tua morte, a versão de cada livro em todas as línguas, as interpelações de cada livro em todos os livros; o tratado que Beda pôde escrever (e não escreveu) sobre a mitologia dos saxões, os livros perdidos de Tácito.[41]

[41] Ibidem, p. 518-519.

Poderíamos projetar o número de livros distintos presentes nessa fantástica biblioteca? Temos então que cada livro possui 1.312.000 espaços, cada um deles passível de ser preenchido por 25 símbolos ortográficos variantes com repetição ilimitada, ou seja, há 25 maneiras de se preencher um espaço; $25 \times 25 = 25^2$ de preencher dois espaços; e assim por diante até $25^{1312000}$, que é aproximadamente igual a $10^{1834097}$ distintos livros na biblioteca.

Entender o tamanho dessa biblioteca requer algumas aproximações e especulações. Será que o universo, apesar de *prometer* o infinito, poderia comportar uma biblioteca tão incrivelmente grande? As pesquisas mais atuais dizem que o tamanho do universo seria em torno de $1,5 \times 10^{26}$ metros. Para simplificar os cálculos, podemos considerar que tenha aproximadamente a ordem de grandeza 10^{27}, sendo um cubo de aresta 10^{27}m e, portanto, com volume (V^3) 10^{81}m³. Assumindo que podemos colocar mil livros num metro cúbico, teríamos um universo somente de livros da ordem de grandeza igual a $10^{81} \times 10^3 = 10^{84}$ livros. Logo, se compararmos o tamanho da biblioteca de Borges a um universo repleto de livros, a biblioteca de Borges seria ainda muito maior. Mesmo se considerarmos os livros tão pequenos quanto os grãos de areia, teríamos, aproximadamente, 10^9 (um bilhão) de grãos de areia por metro cúbico do universo e, multiplicando, $10^{81} \times 10^9 = 10^{90}$, o que seria ainda muito pouco para a biblioteca de Borges[42].

Uma citação de Arquimedes presente em *Matemática e Imaginação* mostra imagens que comparam grandezas, como fizemos com "A Biblioteca de Babel", e indica que, muitas vezes, por nossas limitações humanas (a mortalidade, por exemplo, assunto tratado por Borges), números muito grandes podem ser considerados infinitos:

[42] De acordo com os cálculos realizados por W.G. Bloch, op. cit.
[43] Arquimedes, apud E. Kasner; J. Newman, op. cit., p. 44.

> Há pessoas, rei Gélon, que pensam que o número de areia é infinito; e quando falo de areia, não me refiro à existência em Siracusa e no resto da Sicília, mas, também, à que se encontra em todas as regiões, habitadas ou não. E ainda há outros que, sem considerá-lo infinito, julgam que ainda não tem nome o número que seja bastante grande para exceder a quantidade de areia. E está claro que aqueles que mantêm esse ponto de vista, se imaginassem uma massa feita de areia, e em todos os outros respeitos, tão grande quanto a massa Terra, cheia até uma altura igual à da mais alta das montanhas, ficariam muitas vezes longe de reconhecer que se pode expressar qualquer número que exceda a quantidade de areia assim empregada. Mas tentarei mostrar-lhe, por meio de provas geométricas, que poderá acompanhar, que, dos números mencionados por mim e constantes do trabalho que enviei a Zeuxipo, alguns excedam não só o número da massa de areia, igual em grandeza à Terra cheia do modo que descrevi, mas, também, o de uma massa igual, em grandeza, ao universo.[43]

O número sugerido, incrivelmente grande, é o Googol (10^{100}), um número maior que a quantidade de grãos de areia presentes no universo, mas que ainda é muito pequeno se comparado à biblioteca imaginada por Borges. Temos também o Googolplex que equivale a 10^{googol}, ou seja, $10^{10000000000000000000000000000000000000000000000000000000000000000000000000000000000000000000000000000}$, esse sim um número bem maior que o da biblioteca borgiana. É importante ressaltar que mesmo o Googolplex é ainda um número finito, apesar de muito grande, e que não pode ser comparado ao *álef*.

Outra característica da biblioteca de Borges é a utilização do hexágono, um polígono regular de seis lados que está mais próximo do círculo (da perfeição) do que, por exemplo, o triângulo ou o quadrado[44]. Sabendo que um círculo pode ser considerado um polígono com infinitos lados, Borges cria a imagem de infinitos hexágonos refletidos em espelhos, que prometem o infinito já que de qualquer hexágono poderíamos ver os outros hexágonos indefinidamente: "A Biblioteca é uma esfera cujo centro cabal é qualquer hexágono, cuja circunferência é inacessível."[45]

Assim, "A Biblioteca de Babel" é de um tamanho gigantesco e qualquer ser vivo poderia especular sua infinidade, já que nunca conseguirá percorrer todos os livros. Porém, no fim do conto, Borges especula a existência de um livro infinito no qual caberiam todos os livros da biblioteca, apresentando um conceito que pode ser comparado aos presentes nos contos "O Livro de Areia" e "O Aleph".

[44] F. Joly, Borges, La Bibliothèque de Babel. *Tangente*, n. 28, p. 44-49.
[45] J.L. Borges, A Biblioteca de Babel, *Obras Completas I*, p. 517.

A Enumeração em "O Livro de Areia" e "O Aleph"

O conjunto dos números racionais é o conjunto de números que pode ser expresso na forma de fração $\frac{p}{q}$, tal que p pode ser qualquer número inteiro e q pertence ao conjunto dos números inteiros, mas não pode ser 0. Uma propriedade interessante desses números é que entre eles sempre existe um outro número; por exemplo, sempre podemos dividir esse número por 2 de modo que, se quisermos saltar do 0 para o primeiro número racional, nunca poderemos encontrar esse número, pois já há sempre um outro no meio deles. Essa é exatamente a propriedade presente em "O Livro de Areia". Podemos enumerar todas as frações conforme a figura 5.

Já que as frações são definidas por numerador (p) e denominador ($q \neq 0$), ambos números naturais, apresentamos todos os números racionais positivos na imagem acima, sendo que o mesmo será válido para os negativos. Na primeira linha, temos todas as frações de numerador 1, na segunda linha, todas as que têm numerador 2 e assim por diante. Dessa forma, alguns números se repetem, por exemplo, $\frac{1}{1}$ é igual a $\frac{2}{2}$, motivo pelo qual os eliminamos. Para provar que existem

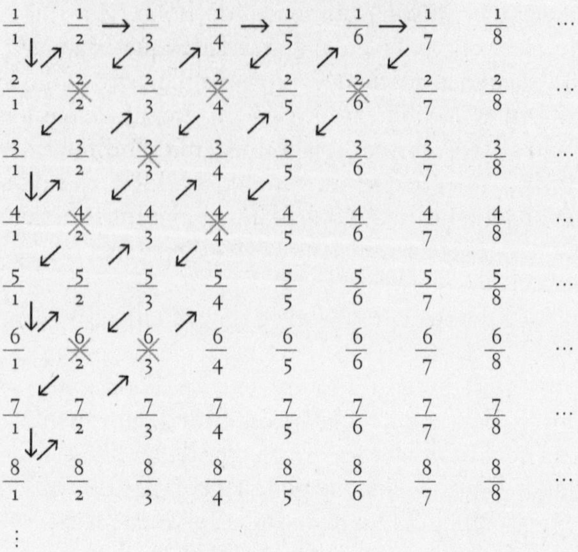

$$\begin{array}{cccccccc}
\frac{1}{1} & \frac{1}{2} & \frac{1}{3} & \frac{1}{4} & \frac{1}{5} & \frac{1}{6} & \frac{1}{7} & \frac{1}{8} \cdots \\
\frac{2}{1} & \frac{2}{2} & \frac{2}{3} & \frac{2}{4} & \frac{2}{5} & \frac{2}{6} & \frac{2}{7} & \frac{2}{8} \cdots \\
\frac{3}{1} & \frac{3}{2} & \frac{3}{3} & \frac{3}{4} & \frac{3}{5} & \frac{3}{6} & \frac{3}{7} & \frac{3}{8} \cdots \\
\frac{4}{1} & \frac{4}{2} & \frac{4}{3} & \frac{4}{4} & \frac{4}{5} & \frac{4}{6} & \frac{4}{7} & \frac{4}{8} \cdots \\
\frac{5}{1} & \frac{5}{2} & \frac{5}{3} & \frac{5}{4} & \frac{5}{5} & \frac{5}{6} & \frac{5}{7} & \frac{5}{8} \cdots \\
\frac{6}{1} & \frac{6}{2} & \frac{6}{3} & \frac{6}{4} & \frac{6}{5} & \frac{6}{6} & \frac{6}{7} & \frac{6}{8} \cdots \\
\frac{7}{1} & \frac{7}{2} & \frac{7}{3} & \frac{7}{4} & \frac{7}{5} & \frac{7}{6} & \frac{7}{7} & \frac{7}{8} \cdots \\
\frac{8}{1} & \frac{8}{2} & \frac{8}{3} & \frac{8}{4} & \frac{8}{5} & \frac{8}{6} & \frac{8}{7} & \frac{8}{8} \cdots \\
\end{array}$$

Figura 5: Diagonal de Cantor

tantos números racionais quanto números naturais, bastaria relacionar a cada número racional um número natural. Assim, seguindo as setas, temos essa enumeração da seguinte forma:

a. a fração $\frac{1}{1}$ corresponde ao número 1;

b. a fração $\frac{2}{2}$ corresponde ao número 2;

c. a fração $\frac{3}{3}$ corresponde ao número 3;

d. a fração $\frac{4}{4}$ corresponde ao número 4, e assim por diante.

Assim, mostramos que, apesar de infinito, o tamanho desse infinito no conjunto dos números racionais é o mesmo que no conjunto dos números naturais, apesar de os naturais serem um subjconjunto dos racionais. Como essa enumeração pode ser feita até o infinito, dizemos que o conjunto dos números racionais é enumerável e tem cardinalidade $\aleph_0$, assim como propôs Cantor. Os números transfinitos formam uma hierarquia de *álefs*: $\aleph_0, \aleph_1, \aleph_2,$ $\aleph_3, \ldots$ sendo que o $\aleph_1$ é o conjunto das partes dos números naturais e tem mais elementos que o conjunto dos números naturais, ou seja, que $\aleph_0$. É importante notar que a aritmética dos *álefs* é diferente da dos inteiros finitos. Assim, propriedades como a adição e a multiplicação se comportariam diferentemente. Por exemplo:

$$\aleph_0 + 1 = \aleph_0$$
$$\aleph_0 + googol = \aleph_0$$
$$\aleph_0 + \aleph_0 = \aleph_0$$
$$1 \times \aleph_0 = \aleph_0$$
$$2 \times \aleph_0 = \aleph_0$$
$$n \times \aleph_0 = \aleph_0$$

O que muda com Cantor é a ideia aristotélica de que o infinito seria simplesmente os números inimaginavelmente grandes. Ele afirma que os conjuntos infinitos são entidades matemáticas legítimas, e que é possível provar que alguns infinitos são, de fato, maiores que outros. Através da aplicação dos conceitos de Cantor, Borges mostra que "não apenas entendeu o essencial do método de Cantor, mas também o valorizou, levando-o diretamente à descoberta de paradoxos autorreferentes".[46]

46 K. Hayles, op. cit., p. 142.

"O Livro de Areia" segue a enumeração do conjunto dos números racionais, conceitos também presentes em *Matemática e Imaginação*, assim como os números transfinitos que serão utilizados em "O Aleph". Já em "A Biblioteca de Babel", o livro infinito que conteria todos os livros da biblioteca é, também, enumerável.

Os Sistemas de Numeração de "John Wilkins", "Pierre Menard" e "Tlön"

Em "O Idioma Analítico de John Wilkins" Borges escreve:

> Descartes, numa epístola datada de novembro de 1629, já tinha assinalado que, mediante um sistema decimal de numeração, num único dia podemos aprender a numerar todas as quantidades até o infinito e a escrevê-la num idioma novo que é dos algarismos [...] [*Em nota se acrescenta*: Teoricamente, o número de sistemas de enumeração é ilimitado. O mais complexo (para o uso das divindades e dos anjos) registraria um número infinito

de símbolos, um para cada inteiro; o mais simples só requer dois: o Zero se escreve 0, um 1, dois 10, três 11, quatro 100, cinco 101, seis 110, sete 111, oito 1000, nove 1001... É a invenção de Leibniz estimulado (ao que parece) pelos hexagramas enigmáticos do *I Ching*.][47]

Aqui Borges fala sobre os sistemas de numeração e apresenta o sistema binário, usado na Ciência da Computação, e que tem o mesmo "poder" que qualquer outro sistema de enumeração. O cálculo na computação é feito através da *álgebra booleana* (de George Boole, matemático inglês), que permite fazer operações lógicas e aritméticas usando apenas dois dígitos ou dois estados (sim e não, falso e verdadeiro, tudo ou nada, 1 ou 0, ligado e desligado). Em "Pierre Menard, Autor do Quixote", Borges também faz referência à Boole: "h) Os rascunhos de uma monografia sobre lógica simbólica de George Boole".[48]

Os símbolos mais utilizados no sistema binário são 1 e 0. A lógica aristotélica utilizou os símbolos V e F e, a partir deles, construiu as tabelas-verdade criando, inicialmente, o Cálculo Proposicional. Muitos problemas podem ser resolvidos utilizando as tabelas-verdade e seus conectivos lógicos; porém, alguns paradoxos também podem ser criados a partir delas. Perec, nos livros *Jeux intéressants* e *Nouveaux jeux intéressants*, também trabalha com alguns jogos lógicos que podem ser resolvidos e entendidos se conhecermos um pouco de lógica proposicional. No livro *La Littérature potentielle*, encontramos também os "Poèmes Booléens" e o "Théâtre Booléen", que aplicam a álgebra de Boole na estrutura de seus textos.[49] Os Teoremas da Incompletude de Gödel também utilizam essas estruturas, além do cálculo de predicados.

A seguir são apresentadas as principais tabelas-verdade:
a. Negação: Como só existem dois valores, a negação (~) é justamente o outro valor.

[47] J.L. Borges, O Idioma Analítico de John Wilkins, *Obras Completas* II, p. 93.
[48] Idem, Pierre Menard, Autor do Quixote, *Obras Completas* I, p. 491.
[49] Oulipo, *La Littérature potentielle*, p. 258, 264.

p	~p
V	F
F	V

b. Conjunção (*e* ∧): Para que uma sentença seja verdadeira, é necessário que as duas proposições p *e* q sejam verdadeiras.

p	q	p ∧ q
V	V	V
V	F	F
F	V	F
F	F	F

c. Disjunção (*ou* ∨): Para que uma sentença seja verdadeira, basta que a proposição p *ou* a proposição q sejam verdadeiras.

p	q	p ∨ q
V	V	V
V	F	V
F	V	V
F	F	F

d. Implicação (→ *se ... então*): *Se* a partir de uma proposição p, verdadeira, chega-se numa proposição q falsa, *então* têm-se uma falsidade na sentença.

p	q	p → q
V	V	V
V	F	F
F	V	V
F	F	V

Apesar de Borges não ter trabalhado explicitamente com as tabelas-verdade, todo o raciocínio aristotélico baseou-se nessa tentativa de mapear o pensamento através dos conectivos lógicos e da lógica proposicional. Isso nos levou aos paradoxos p∧(~p) utilizados por Borges para construir seus contos:

> Os melhores contos conhecidos de Borges, particularmente aqueles presentes em *Ficções* e *O Aleph and Other Stories*, mostram a estratégia em forma de protótipo. Apesar de escreverem sempre sobre esses contos, o papel das sequências infinitas não é geralmente reconhecido. A omissão é ainda mais surpreendente, já que o trabalho de Borges é tão repetitivo: os mesmos temas, ideias e paradoxos são recorrentes.[50]

Assim é a obra de Borges: ele trabalha os mesmos conceitos, variando-os e criando diferentes aproximações, diferentes visões e problematizações dos paradoxos e da matemática, aumentando as possibilidades de leitura de suas obras. Assim, quanto mais conhecimento tiverem da matemática utilizada, mais possibilidades de leitura surgirão para os leitores de Borges.

Em "Tlön, Uqbar, Orbis Tertius", apesar de apresentar outros conceitos matemáticos, o autor tem como objetivo alcançar as mesmas problematizações de outros contos. Já no começo do texto, Borges escreve "que os espelhos e a cópula são abomináveis, porque multiplicam o número de homens"[51], predizendo a utilização de séries infinitas num mundo especular. E continua:

> Recordo-o no corredor do hotel, com um livro de matemática na mão, contemplando, às vezes, as cores irrecuperáveis do céu. Uma tarde falamos do sistema duodecimal de numeração (no qual doze se escreve 10). Ashe disse que precisamente estava trasladando não sei que tabelas duodecimais a sexagemais (nas quais sessenta se escreve 10).[52]

Após ter utilizado os sistemas binário e decimal quando falou sobre a álgebra de Boole, Borges apresenta outros dois sistemas: o duodecimal e o sexagemal. Apesar de parecer estranho e diferente, Borges utiliza essa técnica como recurso ficcional para a construção de um mundo alternativo, especular, aparentemente diferente do nosso. Porém, mesmo com essa diferença entre mundos, um pode

[50] K. Hayles, op. cit., p. 143.
[51] J.L. Borges, Tlön, Uqbar, Orbis Tertius, *Obras Completas I*, p. 475.
[52] Ibidem, p. 478.

ser reduzido ao outro, assim como todos os sistemas de numeração utilizados por Borges (binário, decimal, duodecimal e sexagemal) podem ser reduzidos a um apenas, com o mesmo poder matemático. Esse argumento também foi utilizado na apresentação do livro com páginas infinitas ("O Livro de Areia") para representar toda "A Biblioteca de Babel" e reduzi-la a um só volume.

As metamorfoses do texto borgiano conduzem também às recursividades e paradoxos trabalhados por Borges, conforme Hayles:

> No mundo que já foi uma vez Tlön e agora é uma sociedade materialista, um texto variante aparece em alusão a uma região misteriosa, onde qualquer outra filosofia, exceto idealismo, é inconcebível. A sequência, portanto, implica que o mundo torna-se outro e, cada um chamando um mundo oposto até a penúltima sequência que nunca termina. O texto se metamorfoseia em contexto, o contexto em texto, texto em contexto, em um Estranho Ciclo que faz com que a distinção entre "ficção" e "realidade" seja uma questão indecidível.[53]

[53] K. Hayles, op. cit., p. 146.

Através do recurso matemático dos sistemas de numeração presentes em "Tlön, Uqbar, Orbis Tertius", no qual Tlön apresenta um sistema duodecimal, enquanto o "nosso mundo" tem o sistema decimal, um mundo poderia se tornar o outro através do paradoxo das nove moedas. Assim, o penúltimo termo do sistema duodecimal (onze) se tornaria o penúltimo termo do sistema decimal (nove) e, atingida essa nova configuração, mais uma vez teríamos o paradoxo das nove moedas, construindo assim um ciclo (*loop*) infinito:

> Terça-feira, x atravessa um caminho deserto e perde nove moedas de cobre. Quinta-feira, y encontra no caminho quatro moedas, um pouco enferrujadas pela chuva de quarta-feira. Sexta-feira, z descobre três moedas no caminho. Sexta-feira de manhã, x encontra duas moedas no corredor de sua casa. O heresiarca queria deduzir desta história a realidade – *id est*, a continuidade – das nove moedas recuperadas. É absurdo (afirmava) imaginar que quatro das moedas não existiram entre terça e quinta-feira, três entre terça-feira e a tarde de sexta-feira, duas entre terça-feira e a madrugada de sexta-feira. É lógico

pensar que existiram – ainda que de algum modo secreto de compreensão vedada aos homens – em todos os momentos desses três prazos.⁵⁴

Jaime Alazraki sugere que haja uma relação entre os quarenta volumes de A Primeira Enciclopédia de Tlön e a Enciclopédia Britânica, já que a de Tlön foi criada por uma sociedade secreta de geógrafos, químicos, artistas e algebristas, assim como as enciclopédias do "nosso mundo" foram escritas, também, por químicos, geógrafos, artistas e algebristas. Dessa maneira, Borges recria e joga com o que é de fato realidade e ficção.⁵⁵

Como dissemos, Borges utilizou bastante os conceitos de infinito antes mesmo de conhecer o livro Matemática e Imaginação. Outro livro muito importante que serve para corroborar a ideia de regressões infinitas, presentes também em "Tlön, Uqbar, Orbis Tertius", é por ele apresentado em sua Biblioteca Pessoal: "J.W. Dunne: Uma Experiência Com o Tempo".⁵⁶

Dunne nasceu na Irlanda, em 1875, e morreu na Inglaterra, em 1949. Lutou na guerra dos Boers e sua principal tarefa militar foi como engenheiro aeronáutico. Além disso, tinha interesse por vários outros campos do conhecimento: construção de aviões, pesca, produção de textos de literatura infantil e de filosofia, nos quais defende a realidade dos sonhos premonitórios e a concepção de uma possível imortalidade. Apesar dessa via um pouco *esotérica*, Dunne apresentava suas teorias de forma séria e coerente, de maneira fiel aos fatos. A primeira referência de Borges a Dunne se dá em 1937, em El Hogar, e pode ser verificada também em: "'I Have Been Here Before', resenha presente no El Hogar; 'J.W. Dunne y la eternidad', em Sur; 'El tiempo y J.W. Dunne', em Sur; 'Gerald Heard, Pain, Sex and Time', em Sur."⁵⁷

Para Borges, "a profusão de diagramas, de equações e de itálicos ajudava-nos a supor que assistíamos a um processo dialético rigoroso"⁵⁸. Apesar de suas inúmeras referências a vários conceitos dos livros de Dunne, nos interessam aqui suas referências à regressão infinita, conforme o escritor argentino pontua em Outras Inquisições:

---

54 J.L. Borges, Tlön, Uqbar, Orbis Tertius, Obras Completas I, p. 482-483.
55 J. Alazraki, Tlön y Asterion, em J. Alazraki (ed.), Jorge Luis Borges.
56 J.L. Borges, J.W. Dunne, Obras Completas IV, p. 622.
57 M. Camurati, Los "Raros" de Borges, p. 178.
58 J.L. Borges, J.W. Dunne e a Eternidade, Obras Completas IV, p. 465.

No número 63 da revista *Sur* (dezembro de 1939) publiquei uma pré-história, uma primeira história rudimentar, da regressão finita. Nem todas as omissões desse esboço eram involuntárias: excluí deliberadamente a menção a J.W. Dunne, que extraiu do interminável *regressus* uma doutrina bastante assombrosa do sujeito e do tempo. A discussão (a mera exposição) de sua tese teria excedido os limites dessa nota. Sua complexidade requeria um artigo independente: este que agora ensaiarei.[59]

Em *The Mystery to a Solution: Poe, Borges, and the Analytic Detective Story*, John T. Irwin afirma que os paradoxos de autorreferência e autoconsciência absoluta que estão na base dos relatos policiais de Poe se repetem na obra de Borges. A esse respeito se posiciona Camurati:

[59] Idem, *Outras Inquisições, Obras Completas* II, p. 23.
[60] M. Camurati, op. cit., p. 190.

> É interessante destacar que Irwin se refere à regressão infinita e à progressão infinita, termos que significam literalmente retrocesso, ação de voltar; e progresso, ação de ir. Logicamente, segundo o contexto em que esses termos aparecem, seu significado pode ser mais preciso ou mais diversificado. Por exemplo, em matemática, falamos de uma progressão aritmética e progressão geométrica, conceitos que Irwin comenta quando transcreve e explica o que Borges marcou em uma página de "Avatares da Tartaruga".[60]

Como destacado por Irwin, Borges realmente faz referência a esses conceitos matemáticos com o intuito de aplicá-los em suas ficções, escrevendo em "Discussão":

> No Parmênides – cujo caráter zenoniano é irrecusável – Platão expõe um argumento muito parecido para demonstrar que o um é realmente muitos. Se o um existe, participa do ser; por conseguinte, há nele duas partes, que são o ser e o um, mas cada uma dessas partes é uma e é, de modo que encerra outras duas, que também encerram outras duas: infinitamente. Russell [...] substitui a progressão geométrica de Platão por uma progressão aritmética. Se o um existe, o um participa do ser, mas como são diferentes o ser e o um, existe o dois, mas como são diferentes

o ser e o dois, existe o três etc. Chuang Tzu [...] recorre ao mesmo interminável *regressus* contra os monistas que declaravam que as Dez Mil Coisas (o Universo) são uma só. Em todo caso – alega – a unidade cósmica e a declaração dessa unidade já são duas coisas: essas duas e a declaração de sua dualidade já são três; essas três e a declaração de sua trindade já são quatro... Russell opina que a imprecisão do termo ser basta para invalidar o raciocínio. Acrescenta que os números não existem, que são meras ficções lógicas.[61]

Assim podemos comprovar os conceitos matemáticos que de fato estavam presentes na mente de Borges e como ele os usou.

[61] J.L. Borges, Discussão, *Obras Completas* I, p. 275.
[62] Idem, O Conto Policial, *Obras Completas* IV, p. 220.
[63] Terceira letra do alfabeto judaico.

Recursos Lógicos e Matemáticos em "A Morte e a Bússola"

A ligação entre a matemática, os contos policiais e a Cabala é aqui fornecida de forma ficcional por Borges. Conto rico em referências literárias e problemas cabalísticos, como o nome secreto de Deus e os guetos judeus, "A Morte e a Bússola" é também um *thriller* policial em que o investigador encontra-se sempre a um passo do crime e do criminoso, seguindo constantemente sua linha de raciocínio e prevendo os acontecimentos – como em "Assassinatos na Rua Morgue", de Edgar Allan Poe – e, ainda, mais um dos muitos labirintos borgianos. Borges considera que o arquétipo do conto policial é uma criação de Poe, a quem atribui não só o nascimento do primeiro detetive da história da literatura, Auguste Dupin, como do próprio leitor de ficção policial: "Nós, ao lermos uma novela policial, somos uma invenção de E.A. Poe."[62] Outra imagem importante no conto é a da letra judaica: assim como Perec escreve em *W ou a Memória da Infância* que sua letra judaica inventada não é um *guímel*[63], é através dos corpos das vítimas encontradas que Borges constrói a letra, geometricamente, na cidade onde os crimes ocorrem, numa simetria também com o triângulo equilátero ideal.

No começo do conto, Borges apresenta os elementos constituintes do sistema que irá construir. O investigador, o criminoso e o nome da primeira vítima são colocados em jogo como peças de um tabuleiro de xadrez.[64] Os crimes são narrados e as letras do nome secreto de Deus são articuladas. O conto caminha para a solução de um enigma cabalístico; porém, em seu final, descobrimos que a Cabala foi aqui uma trapaça, tanto de Borges quanto do verdadeiro assassino. Assim, para a descoberta do local no qual vai ocorrer o último assassinato, é apresentada uma sentença que envolve a matemática, novamente através do paradoxo do movimento, e o labirinto:

> Em seu labirinto sobram três linhas a mais – disse por fim. – Eu sei de um labirinto grego que é uma linha única, reta. Nessa linha perderam-se tantos filósofos que bem pode perder-se um mero detetive.
> Quando em outro avatar você me der caça, finja (ou cometa) um crime em A, depois um segundo crime em B, a 8 quilômetros de A, depois um terceiro crime em C, a 4 quilômetros de A e de B, no meio do caminho entre os dois. Aguarde-me depois em D, a 2 quilômetros de A e de C, de novo no meio do caminho. Mate-me em D, como agora vai matar-me em Triste-le-Roy.[65]

[64] G. Martínez, op. cit.
[65] J.L. Borges, A Morte e a Bússola, *Obras Completas I*, p. 566.

Primeiramente, podemos representar graficamente esse crime em D como numa reta, fazendo a alusão ao labirinto grego da linha. Assim, caminha-se de A até B, andando uma distância de 8 km; depois, voltando 4 km, temos o ponto C, que é exatamente o ponto médio do segmento AB. Novamente, podemos traçar o ponto médio do segmento AC, encontrando o ponto D.

Borges trabalha com o paradoxo do movimento, já que cada crime é realizado no ponto médio do segmento e, assim, aplica o conceito de uma série infinita. Se não houvesse o fim dos crimes, o assassino realizaria os seus assassinatos em série, infinitamente – porém, como já discutido, com um limite. Relacionando esse conceito ao de labirinto, Borges diz que muitos filósofos se perderam nessa linha: isso se deve ao fato de que a reta possui infinitos pontos, nos quais poderíamos caminhar infinitos (porém não enumeráveis) passos. Os filósofos que fracassaram foram aqueles que não conseguiram resolver o paradoxo do movimento matematicamente. Assim escreve Merrell:

De acordo com os aspectos técnicos da filosofia eleática acerca da prosa de Borges, os paradoxos de Zenão, deve ser dito, dependem de uma progressão linear. Essa progressão é encontrada em um jogo mental criado por Borges em "A Morte e a Bússola", que culmina na conceituação unidimensional de Zenão como uma alternativa aos paradoxos do labirinto mais complexos. Nesse campo, o inspetor Lönnrot, o supercalculador, infere da leitura de textos judaicos, do número mágico e da geometria que, após o enigmático homicídio, o assassinato de um quarto é inevitável. Ele determina sua localização exata em um mapa, na Villa de Triste-le-Roy, e aparece lá no momento exato em que calculou que seria realizado o assassinato.[66]

[66] F. Merrell, op. cit., p. 46.
[67] Ibidem, p. 47.

De acordo com a citação, Borges cria uma variação do paradoxo de Zenão e estipula de modo calculado e preciso todos os passos que o detetive deve seguir para descobrir o lugar e a hora do próximo assassinato.

Outro conceito apresentado no conto é o da simetria, do mundo especular na representação de Scharlach e de Lönnrot, numa referência ao texto "O Jardim de Veredas Que Se Bifurcam", no qual são apresentados vários mundos possíveis, sendo que as personagens do assassino e da vítima em um dos mundos seriam amigos em outro. Em relação ao diálogo e aos mundos especulares possíveis, escreve Merrell:

> Scharlach, o assassino, aparece com dois acessórios. Quem desarmar e algemar Lönnrot – destina-se vítima. Então, há uma breve troca de palavras entre Lönnrot e Scharlach durante a qual esse último explica a Lönnrot o raciocínio que foi a sua própria ruína. Sua construção puramente formal, que acreditava poder resolver os assassinatos, não correspondia ao seu mundo concebido, mas a um outro mundo artificial, criado pela mente de Scharlach. Ambos os mundos são simétricos, como na Villa labiríntica. Eles espelham uns aos outros, assim como os próprios nomes dos antagonistas, Lönnrot e Scharlach. Ao término desse intercâmbio, Lönnrot evita os olhos de Scharlach, como se negasse a simetria evidenciada pela presença dos dois homens, e, finalmente, propõe uma alternativa para o labirinto de Scharlach. "Em seu labirinto, existem três linhas de muitas".[67]

Essas dicas espectrais e de simetria, além do presumido erro de Lönnrot (ou, quem sabe, da sua adivinhação de morte), podem ser encontrados no trecho do conto abaixo transcrito:

> Vista de perto, a casa da chácara de Triste-le-Roy possuía muitas inúteis simetrias e repetições maníacas: a uma Diana glacial em nicho lôbrego correspondia em outro segundo nicho outra Diana; uma sacada refletia-se em outra sacada; duplas escalinatas abriam-se em dupla balaustrada. Um Hermes de duas caras projetava uma sombra monstruosa. Lönnrot rodeou a casa como rodeara a chácara. Tudo examinou; sob o nível do terraço viu uma estreita persiana.[68]

[68] J.L. Borges, A Morte e a Bússola, *Obras Completas* I, p. 563.
[69] F. Merrell, op. cit., p. 47.

A partir de alguns conceitos matemáticos e lógicos, Merrell relaciona esse conto a outros contos de Borges:

> Lönnrot, naturalmente, erra mais uma vez. O labirinto de Scharlach, com suas múltiplas escadas etc., é na realidade tridimensional, em vez de construído, como o labirinto convencional, ao longo de um plano bidimensional. Este labirinto confuso, alienante e maníaco, é análogo ao mundo incompreensível, indescritível, de nossa experiência sensorial em toda a sua complexidade. Em contrapartida, um paradoxo linear, como a alternativa de Lönnrot, é a simplicidade mais elegante, mas é mera ficção, um mundo mental. Apesar de sua vaga alusão ao Zenão, Lönnrot não poderia mais impedir a bala de alcançá-lo em tal labirinto, que poderia a sensibilidade de Hladik – sem a graça de Deus, devemos supor – parar o tempo durante um ano. Lönnrot ainda é um desamparado e sem esperança fundamentada, destinado a perecer em um mundo-mente dependente da sua própria criação. Por outro lado, a resposta de Scharlach revela sua confiança no seu próprio jogo mental. "A próxima vez eu te mato ... eu te prometo um labirinto, constituído de uma única linha que é invisível e incessante".[69]

Borges e a Física

Muitos artigos e alguns livros foram e são escritos a respeito das relações entre Borges e a física. Nesses textos, os escritores trabalham conceitos presentes na obra de Borges, relacionado-os a alguns conceitos da física que só viriam a surgir, cronologicamente, após a elaboração borgiana. Percebemos nesses estudos, muitas vezes, um tom premonitório, como é o caso da afirmação de Thomas P. Weissert a respeito do "O Jardim de Veredas Que Se Bifurcam": "descobriu a essência da teoria da bifurcação trinta anos antes dos cientistas a formalizarem matematicamente".[70] Merrell, mais cauteloso, argumenta que seu livro tem o objetivo de apresentar paralelos entre Borges, a matemática, a física e o pensamento oriental. Quer indicar uma intertextualidade que ultrapasse os limites da literatura, encontrando-se com a filosofia e as ciências "duras".

Nesse sentido, há uma diferença de fundo ao trabalharmos as relações entre Borges e a matemática e entre Borges e a física. Algumas ideias sugeridas nos textos que aproximam Borges e a física moderna inferem e encontram relações que não existiam *a priori*, apontando questões não pensadas anteriormente pelo escritor. Já na matemática, essas questões são conhecidas e trabalhadas conscientemente por Borges, apesar de sua limitação técnica. Esse argumento é importante e fundamental para que consideremos Borges um escritor oulipiano.

Logo, citações como a de Weissert há pouco reproduzida têm um tom diferente das citações e dos argumentos que temos apresentado ao longo dessa pesquisa:

> Em seu "Jardim", Borges faz referência a Einstein e suas teorias encontram a construção dos vários níveis de realidade narrativa dentro de um universo relativista. Além disso, ele apresenta uma narrativa labiríntica que envolve uma infinidade de perspectivas relativas. Assim, vemos a influência dos físicos modernos em suas obras. Mas sua narrativa também envolve a não linearidade e a teoria das bifurcações, similar a uma teoria formalizada e concebida pelos teóricos da Teoria

---

[70] T.P. Weissert, apud L. Corry, Algunas Ideas Científicas en la Obra de Borges y su Contexto Histórico, em M. Solotorevsky; R. Fine (eds.), op. cit., p. 27.

do Caos trinta anos após a publicação do "Jardim". Esta não linearidade implica a derrota de uma teoria totalmente abrangente em nível mundial.[71]

Nessa citação há, novamente, um vislumbre de teorias físicas que viriam a ser formalizadas trinta anos depois da publicação do conto de Borges. Podemos encontrar algumas pequenas informações da leitura de Borges acerca de Einstein, como em "Um Resumo das Doutrinas de Einstein",[72] publicado em *El Hogar*. Aqui Borges faz referência à quarta dimensão, conceito utilizado por Einstein. Escreve também sobre esse assunto no ensaio sobre Lugones, em 1955:

> Dos muitos livros que nos permitem soletrar (mesmo falsamente) as duas teorias de Albert Einstein, talvez o menos fatigante é intitulado *Relatividade e Robinson*. Como é usual em publicações como essas, o capítulo mais satisfatório é aquele que trata da quarta dimensão. Em 1921, Lugones retorna à astronomia e aos seus problemas na conferência intitulada "O Tamanho do Espaço", que é uma exposição e defesa das doutrinas de Einstein. Ninguém fala sobre Lugones sem mencionar suas muitas inconstâncias... Parece também, que em "Las Forzas Extrañas" (1906), errou ao não divulgar as duas teorias de Einstein, que ele próprio ajudou a divulgar no ano vinte quatro.[73]

[71] Idem, Representation and Bifurcation, em K. Hayles (ed.), *Chaos Bound*, p. 225.
[72] J.L. Borges, Um Resumo das Doutrinas de Einstein, *Obras Completas* IV, p. 459-460.
[73] L. Corry, Algunas Ideas Científicas en la Obra de Borges y su Contexto Histórico, em M. Solotorevsky; R. Fine (eds.), op. cit., p. 28.

Assim, mesmo estando ciente da existência da Teoria da Relatividade e de alguns conceitos físicos, Borges não os utilizou da mesma forma com que utilizou a matemática e a lógica. O mesmo podemos verificar em relação à Computação ou à Inteligência Artificial, campos nos quais também parece abusiva a declaração de que Borges os vislumbrou ou tinha conhecimentos suficientes para discuti-los. Em "A Máquina de Pensar de Raimundo Lulio", Borges dá indícios do que seria, para ele, a utilização de conceitos como os de inteligência artificial ou de física:

> A máquina de pensar não funciona. O fato é secundário para nós. Tampouco funcionam os aparelhos de moto-contínuo

> cujos desenhos dão mistério às páginas das mais efusivas enciclopédias; tampouco funcionam as teorias metafísicas e teológicas que costumam declarar quem somos e o que é o mundo. Sua pública e famosa inutilidade não diminui seu interesse. Pode ser o caso (penso eu) da inútil máquina de pensar. [...] Como instrumento de indagação filosófica, a máquina de pensar é absurda. Mas não o seria como instrumento literário e poético.[74]

Seu objetivo é criar ideias literárias e poéticas: se, de alguma forma, os conceitos da física aparecem, eles aparecem como um recurso ficcional, e não como uma premonição do que viria a ser ou do que é hoje a física moderna.

No livro *Borges Científico: Cuatro Estúdios*, encontram-se dois textos de doutores em Física. Num deles, "Borges y Einstein, en la Fantasía y en Ciencia", Mario Bunge traça um paralelo entre as inovações de Borges e Einstein, não com a intenção de atribuir a Borges características proféticas, mas sim de comparar o gênio matemático e lógico de Einstein à criação rigorosa, coerente e bem estruturada de Borges:

> Enquanto as invenções são fantásticas, as de Einstein são controladas pela matemática e pelo experimento. Enquanto Borges brinca com *puzzles* e escreve como se soubessem escrever os anjos, Einstein trabalha os problemas científicos mais graves do seu tempo. Enquanto um parece querer fugir do mundo, o outro procura compreendê-lo. Mas, enquanto existem diferenças tão claras como importantes, há também semelhanças igualmente importantes, embora menos evidentes. Ambos gozam da fantasia, inteligência, coerência e elegância. Fantasia, ou seja, a criação de imagens ou conceitos que vão além dos dados empíricos. Gênio, ou seja, a capacidade de propor novas soluções. Coerência, ou seja, sujeitos à lógica. E elegância, ou seja, a potência sugestiva ou dedutiva, a simplicidade resultante de longas revisões e a pureza formal, linguística em um caso e matemática em outro.[75]

[74] J.L. Borges, A Máquina de Pensar de Raimundo Lulio, *Obras Completas* IV, p. 369, 373.
[75] M. Bunge, Borges y Einstein, en la Fantasía y en Ciencia, em Bunge et al., *Borges Científico*, p. 10.

Já no texto "El Jardín de los Mundos Que Se Ramifican: Borges y la Mecánica Cuántica", Alberto Rojo traça um paralelo entre a Física Moderna e os contos metafóricos de Borges:

> Desde aquele dia encontrei várias citações de Borges em textos científicos e de divulgação científica: referências a "A Biblioteca de Babel" para ilustrar os paradoxos de conjuntos infinitos e geometria fractal, referências à taxonomia fantástica do doutor Franz Kuhn em "O Idioma Analítico de John Wilkins" (um favorito de neurocientistas e linguistas), referências a "Funes, o Memorioso" para introduzir sistemas de numeração e, recentemente, surpreendeu-me uma citação de "O Livro de Areia", em um artigo sobre separação de misturas de grãos. Todos esses casos são exemplos de prosa metafórica que dão brilho à prosa maçante de explicações técnicas. No entanto, uma exceção notável é "O Jardim das Veredas Que Se Bifurcam", em que Borges propõe sem saber (não poderia sabê-lo) a solução para um problema ainda não resolvido da física quântica.[76]

[76] Em M. Bunge et al., op. cit., p. 47.

Aqui Rojo considera as referências científicas dos textos de Borges como metáforas e introduções a assuntos mais complexos e técnicos a fim de tornar o texto um pouco mais agradável ao leitor. Entretanto, o conto "O Jardim de Veredas Que Se Bifurcam" teria proposto uma solução para um problema aberto da física quântica. Com uma abordagem mais plausível, já que não atribui a Borges uma descoberta na física, Rojo discute mecânica quântica e processos probabilísticos.

É importante ressaltar que não podemos considerar Borges um "profeta" da física, assim como não podemos considerar que sua matemática é utilizada tão somente como metáfora, já que, como procuramos apresentar anteriormente, Borges conhecia alguns paradoxos, estruturas, problemas e, sobretudo, o livro *Matemática e Imaginação*. Assim, apesar das limitações técnicas e teóricas, Borges valeu-se mais dos problemas matemáticos que dos conceitos metafóricos da física moderna como recursos ficcionais.

Xul Solar (e o Xadrez) e Adolfo Bioy Casares (e os Contos Policiais)

A escolha de Xul Solar e Adolfo Bioy Casares, *los amigos esenciales*, está ligada a dois temas trabalhados por Borges e que podem ser ligados à matemática: o xadrez e o conto policial. Assim escreve Borges sobre Xul em "Recuerdos de Mi Amigo Xul Solar": "Parece-me ver esse homem alto, louro e, obviamente, feliz. Acho que alguém pode simular muitas coisas, mas ninguém pode simular a felicidade. Em Xul Solar senti a felicidade: a felicidade de trabalhar e, acima de tudo, da contínua invenção."[77]

Xul vivia recriando o Universo. Artista, foi responsável pela criação de algumas linguagens e também de um jogo de xadrez muito interessante e diferente, que jogava frequentemente com Borges. Nascido em 1887, Oscar Alejandro Agustín Schulz Solari recebeu seu apelido graças, primeiramente, ao som produzido pelo seu sobrenome Schulz, que pode ser lido com Xul e é o palíndromo da palavra *lux*, luz. O *Solari*, com o "desaparecimento" do *i*, forma a palavra *Solar*, logo temos o nome composto "Luz Solar". Em 1912, Xul partiu para a Europa. Viveu doze anos na Europa, em cidades como Paris, Turim, Londres, Roma, Marselha, Florença, Milão, Gênova. O período que viveu na Europa foi muito produtivo, já que esteve imerso nos principais movimentos de vanguarda, como o futurismo, o expressionismo, o cubismo, o dadaísmo, e ainda acompanhou o primeiro *Manifesto do Surrealismo*, em 1924. Suas obras estão carregadas de complexos simbolismos, como ele mesmo afirma:

> Sou o criador de uma língua para a América Latina: o *neocriollo*, com palavras, sílabas e raízes das duas línguas dominantes: castelhano e português. Sou o criador de um idioma universal: a *panlengua*, sobre as bases numéricas e astrológicas, que contribuirá para que os povos se conheçam melhor.[78]

Assim como Borges, Xul era um crítico às limitações do castelhano, como escreve nos "3 Males Que Padece el Español":

[77] J.L. Borges apud M. Camurati, op. cit., p. 259.
[78] Xul Solar apud A. Pellegrini, em *Xul Solar, Catálogo de las Obras del Museo*, p. 26-27.

1. Rimas repetidas devem ser cortadas;
2. Dificuldade para combinar as palavras;
3. Palavras longas e incômodas, tem que se cortar e substituir por monossílabos do inglês. Um mal menor é que faltam um monte de palavras para as ideias, que são claras e obtidas de outras línguas, como o inglês e alemão.[79]

Em Buenos Aires, na Calle Laprida, encontra-se o Museu Xul Solar. Lá estão expostos muitos quadros com referências numéricas, cabalísticas e esotéricas, além de serem apresentadas novas linguagens artificiais criptografadas por Xul e decifradas por Borges. Estão também no museu alguns de seus trabalhos mais curiosos: um piano multicolor com um teclado de três fileiras, páginas com figuras e sinais de um novo sistema de notação musical, 24 cartas de um tarô desenhadas numa cartolina, máscaras de personagens de um teatro de fantoches que representam os signos do zodíaco e, para terminar, o mais intrigante e esotérico jogo de xadrez. Chamado de "Pan-ajedrez", "Pan-juego" ou "Ajedrez Criollo", assim o jogo é descrito por Xul:

[79] Idem apud M.H. Gradowczyk, *Alejandro Xul Solar*, p. 156.
[80] Idem apud M. Camurati, op. cit., p. 292.

> Um jogo combinatório, não dependente de sorte, para uma civilização mais perfeita no intelectual, científico e estético, cujo primeiro dia hábil é hoje. A razão e utilidade, digamos assim, exclusivas desse novo jogo, é que une os diferentes meios de expressão completos, isto é, linguagens em diversos domínios que se combinam com a mesma base, que são o zodíaco, os planetas e a numeração duodecimal. Isto faz com que correspondam à fonética de uma língua construída em duas polaridades, positiva, negativa e seu fim médio neutro, com notas, acordes e timbres de uma música livre e elementos lineares básicos de uma plástica abstrata, que também são escrituras. Além disso, os escaques coincidem com graus de um círculo, com o movimento diurno e anual do céu, e com o tempo histórico e seu drama expresso nas estrelas.[80]

Nessa passagem, Xul enfatiza uma série de correspondências de seu xadrez com outros conceitos: o zodíaco, o sistema de numeração duodecimal, um idioma bipolar com os acordes de uma música livre e a relação entre as casas do tabuleiro e o drama humano do tempo histórico. Seu intuito é mostrar a concepção esotérica da unidade do cosmos e da harmonia universal, a oculta correspondência entre linguagem, música, pintura, jogos, literatura, matemática, arquitetura e a vida; a aspiração romântica de uma obra de arte total. Difícil de ser entendido e jogado, esse *pan-juego* resume o pensamento e a prática artística de Xul Solar, que assim continua a descrever o funcionamento e a complexidade do seu jogo:

> Um escaque corresponde a 10 minutos de um dia, 2 graus e meio de arco (mais ou menos um dia em um ano), uma nota musical (grau da escala), um som vocálico simples e composto, um número de ordem, um produto na tabela pitagórica de multiplicação, em sistema duodecimal (o mais perfeito) etc. Como cada peça se diferencia por uma consoante (exceto os peões iguais aos números), resulta que cada posição diferente nos escaques que são marcados com vogais ou combinações destes, sempre distintos, produzem palavras muito diferentes, por centenas de milhares, e várias peças por muitos milhões; quer dizer que o fundamento desse jogo é um dicionário de uma língua filosófica *a priori*, que se escreve com os sinais elementares correspondentes aos seus sons – espécie de taquigrafia tripla de linhas, formas e gestos, que se descreverá em outro momento – forma toda uma classe de desenhos (abstratos) e de combinações musicais, também inerentes às diferentes posições em relação à evolução do jogo.[81]

[81] Ibidem, p. 294.

Aqui podemos entender seu xadrez como um conjunto de relações, inter-relações, conexões matemáticas, musicais, filosóficas, esotéricas e algorítmicas, além de fazer referência ao sistema duodecimal que, em sua opinião, é o mais perfeito de todos. Borges utilizou o sistema duodecimal e escreve, num artigo publicado na revista *Sur*, em 1939, sobre o sistema e trabalho de seu amigo:

> Faz mais de doze anos que Xul Solar prega (em vão) o sistema de numeração duodecimal; mais de doze anos que todos os matemáticos em Buenos Aires repetem que já o conhecem, que nunca ouviram um disparate como aquele, que é uma utopia, uma mera conveniência, que é impraticável, que ninguém escreve assim etc. Talvez este livro (que não é obra de um mero

argentino) anule ou modere sua negação. Mas, à medida que o explicava, compreendia que seu pensamento já tinha deixado para trás o que explicava, quer dizer que ao explicar ia enriquecendo-o e por isso creio que nunca cheguei a entendê-lo, porque o mesmo se dava conta de que o que dizia já era antiquado e agregava outra coisa.[82]

O tabuleiro do xadrez de Xul está dividido em doze filas horizontais e treze filas verticais, com 156 casas, mas há também uma versão com um tabuleiro de 169 casas (13x13).

Algumas diferenças podem ser traçadas entre o xadrez de Xul e o de Borges. No poema "Xadrez", Borges descreve os movimentos das peças de forma sucinta, simples, porém utiliza todo seu simbolismo através das frequentes referências literárias (no caso, a Omar Khayyan) a Deus e a seus jogos de espelho e labirintos. Xul, ao contrário, apresenta um jogo complexo, em que cada peça apresenta uma função e uma relação diferentes e que, também, está em constante mutação:

[82] J.L. Borges, Duodecimal Arithmetic", Longmans, *Sur*, n. 62, p. 75-77. Ver ainda *Borges en Sur*, p. 215.

Xadrez

I
Em seu austero canto, os jogadores
regem as lentas peças. O tabuleiro
Os demora até o alvorecer nesse severo
espaço em que se odeiam duas cores.

Dentro irradiam mágicos rigores
as formas: torre homérica, ligeiro
cavalo, armada rainha, rei postreiro,
oblíquo bispo e peões agressores.

Quando os jogadores tiverem ido,
quando o tempo os tiver consumido,
certamente não terá cessado o rito.

No Oriente, acendeu-se esta guerra
cujo anfiteatro é hoje toda a terra.
Como o outro, este jogo infinito.

II
Tênue rei, oblíquo bispo, encarniçada
rainha, peão ladino e torre a prumo
sobre o preto e o branco de seu rumo
procuram e travam sua batalha armada.

Não sabem que a mão assinalada
do jogador governa seu destino,
não sabem que um rigor adamantino
sujeita seu arbítrio e sua jornada.

Também o jogador é prisioneiro
(a máxima é de Omar) de um tabuleiro
de negras noites e de brancos dias.

Deus move o jogador, e este, a peça.
Que deus detrás de Deus o ardil começa
de pó e tempo e sonho e agonias?[83]

[83] Idem, Xadrez, *Obras Completas II*, p. 211.212.
[84] M. Camurati, *Los "Raros" de Borges*, p. 229.

    Algumas outras relações podem ser construídas em relação a Xul Solar, ao *pan-ajedrez* e à *panlengua*. A combinação de vogais e consoantes segundo os movimentos das peças do tabuleiro resulta em milhões de palavras que demonstram que "o fundamento desse jogo é um dicionário de uma língua filosófica *a priori*". O propósito que o move é criar um idioma universal e um instrumento para que os povos se conheçam melhor[84]. Essas razões são as mesmas, por exemplo, de Schleyer com o *volpük*, Zamenhof com o *esperanto*, John Wilkins com o idioma analítico, e de outros exemplos citados por Umberto Eco em A *Busca da Língua Perfeita*.
    Já a parceria e a amizade de Borges com Adolfo Bioy Casares resultou na compilação do livro *Los Mejores Cuentos Policiales* e também na publicação de algumas outras obras. Nascido em Buenos Aires (1914-1999), Casares é considerado por Borges um dos maiores escritores argentinos de ficção. Em 1932, os dois se conhecem na casa de Victoria Ocampo e, dois anos mais tarde, Casares decide abandonar os estudos e dedicar-se exclusivamente a escrever. Casa-se, em 1940, com Silvina Ocampo e, nesse mesmo ano, publica A *Invenção de Morel*, sua obra mais famosa. Por anos, Bioy e Borges formam uma

dupla criativa que, sob o pseudônimo de H. Bustos Domecq, produz vários livros e recebe alguns prêmios.

A fim de entender o conto policial como um gênero intelectual, como uma obra da inteligência e da lógica, Borges propõe um código para sua composição. Discute, ainda, por quais motivos Edgar Allan Poe e Chesterton têm grande mérito nesse tipo de texto e explica o que leva alguns escritores policiais a trapacear na resolução de seus problemas. Conforme escreve em "Los Laberintos Policiales y Chesterton",[85] as características ou processos do conto policial são:

a. número limitado de personagens: sugere não ter mais de seis;
b. declaração prévia de todos os termos dos problemas: tanto personagens como fatos devem ser declarados desde o início ao leitor;
c. avara economia de meios;
d. primazia do como sobre o quem: é importante esquematizar as personagens sumariamente para servirem de base ao raciocínio;
e. pudor da morte: musa glacial do romance policial, em que deve haver higiene, falácia e ordem;
f. necessidade e caráter maravilhoso da solução: a conclusão tem que ser uma consequência lógica da trama e, além de maravilhar e surpreender o leitor, não deve conter argumentos e soluções que não sejam lógicos e derivados de um sistema de regras e inferências.

[85] J.L. Borges, Los Laberintos Policiales y Chesterton, *Borges en Sur*, p. 126-129.

Assim, podemos relacionar o sistema policial de Borges com um sistema lógico-matemático. Seis processos são estabelecidos com o intuito de construir um modelo para um conto policial. No item *a*, a proposição impõe uma restrição: é necessário trabalhar com um número limitado de personagens ($x \leq 6$) a fim de evitar redundância. No item *b*, a declaração de todos os termos do problema tem o intuito de mostrar qual conjunto e operações serão levados em consideração. Aqui podemos entendê-lo como um sistema com alguns axiomas e proposições, formado nos mesmos moldes em que Raymond Queneau e Jacques Roubaud descreveram a utilização de técnicas matemáticas no Oulipo. O item *c* pode ser relacionado a uma boa demonstração matemática, que utiliza somente os argumentos necessários para provar um teorema ou uma conjectura. Os itens *d* e *e* estão mais ligados ao caráter ficcional e intelectual do texto, enquanto o item *f* nos remete à busca da beleza, da estética e do romantismo na matemática. Durante muitos anos, acreditou-se que a matemática fosse a linguagem de Deus, também houve tempos em que homens se empenharam na busca da perfeição do número e da forma, seja pelas pesquisas que relacionavam o conceito de beleza com o segmento áureo ou pela comunidade pitagórica, que acreditava na perfeição dos números. Uma solução limpa, lógica e maravilhosa seria, assim, o sonho tanto dos escritores quanto dos matemáticos.

Em "O Conto Policial", Borges irá abordar a existência ou não de gêneros literários, a posição do leitor "policial" e as formas possíveis para situar escritores como Poe e Chesterton na corrente policial:

[86] J.L. Borges, O Conto Policial, *Obras Completas* IV, p. 220.

> Falar da narrativa policial é falar de Edgar Allan Poe, que inventou o gênero. Mas, antes de falar de gênero, convém discutir um pequeno problema prévio: existem ou não os gêneros literários? Sabe-se que em algumas páginas de sua *Estética* – sua formidável *Estética* – diz Croce: "Afirmar que um livro é um romance, uma alegoria ou um tratado de estética significa mais ou menos o mesmo que dizer que ele tem uma capa amarela e que podemos encontrá-lo na terceira prateleira à esquerda." Quer dizer, negam-se os gêneros e afirmam-se os indivíduos. Quanto a isso, caberia dizer que, naturalmente, embora todos os indivíduos sejam reais, precisá-los é generalizá-los. Portanto, essa minha afirmação é uma generalização e não deve ser permitida. Pensar é generalizar, e necessitamos dos úteis arquétipos platônicos para poder afirmar algo. Então por que não afirmar que há gêneros literários? Eu acrescentaria uma observação pessoal: os gêneros literários dependem, talvez, menos dos textos que do modo como são lidos.[86]

O leitor do conto policial poderia ser também o leitor oulipiano ou o leitor borgiano: é aquele que busca as soluções dos jogos, das trapaças, dos paradoxos, aquele que laboriosamente tenta descobrir as *contraintes* utilizadas por Perec em *A Vida Modo de Usar* ou resolver os paradoxos de Russell utilizados por Borges. Assim escreve Borges:

> Há um tipo de leitor atual, o leitor de ficções policiais. Esse leitor, encontrado em todos os países do mundo e que se conta aos

milhões, foi engendrado por Edgar Allan Poe. Vamos supor que não exista esse leitor, ou suponhamos algo talvez mais interessante, que se trate de uma pessoa muito distante de nós. Pode ser um persa, um malaio, alguém rústico, uma criança ou alguém a quem se diz que o *Quixote* é um romance policial. Vamos supor que essa hipotética personagem tenha lido romances policiais e comece a ler o *Quixote*. O que estará lendo, então? "Em algum lugar de La Mancha, cujo nome não quero lembrar, não faz muito tempo vivia um fidalgo..." E logo esse leitor é tomado por suspeitas, porque o leitor de romances policiais é um leitor que lê com incredulidade, com suspicácias, uma suspicácia especial. [...] O romance policial criou um tipo especial de leitor. Isso costuma ser esquecido quando se avalia a obra de Poe. Porque, se Poe criou a narrativa policial, criou, depois, o tipo de leitor de ficções policiais.[87]

[87] Ibidem, p. 221.
[88] De acordo com os trabalhos de L. de S. Nascimento, *Borges e Outros Rabinos*; G. Scholem, *A Cabala e Seu Simbolismo*; S. Sosnowski. *Borges e a Cabala*.
[89] M. Bénabou, Perec et la Judéité, *Cahiers Georges Perec* 1, p. 17.

No prólogo de *A Invenção de Morel*, Borges retoma a característica intelectual e lógica dos contos policiais. Ele não admite a trapaça e a falta de coerência no conto. É interessante notar que, como numa prova ou num sistema lógico, é necessário haver consistência e seguir as "regras" do jogo. Borges segue assim, junto com Casares, uma linha lógica inspirada na supremacia intelectual das obras de Poe e de Chesterton.

O Judaísmo e a Cabala em Borges e Perec[88]

Marcel Bénabou escreveu, no artigo "Perec et la judéité", duas características acerca da terminologia "judeu" que serão muito importantes para a contextualização do judaísmo e da judeidade presentes em Perec e Borges: "Uma palavra ainda sobre a terminologia aqui empregada: entendo por judeidade o fato de ser judeu (judeidade objetiva) ou a maneira de ser (judeidade subjetiva); entendo por judaísmo não somente religião, mas também um conjunto de valores e culturas judias."[89]

A utilização dos conceitos da Cabala é diferente em Borges e Perec. Borges, novamente, aplica esses conceitos com intuito ficcional, como, por exemplo, em "A Escrita do Deus", enquanto Perec traça um paralelo estrutural, como no caso do lipograma. É importante ressaltar que Perec era judeu e tinha alguns laços com a cultura e a história judaicas, presentes em sua obra. Borges, apesar de não ser judeu, apresenta essas mesmas influências em seus trabalhos. A judeidade em Borges e Perec está ligada ao campo cultural e histórico do judaísmo, e a leitura e os conhecimentos da religião judaica são importantes para o enriquecimento de suas obras que, porém, nunca seguem uma corrente religiosa.

90 Ibidem.
91 Cf. E. Aizenberg, *El Tejedor del Aleph*.

As referências literárias explícitas de Perec ao judaísmo podem ser encontradas em vários de seus livros, como mostra Bénabou:

> Podemos começar por uma tentativa de inventariar as alusões – diretas ou indiretas – aos judeus e ao judaísmo que aparecem na obra de Georges Perec. Aqui o essencial que podemos notar: alguns "portadores de estrelas invisíveis" em *Um Homem Que Dorme*; um "Judeu de Munique que foge à Anschluss" em *La Disparition*; a referência ao Zohar e à Cabala na "Histoire du lipogramme"; diversos sonhos nos quais a judeidade aparece ligada à polícia: prisão, denúncia, campos em *La Boutique obscure*; as páginas agora famosas sobre a infância e a família na parte biográfica de *W*; o longo desenvolvimento em relação à Ellis Island como um lugar de exílio e as entrevistas com diversos imigrantes de origem judaica no *Récits d'Ellis Island*; a referência ao Golem, que aparece também em Ellis Island; enfim, no microcosmo populoso de *A Vida Modo de Usar*, duas personagens são designadas explicitamente como judias: o etnólogo Marcel Appenzzell e Cinoc, que exerce a profissão de "assassino de palavras".[90]

A tradição cultural e a apropriação da memória judaica são temas importantes na obra de Borges, na qual o judaísmo é visto como uma antítese do ultranacionalismo, da intolerância religiosa: a partir do pensamento dual, tolerante e liberal devido à sua criação, Borges tem uma visão positiva do judaísmo[91]. Ao discutir a tradição literária argentina em "O Escritor Argentino e a Tradição", Borges afirma que "aos judeus, sempre será mais fácil que a um ocidental não judeu inovar a cultura ocidental, porque eles atuam dentro da cultura e, ao mesmo tempo, não se sentem atados a ela por uma devoção especial"[92]. Perec, enquanto judeu e inovador, poderia receber facilmente esse elogio de Borges.

Em resposta a uma acusação da revista *Crisol*, publicação do início do século XX que se identificava com as correntes nazistas, Borges escreve um texto chamado "Yo, Judío"[93]:

> Como os drusos, como a lua, como a morte, como a semana que vem, o passado remoto é uma daquelas coisas que podem enriquecer a ignorância. É infinitamente plástico e agradável, muito mais conveniente que o porvir e muito menos exigente de esforços. É a estação famosa e predileta das mitologias. Quem não julgou aos antepassados alguma vez, às pré-histórias de sua carne e de seu sangue? Eu o faço muitas vezes, e muitas não me desgosta pensar-me judeu. Trata-se de uma hipótese preguiçosa, de uma aventura sedentária e frugal que a ninguém prejudica, nem sequer à fama de Israel, já que meu judaísmo era sem palavras, como as canções de Mendelssohn. *Crisol*, em 30 de janeiro de 1934, quis afagar essa retrospectiva esperança e fala de minha "ascendência judaica maliciosamente oculta" (o particípio e o advérbio me maravilham).[94]

[92] J.L. Borges, O Escritor Argentino e a Tradição, *Obras Completas I*, p. 195.
[93] L. Nascimento, Memória de Sefarad em Jorge Luis Borges Arquivo Maaravi, *Revista Digital de Estudos Judaicos da UFMG*, v. 5, n. 8, mar. 2011.
[94] Idem, Yo, Judío, *Revista Megáfono*, v. 3, n. 12, p. 60.

Assim Borges mostra sua admiração ao povo, à cultura e às tradições judaicas. E, utilizando os conceitos cabalísticos, homenageia esse povo, sua história, sua luta e suas narrativas. Chega, também por essa via, à matemática, aos processos combinatórios de letras e às metáforas acerca da própria literatura, já que a Cabala pode ser interpretada matematicamente pela combinatória, resultando em temas fantásticos.

A Cabala pode ser considerada, num contexto literário, como uma teoria da escrita e da interpretação, uma encarnação do desejo da diferença, em que interpretar significa revisar. De acordo com Harold Bloom, a lição que a Cabala pode dar à interpretação contemporânea é de que o significado dos textos tardios é sempre errante, como os judeus. O objetivo da Cabala é penetrar a vida interior de

Deus e a consciência humana, em lugar de agir como os filósofos, que especulam racionalmente sobre a Natureza Divina e sobre todos os problemas metafísicos que ela ocasiona. Assim, com o intuito de alcançar realmente o interior de Deus e a autoconsciência, a Cabala cria sua própria e rica mitologia, para imaginar e entender como essa consciência superior (*Ein Sof*) se faria conhecida à humanidade.

O *Ein Sof* se manifesta através das dez Emanações (*sefirot*) da realidade divina. Cada *sefirá* tem um nome diferente e representa um estágio da revelação do *Ein Sof* e eles são, ao mesmo tempo, os nomes que Deus concedeu a si próprio e seus meios para criar o mundo. Esses nomes, juntos, formam o nome secreto de Deus. O *Sefer Ietzirá* ou *Livro da Criação* é um dos primeiros textos místicos judeus, concebido entre o terceiro e o sexto séculos, de acordo com Scholem. De natureza simbólica, apresenta Deus criando o mundo por meio da linguagem que, a partir do momento da criação do homem, passa a ser criptografada para esconder o segredo da criação. Ao se combinar letras de acordo com seus números sagrados, os cabalistas buscavam decodificar essa linguagem de Deus, a fim de retornar à linguagem criadora original. A partir disso, surge a possibilidade da figura de um Golem.

O Golem designa algo imperfeito, uma matéria disforme. Antes do sopro de seu criador, não tinha vida e, mesmo após adquirir vida, continua sendo um ser desajeitado, idiota, autômato legendário, como vemos em definições do vocábulo "golem". Inúmeras lendas e versões podem ser encontradas acerca do Golem, e Borges conhecia várias delas; a mais famosa, no entanto, é a do Golem de Praga.

No gueto de Praga, os judeus estavam sendo saqueados e mortos, e o rabino Judá Loew ben Betzalel (1529-1609), matemático, cabalista e talmudista, moldou em argila um grande boneco com forma humana. Escreveu na testa do boneco a palavra "emet", que significa verdade. A partir de então, o boneco de argila tornou-se vivo e saiu do gueto para atacar os agressores dos judeus. Após resolver o problema, o Golem quer continuar vivo; porém, deve ser destruído, o que acontece somente se for apagada a primeira letra da palavra *emet*, o *álef*. Desaparecendo esta letra, forma-se a palavra *met*, que significa "morto" em hebraico. Esse jogo com as letras e as palavras, bem como o poder da combinação de letras hebraicas, identificam a ideia da criação e seu caráter imperfeito, uma vez que o Golem é um monstro um pouco "idiota", indicando que a monstruosa criatura construída pelo homem, que é incapaz de criar vida, torna-se um erro já em sua concepção.

Nesse ponto, é possível traçar uma relação com o Oulipo e com *La Disparition*, de Georges Perec. Como vimos, a literatura desse grupo é uma literatura combinatória, uma combinação de letras e regras com o objetivo de criar novas estruturas, textos e interpretações. O *Cent mille milliards de poèmes*, de Queneau, abusa desse conceito e, como o número de poemas criados é 10^{14}, não podemos verificar todos para saber se algum deles é capaz de produzir um Golem. Em *La Disparition*, Perec desaparece com a letra *e*, fazendo referência à morte de seus pais na Segunda Guerra. Para matar o Golem, é necessário também apagar a letra *e*, no caso o *álef*, a letra mais importante da Cabala, da mesma forma que a letra *e* é a mais importante no francês.

As referências explícitas de Borges aos seus conhecimentos acerca da criatura judia estão em "O Golem", verbete de *O Livro dos Seres Imaginários*, em "A Cabala"[95] e em "Uma Vindicação da Cabala". Suas reflexões apresentam, em princípio, a imperfeição da obra e da criação humana, qualquer que seja ela, e também o poder da criação divina, da palavra criadora. A Cabala seria uma metáfora do pensamento e de sua capacidade de realizar combinações: "não quero vindicar a doutrina, mas os procedimentos hermenêuticos ou criptográficos que a ela conduzem"[96]. Assim, para Borges a *Torá* não é um texto absoluto e sagrado, mas uma vasta biblioteca por meio da qual o escritor pode exercer o ofício de *bricoleur*[97].

Antoine Compagnon afirma que a obra de Borges representa uma exploração aumentada da reescrita, já que seu processo de recortar, citar, mutilar, para depois colar, misturar, desordenar seria o exercício da bricolagem, por ele relacionado em "O Fazedor"[98]. Esse conto se relaciona, etimologicamente, ao fazedor, ao fabricante, ao artesão que, tendo ouvido diferentes histórias, através de fatos e textos, constrói ele próprio sua trama. Aqui também podemos traçar um paralelo com Perec, já que "O Fazedor" realiza muitas citações, além de copiar, colar, trapacear e jogar com o leitor, como a personagem Winckler de *A Vida Modo de Usar*, o fazedor de *puzzles*.

Para os cabalistas, a Cabala, juntamente com a linguagem, foi outorgada aos homens por Deus. Dessa forma, a capacidade de

[95] Idem, A Cabala, *Obras Completas III*, p. 300-310.
[96] Idem, Uma Vindicação da Cabala, *Obras Completas I*, p. 222.
[97] L. de S. Nascimento, op. cit., p. 73.
[98] J.L. Borges, O Fazedor, *Obras Completas II*, p. 173-254.

nomear as coisas seria uma capacidade de criar: nomear é criar. O Deus seria conhecido pela humanidade através dos dez diferentes aspectos da realidade divina que emanam das suas profundezas e cada um desses aspectos é um estágio para a revelação. As emanações (*sefirot*) são, simultaneamente (aqui como num *álef*), o secreto nome de Deus e os meios pelos quais ele criou o mundo. Ao se tentar descrever a divindade, o inacessível torna-se linguagem. Logo as listas, as interpretações e as classificações propostas, tanto por Borges quanto por Perec, podem ser vistas como uma criação, embora falha, como é falha toda criação humana.

No século XVI, o *corpus* cabalístico é organizado por Isaac Luria, que muda um pouco a figura da Cabala, messianizando-a e passando a preocupar-se mais com o futuro, deixando de se interessar somente pelo individual e por sua salvação. Meyrink escreve, também, uma das versões do Golem[99]. Segundo ele, o Golem seria apenas uma figura literária que deve pouco à tradição judaica. Scholem o critica bastante, mas Borges relê a versão de Meyrink do *Zohar* e não o desagradam algumas falsas interpretações e algumas versões apócrifas das lendas e mitos. O recorte não é mais sobre o texto sagrado, que não pode ser modificado: é a partir do texto de Meyrink que Borges constrói sua ficção.

Diferentemente da visão de Borges de recortar e modificar algumas tradições judias inspirado em Meyrink, a verdadeira Cabala é, para Luria, aquela em que cada palavra e cada versículo da *Torá* apresentam um poder que busca a libertação, e sua *contrainte* principal é não poder ser alterada: todas as palavras, espaços, vírgulas, estão lá por um motivo superior. Dessa forma, não só o Nome Inefável, o Nome Secreto de Deus, seria a fonte de poder, mas cada versículo estaria construído com esse propósito. Assim ele lê os *Salmos*, que encerram uma força capaz de superar e destruir inimigos[100].

O Nome Secreto, Inefável, é expresso por um tetragrama e não possui vogais. Pode ser apresentado em letras latinas como YHVH e, devido ao seu poder, na Época do Templo, só podia ser pronunciado pelo sumo sacerdote, e somente no dia de Iom Kipur, o dia mais santo para os judeus. A proibição de sua articulação é devida ao seu grande poder, pois quem descobrisse (e se permitisse) articular o nome secreto seria capaz de entender o mistério da criação e, com

[99] Cf. G. Meyrink, *O Golem*.
[100] Ibidem.

isso, realizar tudo o que quisesse. Dessa forma é criado o primeiro procedimento combinatório da humanidade.

Luria, segundo Scholem, é o responsável pela criação da Cabala moderna em contraponto à Cabala clássica. Para a Cabala clássica há uma visão ideal de Deus, platônica, o *Ein Soph* (o sem-fim). Assim escreve Bloom em *Cabala e Crítica*:

> Em Luria, ao contrário, a criação é um processo regressivo, onde cada estágio pode ser separado do outro por um abismo e onde a catástrofe é sempre um evento central. A realidade, para Luria, se dá sempre num triplo ritmo de contração, separação e reagregação, um ritmo sempre presente no tempo, mesmo ao fraturar pela primeira vez a realidade.[101]

[101] H. Bloom, *Cabala e Crítica*, p. 69.
[102] Cf. L. de S. Nascimento, op. cit.
[103] Ibidem, p. 94.

Nos seus contos, Borges falseia declarações, textos e versões. Adultera e profana lendas. A linguagem é incompleta, fracassa em nomear e em classificar e não tem transcendência mística, já que a palavra é precária e provisória.[102]

Podemos encontrar outra relação entre a Cabala de Perec e a Cabala de Borges. Observamos que Borges utiliza esses conceitos para fazer uma ligação com a literatura, com a escritura, com a linguagem. Essa Cabala, que é a criação do texto ficcional para ele, é um texto inspirado na tradição e nos procedimentos combinatórios aos quais essa criação pode levar. Já em Perec, há um paradoxo: embora discuta também os problemas da classificação e das listas, ele escreve um livro *fechado*, um livro que não poderia ser modificado – *La Disparition* – e outro que utiliza os recursos combinatórios e matemáticos, que tenta de alguma forma ser também fechado à contingência – *A Vida Modo de Usar* –, mas cujo projeto, apesar de abarcar todas as possibilidades, resulta num fracasso de controle, representado pelo w e pelo x em seu fim.

Uma relação criada inicialmente por Scholem em *O Golem, Benjamin e Buber e Outros Justos*, relida por Eco em *O Pêndulo de Foucault* e reescrita por Lyslei Nascimento[103], é a relação entre o mito do Golem, da Cabala e do computador. O Golem e a criação do mundo são feitos a partir da combinação das 22 letras do alfabeto hebraico, que são os constituintes básicos do mundo. O computador é a combinação de dois elementos, o 0 e o 1, que, como já mostrado, têm o mesmo "poder" matemático. Eco cria um computador, um processador de texto, e o chama de Abulafia, um célebre cabalista.

É cabível ainda acrescentar algumas informações a esse Golem, comparando-o com a matemática. O Golem é uma construção imperfeita, já que feita pelos homens, também imperfeitos. Assim é também a matemática, que, seja descoberta ou inventada, é imperfeita, como se verifica através dos Teoremas da Incompletude de Gödel. A criação do Golem se dá através das letras que têm correspondência com os números, assim como na matemática, que se dá através das letras que representam sentenças, equações ou sistemas e que podem ser aplicadas aos números. A partir da combinação correta de letras, cria-se o Golem, assim como através da manipulação de axiomas originam-se os teoremas, e assim construímos ou descobrimos lentamente a matemática. O Golem e a matemática são limitados. As referências de Scholem e Eco estão relacionadas à computação, que pode ser vista como matemática aplicada. A matemática, que deseja ser universal, e o é algumas vezes, e que pode, em obras como as de Borges e Perec, aumentar suas possibilidades, é falha como o Golem.

Em "A Biblioteca de Babel", a busca do livro absoluto, que contém todos os livros, um catálogo dos catálogos, funciona como a procura do Nome Secreto que abarcaria todos os nomes, todas as emanações divinas. Mas essa biblioteca contém todos os conhecimentos, todas as línguas, todas as combinações e todos os paradoxos e problemas humanos e matemáticos. Não poderia jamais ser a *Torá*, que, segundo a Cabala, seria um livro perfeito e totalmente contrário à contingência e aos acasos. Assim, tanto esse livro como essa biblioteca, não passam de mais um falso *álef*.

A literatura, para Borges, seria o deciframento, a decodificação e a revelação dessa biblioteca. Assim, além da interpretação desses documentos secretos, algoritmos e métodos criptográficos devem perscrutar por um desvelamento e uma tradução desse. Dessa forma, também a descriptografia da *Bíblia*, de *La Disparition*, dos palíndromos e dos livros construídos com *contraintes* seria uma tarefa árdua, uma tarefa tão difícil (senão impossível) como a dos cabalistas em busca de decifrar o mistério da Escritura. Porém, extremamente reveladora e elucidativa.

4.
Borges e Perec

Neste capítulo apresentaremos as aproximações e os distanciamentos relativos ao uso da matemática na literatura em Jorge Luis Borges e Georges Perec. Entretanto, as muitas referências matemáticas presentes em suas obras não são as únicas vias de aproximação dos mesmos, de modo que indicaremos ainda outras relações que podem ser verificadas entre os dois autores.

Borges, por exemplo, revisita alguns filósofos dos séculos XVI e XVII que se valeram da matemática em seu trabalho, como John Wilkins, D'Alembert e outros criadores de línguas artificiais. Em "O Idioma Analítico de John Wilkins", Borges aborda o conceito de classificação e, em vários outros textos, como "A Escrita do Deus", trata da Cabala. Perec, em seu *Penser/classer* faz, assim como Michel Foucault em *As Palavras e as Coisas*, uma releitura de "O Idioma Analítico de John Wilkins", além de trabalhar com a Cabala em muito de suas *contraintes*. Ambas as temáticas, matemática e cabalismo, são abordadas por outros pensadores, como Gershom Scholem – que discute a matemática por trás da Cabala e a influência da combinatória de letras sobre a leitura e a criação de um texto qualquer (no caso, os textos sagrados da *Torá*) – e Umberto Eco, que, em *A Busca da Língua Perfeita*, dedica um capítulo ao trabalho de John Wilkins e outro ao cabalismo.

Além disso, tanto Borges quanto Perec demonstram em suas obras uma preocupação com o problema da totalidade, a qual não é nunca alcançada. Conscientes dessa impossibilidade, esses escritores mostram através de seus trabalhos que toda tentativa de totalidade é inútil; porém, eles continuam sempre tentando chegar a esse ideal inalcançável por vias diferentes, das quais surgem suas respectivas visões de literatura.

O quadro 8 a seguir foi elaborado com o intuito de apresentar, de forma simples e objetiva, as principais diferenças e semelhanças na utilização da matemática por Borges e Perec. A partir dele, discutiremos esses aspectos nos próximos tópicos deste capítulo. Vale ressaltar, entretanto, que apesar de o quadro 8 apresentar uma dicotomia, ele não é absoluto, sendo que, muitas vezes, Perec e Borges trabalham com a matemática da mesma maneira:

Quadro 8 : Formas de utilização da matemática por Borges e Perec

Matemática	Filosofia	Utilização	Escrita	Conhecimento	Conexões	Problemas
Borges	Platonista	Conceitos	Ficcional	Livros	Cabala	Enumeração
Perec	Formalista	Estrutura	Esgotamento	Oulipo	*Contrainte*	Classificação

Acompanhando a segunda coluna do quadro, intitulada Filosofia, dizemos que Borges é platonista, pois utiliza a matemática como uma ferramenta para suas descobertas. Contrariamente, Perec pode ser chamado de formalista, uma vez que explora as ferramentas matemáticas para escrever e jogar com a escritura. Os platonistas acreditam que a matemática deve ser descoberta, pois toda ela se encontra pronta no mundo das ideias. Borges utiliza esse mesmo raciocínio em sua busca pelo livro absoluto, na criação de um autor único que já escreveu sobre tudo. A descoberta é, em Borges, um recurso ficcional, e o conhecimento matemático serve para potencializar essa ficção. Em Perec, por outro lado, a invenção de ferramentas matemáticas, jogos e problemas é uma forma de trabalhar a literatura combinatória.

Na terceira coluna, relativa à utilização, afirma-se que Borges utiliza os conceitos matemáticos, sobretudo os conceitos abstratos, para aumentar as possibilidades de escrita e leitura. Sobressaem-se, nesses conceitos, as noções de enumeração, autorreferência e infinitude. Perec, por sua vez, utiliza a matemática na estrutura de seus escritos, recorrendo a modelos simples – como o lipograma e o palíndromo – e inventivos – como o *bicarré*, a *pseudo-quenine* e a poligrafia do cavalo.

A quarta coluna trata da escrita de ambos os autores: em Borges, ela é ficcional, sobretudo em contos como os que compõem os livros

O *Aleph* e *Ficções*. Já Perec tenta apresentar e ordenar todas as possibilidades de escrita e leitura, todas as palavras, todas as combinações, utilizando-se para isso da arte combinatória e das *contraintes*. Verifica-se, assim, em ambos, uma tentativa de totalização que parte de recursos diferenciados: em Borges, isso se dá pelos recursos ficcionais, e em Perec pela arte combinatória. Entretanto, em algumas obras, Perec também ficcionaliza o problema da totalidade, como em A *Vida Modo de Usar* e na *Tentative d'épuisement d'un lieu parisien*.

A quinta coluna apresenta a relação de Borges e Perec com os conhecimentos matemáticos. Os conhecimentos matemáticos de Borges advêm sobretudo do livro *Matemática e Imaginação*, ainda que antes de seu contato com essa obra o escritor argentino já tivesse noções sobre os campos da lógica e da física. Para Perec, a familiaridade com os problemas matemáticos se deve à sua entrada no Oulipo, às suas relações com os matemáticos do grupo e ao seu gosto pelo jogos e enigmas matemáticos. Ainda que o conhecimento matemático de ambos seja limitado e superficial, isso não impediu que tentassem esgotá-lo em sua produção literária: Borges utilizou em vários de seus trabalhos o problema do infinito e dos paradoxos de autorreferência; Perec trabalhou exaustivamente com os *carrés*.

Na coluna seguinte, tratamos das possíveis conexões matemáticas das obras de Borges e Perec. Uma dessas conexões é a Cabala, ainda que esta tenha sido utilizada de formas distintas por um e outro: Borges a trabalhou como uma ferramenta ficcional através de seus recursos mágicos, enquanto Perec a utilizou como uma *contrainte*. Essa é também a principal diferença que encontramos na utilização da matemática em cada um desses escritores. A relação entre a Cabala e a matemática está sempre presente (gematria), já que cada letra do alfabeto hebraico corresponde a um número. Perec utilizou a matemática nesse sentido, a fim de formalizar sistematicamente as *contraintes* através das definições dos oulipianos.

A última coluna dedica-se aos problemas matemáticos presentes nas obras dos escritores pesquisados. Podemos dizer que Borges nos sensibiliza, principalmente, para os problemas de enumeração e contagem, utilizando o conjunto dos números inteiros.

Perec, por outro lado, trabalha com o problema de classificação dos livros e de todos os tipos de objetos. Nesse aspecto encontramos também um momento de semelhança de abordagem entre os dois autores: a classificação de Perec em *Penser/classer* e a classificação da enciclopédia chinesa de Borges em "O Idioma Analítico de John Wilkins".

Além dos aspectos sistematizados no quadro anterior, a memória é uma questão importante nas obras de ambos os escritores. No conto "A Memória de Shakespeare"[1], Borges narra a história de um escritor que é condenado a viver, de fato, a memória de Shakespeare. A metáfora de apropriação da memória alheia permite a Borges reinventar sua própria identidade e cultura: nessa abordagem, a memória constitui-se por citações e textos escritos em nome de outros que proliferam em infinitas narrativas. Borges, bilíngue, nascido numa cultura inglesa e argentina, demonstra um pensamento aberto e plural[2], que se pode inserir no que Ricardo Piglia chamou de "fábula biográfica", que utiliza a confluência entre ficção e relato autobiográfico. Para Piglia, a memória é a tradição, feita de citações em todas as línguas, na qual fragmentos e tons de outras escrituras retornam como recordações pessoais. É a partir dessa memória que encontramos a criação ficcional nos dois autores. Perec, por exemplo, dela se valeu em *W ou a Memória da Infância* e *Je me souviens*, obras em que uma memória alheia, ocidental, cultural e judaica se mescla na conformação da memória pessoal do autor.

Além disso, em "Funes, o Memorioso"[3], Borges propõe que é necessário o duplo movimento do lembrar e do esquecer para que se constitua o pensamento e o aprendizado. Perec, com suas listas, suas enumerações e seus relatos de memória, apresenta literariamente esse duplo movimento de Borges, já que são suas lembranças exaustivas e os esquecimentos a elas intrínsecos (falta, *manque*, como numa *contrainte*) que o formam como escritor.

---

[1] J.L. Borges, *Obras Completas* III, p. 444-451.
[2] Cf. E. Aizenberg, *El Tejedor del Aleph*.
[3] J.L. Borges, Funes, o Memorioso, *Obras Completas* I, p. 539-546.

Plagiadores Por Antecipação e "Kafka e Seus Precursores"

No texto "Tradição e Talento Individual", T.S. Eliot afirma a permanência do melhor do passado no instante atual, discute as influências inerentes a qualquer obra literária (seja em relação ao autor, seja em relação à época de sua leitura) e salienta que a procura do individual, do inédito, não é tão valorosa quanto a descoberta de passagens de obras em que "os poetas mortos, seus ancestrais, revelam mais vigorosamente sua imortalidade"[4]. Eliot propõe, assim, uma recuperação de todos os tempos no tempo presente. Já Ezra Pound afirma, em "A Tradição", que esta deve ser uma beleza a ser preservada, e não um conjunto de grilhões aos quais fiquemos aprisionados[5]. Pound não recusa o passado, cujo conhecimento considera importante e indispensável para que possamos descobrir nosso próprio lugar no tempo, mas privilegia o presente, dando-lhe o poder de reformular o passado, num processo revisional.

[4] T.S. Eliot, *Ensaios*, p. 38.
[5] Cf. E. Pound, ABC *da Literatura*.
[6] J.L. Borges, Kafka e Seus Precursores, *Obras Completas* II, p. 97.

A questão da tradição e da relação dos escritores com uma história literária é também objeto de reflexão para Borges e para o Oulipo. Borges, em "Kafka e Seus Precursores", faz uma inversão da linha temporal: numa negação explícita do tempo, apresenta o conceito fundamental de que "cada escritor cria seus precursores; sua obra modifica nossa concepção do passado, como há de modificar o futuro"[6]. Afirma, ainda, que à medida que o tempo passa outras interpretações podem ser dadas às obras, sempre com a redoma do sujeito envolvendo a escrita e seu significado.

No Oulipo, a questão aparece na proposta analítica do grupo, que redescobre as obras do passado e nelas encontra os "plagiadores por antecipação" – escritores que já utilizaram *contraintes* matemáticas e recursos potenciais anteriormente ao uso consciente de tais recursos pelo grupo. Nas palavras de François Le Lionnais:

> E isso me leva à questão do plágio. Chegamos, às vezes, a descobrir que uma estrutura que tínhamos pensado ser perfeitamente inédita, tinha sido descoberta ou inventada no passado, algumas vezes num passado distante. Fazemos o papel de reconhecer tal estado de coisas

qualificando-os como "plagiadores por antecipação". Assim justiça é dada e cada um a recebe segundo seus próprios méritos.[7]

Perec, como um membro do Oulipo, redescobre muitos plagiadores por antecipação, inclusive Borges. Para o grupo, a noção de potencialidade da literatura é fundamental: para ser oulipiano, um escritor deve trabalhar com literatura (LI) potencial (PO), ou seja, com uma literatura que indica possibilidade de ação, na qual existe energia potencial (a energia que tem um corpo num sistema físico em relação à sua posição e ao seu estado). É a discussão da potencialidade que justifica o abandono do termo "experimental" presente no acrônimo da primeira denominação do Oulipo, o Sélitex (Seminário de Literatura Experimental). A potencialidade exprime melhor a diversidade de combinações e manipulações da linguagem, a utilização de *contraintes*, da matemática e das inúmeras possibilidades de leitura. E assim é a literatura de Borges, com suas muitas e potenciais formas de leitura e com a utilização consciente da matemática no contexto ficcional, o que justifica a descoberta, por Perec, de Borges como um plagiador por antecipação dos conceitos oulipianos.

Logo, o próprio conceito presente em "Kafka e Seus Precursores" já é um conceito plagiado por antecipação, uma recorrência no sentido matemático. Por certo, em seu texto, Borges ainda não anuncia a utilização sistemática e consciente da matemática, nem a busca daqueles que o fizeram, mas, a partir da leitura dos oulipianos, é possível incorporarmos mais esse conceito aos contos de Borges.

Conforme Joly, o próprio Perec pode também ser considerado um plagiador por antecipação antes de sua entrada no grupo. Como membro do Oulipo, Perec foi ativo e inventivo, e valorizou a ideia de comunidade, trabalhando de maneira coletiva e contribuindo com textos para os livros *La Littérature potentielle*, *Atlas de littérature potentielle* e para os fascículos da *Bibliothèque oulipienne*. Além disso, em *A Vida Modo de Usar*, evoca paratextualmente todos os membros do Oulipo, seja de uma forma "hypographique" ou através da citação implícita. Perec se considera um produto do grupo:

> Eu não me considero como herdeiro de Queneau, mas me considero verdadeiramente como um produto do Oulipo. Quer

[7] Apud Oulipo, *La Littérature potentielle*, p. 23.

dizer que minha existência de escritor depende noventa e sete por cento do fato de que conheci o Oulipo na época de transição da minha formação, do meu trabalho de escritura.[8]

A entrada de Perec no Oulipo foi um meio de assegurar, retrospectivamente, a coerência de seus trabalhos, textos e ideias. Ali ele descobriu "qualquer coisa que [...] tinha o desejo de fazer sem saber como nomear, quer dizer, o sistema de *contraintes*, as regras, as estruturas etc." Perec considera, assim, que os livros escritos anteriormente à sua entrada no grupo foram livros preparatórios, como se percebe na afirmação de Jean-Luc Joly:

> Perec, sendo de alguma forma plagiador por antecipação, utiliza *contraintes* sem os conhecer. Esse caráter pré-oulipiano da obra é muito fácil de encontrar no seu *Quel petit vélo à guidon chromé au fond de la cour?* e em P.A.L.F., que são justamente os dois textos que serviram como "cartas de visita" para que Marcel Bénabou pedisse a nomeação de Georges Perec ao Oulipo.[9]

[8] G. Perec, *Entretiens et conférences* II, p. 148-149.
[9] *Connaissement du monde*, p. 841.
[10] G. Perec, *Entretiens et conférences* II, p. 298.

Em relação ao seu primeiro livro, *As Coisas*, Perec argumenta que utilizou as técnicas oulipianas em sua escritura, porém sem sabê-lo, e que por isso deu outros nomes a esses recursos:

> eu me dei conta quando escrevia *As Coisas*, por exemplo, de que estava aplicando as técnicas oulipianas sem saber. Nesse momento chamava isso por outros nomes, como pastiche ou citação, por exemplo. Para mim, isso fez parte de uma época pré-literária, à exceção de que havia uma coisa, a única coisa, o único trabalho consciente que houve em *As Coisas*, que era escrever como Flaubert, era um tipo de exercício de imitação[10].

Assim, a fim de unir os conceitos concernentes à relação entre escrita e tradição e consolidar a ideia de Borges como um oulipiano por meio do plágio por antecipação, retomo uma vez mais a afirmação de Herve le Tellier:

> O oulipiano (e seu plagiador por antecipação) não cessa, em seus livros, de inventar outros livros, outros autores, de estabelecer

listas, de imaginar bibliotecas diferentes, de biografias curiosas, de fazer o motor de uma ficção. Ele evoca os livros que o precederam, ele está repleto de textos, como um iogurte com frutas, de "verdadeiros pedaços de outros livros", e certos desses livros se parecem a pudins com cerejas literárias. O livro está dentro do livro, onipresente.[11]

Assim, mesmo fazendo referência aos oulipianos membros do grupo, podemos facilmente associar essas ideias a Borges: ele inventa outros livros e outros autores ("Pierre Menard, Autor do Quixote"), estabelece listas ("O Idioma Analítico de John Wilkins"), imagina bibliotecas diferentes ("A Biblioteca de Babel"), cria biografias curiosas ("Funes, o Memorioso") e, também, considera o livro como onipresente ("O Livro de Areia").

Le Tellier continua contextualizando a memória da literatura e o conceito de plagiadores e precursores:

> A memória da literatura caminha toda em retrocessos, cada texto vindo a se iluminar da leitura de outros que são portanto posteriores. Encontramos no autor um princípio não impedido da realidade do leitor, que não sabe quem impôs um programa literário, e, sobretudo, não cronológico, e que vai descobrir Rabelais depois de Flaubert, Ariosto depois de Calvino, Proust depois de Queneau.[12]

Justifica-se, assim, a semelhança que traçamos entre os conceitos de plagiadores por antecipação do Oulipo e o conceito presente em "Kafka e Seus Precursores", de Borges. Interessante notar ainda que, quando resenha o livro *Men of Mathematics*, de E.T. Bell, Borges utiliza o conceito que apresenta em "Kafka e Seus Precursores" para falar sobre a matemática:

> A história da matemática (e não outra coisa é este livro, por mais que seu autor não queira) padece de um defeito inescapável: a ordem cronológica dos fatos não corresponde à ordem lógica, natural. A boa definição dos elementos é em muitos casos a última, a prática precede a teoria, o impulsivo trabalho dos

[11] *Esthétique de l'Oulipo*, p. 178.
[12] Ibidem, p. 174.

precursores é menos compreensível ao profano que o dos modernos. Eu – *verbi gratia* – sei de muitas verdades matemáticas que Diofanto de Alexandria não suspeitou, mas não sei bastante matemática para avaliar a obra de Diofanto de Alexandria. (É o caso dos estouvados cursos elementares de história da metafísica: para expor o idealismo à audiência, apresentam-lhes primeiro a inconcebível doutrina de Platão e, quase ao final, o límpido sistema de Berkeley, que, se historicamente é posterior, logicamente é prévio...)[13]

Em seu livro *Plagiat par anticipation*, Pierre Bayard compara e distingue os conceitos apresentados por Borges e pelo Oulipo. Bayard começa o livro fazendo uma distinção simples do que é plágio e do que seria o plágio por antecipação, mostrando algumas características e as razões da dificuldade de os descobrir. O termo é uma invenção e inovação do Oulipo:

[13] J.L. Borges, Mans of Mathematics, de E.T. Bell, *Obras Completas* IV, p. 435.
[14] P. Bayard, *Le Plagiat par anticipation*, p. 22.

> Os oulipianos inovam em quê? Inicialmente executam um retorno ao passado, já que na época em que se criou o movimento, nos anos de 1960, as *contraintes* presentes na literatura, no romance, na poesia ou no teatro estavam diminuindo em virtude de uma escrita mais livre. Mas não se contentam somente em voltar ao passado, eles se impõem regras, às vezes extremas e, ao menos aparentemente, absurdas.[14]

Entretanto, para Bayard, o conceito proposto pelo grupo é bastante abrangente e vasto, o que levaria à descoberta de inúmeros plagiadores por antecipação:

> A primeira diferença que gostaria de sublinhar é o uso extensivo, e para mim por demais geral, que o Oulipo faz dessa noção, sem dúvida pela euforia da sua criação. A rigor, pela importância acordada à noção de *contrainte*, todo texto anuncia um outro e seu plágio por antecipação. Logo, essa noção se enfraquece, já que é possível cobrir tudo, e aqueles que realmente fizeram algum delito literário se encontram liberados. [...] A segunda distinção que desejaria sublinhar é ligada à primeira com certa

nuance, na utilização da noção, que só é de forma pura. Parece, lendo textos de autores do Oulipo acerca desse assunto, que o plágio por antecipação para eles é bastante involuntário, o plágio sendo de uma certa maneira constituído pelo surgimento de um segundo texto próximo ao primeiro; revelando-se ele próprio e explicitando uma *contrainte* escondida, permite revelar sua potencialidade.[15]

Um problema na argumentação de Bayard é que ele nunca utiliza o termo *matemática* para fazer referência às *contraintes* utilizadas pelo Oulipo. A descoberta de escritores que utilizaram restrições matemáticas para escrever é a proposta analítica do Oulipo e é também aquilo que melhor aproxima os conceitos presentes em "Kafka e Seus Precursores" dos plagiadores por antecipação. A proposta de *contraintes* matemáticas e estruturas lógicas é consciente, e a descoberta dos precursores não é aleatória, como sugere Bayard: "Nesse momento, percebemos a partir desses dois textos, que não somente os autores do Oulipo foram incapazes de elaborar uma teoria verdadeira do plágio por antecipação, mas que ela aparece somente em fragmentos humorísticos, estendidos por um trabalho sério e metódico."[16]

Também quando explica o conceito presente em Borges, Bayard o considera muito amplo, alegando que todos seriam precursores ou plagiadores por antecipação. Apesar de explicar bem o texto de Borges, o livro não considera os conceitos de Borges e do Oulipo equivalentes, como aqui propomos, em virtude de sua aproximação pela via matemática:

> Podemos, a partir dessa crença, encontrar um número quase sem limites de precursores de Kafka, procurando os plagiadores por antecipação em toda história e, por exemplo, em todos os textos ou numa lei indecifrável de um assunto sem propósito. Além mesmo dos pré-socráticos, da mitologia, como da *Bíblia*, desde o sacrifício de Isaac ou da Ifigênia até aos injustos mortos Moisés e Egeu, passando ao crime involuntário de Édipo – não faltando os episódios kafkanianos e então, os precursores, que o nome Kafka vem suscitar histórias semelhantes.[17]

[15] Ibidem, p. 27.
[16] Ibidem, p. 49.
[17] Ibidem, p. 69.

O livro de Bayard apresenta novas formas de entender e estudar o plágio por antecipação, propondo novos conceitos – como *influência retrospectiva* e *plágio recíproco* – que, apesar de interessantes, não se aplicam a Perec e Borges diante da comparação nos campos matemático e lógico.

Classificações

Outro aspecto pelo qual podemos pensar a relação entre as escritas de Borges e Perec é o dos processos de arquivamento, ordenação e classificação. Perec incorporou em sua obra muitos elementos borgianos, tendo o escritor argentino como uma de suas principais referências literárias. Em *A Memória das Coisas*, Maria Esther Maciel aborda Jorge Luis Borges e Georges Perec sob o viés da "imaginação taxonômica", lembrando que no prodigioso catálogo descrito em "Funes, o Memorioso", Borges "atribui ao ato de recordar da personagem uma função taxonômica: a de inventariar todas as lembranças possíveis (e impossíveis) de todas as coisas vistas, lidas, experimentadas e imaginadas ao longo de uma vida"[18]. Já em "A Biblioteca de Babel", Borges evidencia a ineficácia e a insensatez de "toda tentativa de arquivamento ou classificação exaustiva do conhecimento e das coisas do mundo, visto que todo recenseamento tende, em seus limites, a revelar o caráter do que é naturalmente incontrolável e ilimitado"[19].

[18] M.E. Maciel, A *Memória das Coisas*, p. 13.
[19] Ibidem, p. 14.

Em relação à história da classificação e à inserção de Borges nela, Lyslei Nascimento escreve:

> Desde a Antiguidade, afirma Roland Barthes, todos os tratados, principalmente os pós-aristotélicos, mostram uma obsessão pela classificação. A retórica, por exemplo, apresenta-se, abertamente, como uma classificação de matérias, de regras, de partes, de gêneros, de estilos. A própria classificação constitui um objeto do discurso, porque anuncia o plano do tratado e aponta para a técnica de predecessores, assimilando-os, contradizendo-os ou ignorando-os. A paixão pela classificação é, por vezes, interpretada

como pretensão por quem dela não participa: "no mais das vezes, e é normal, a oposição taxionômica implica uma opção ideológica: há sempre um escopo no lugar das coisas: dize-me como classificas e te direi quem és". Essa estratégia literária tem, em *História Universal da Infâmia*, um de seus exemplos mais paradigmáticos. Jorge Luis Borges, nesse livro, arrola, a exemplo de Marcel Schwob, "vidas imaginárias" que, no entanto, sob a pretensão de parte do título "história universal", compõem-se de personagens e narrativas infames. Ao coligir falsas biografias desses infames ilustres, Borges falseia e tergiversa, constrói uma classificação ou uma enciclopédia de narrativas sobre traidores, traficantes, ladrões e assassinos, a contrapelo, e à margem, do que seria uma tradicional antologia de homens notáveis da história universal.[20]

Sob esse prisma, em *A Vida Modo de Usar* Perec faz um inventário exaustivo de todos os habitantes de um prédio residencial no centro de Paris: "Um inventário que – pelo excesso de ordenação e detalhamento – acaba também por perder sua própria eficácia enquanto procedimento taxonômico diante da proliferação excessiva dos objetos e detalhes que se acumulam enquanto 'materiais da vida' das personagens."[21] Já em *Penser/classer*, Perec dedica-se a uma teorização não convencional de classificação, evidenciando sua fixação por listas, glossários, índices e várias outras modalidades de ordenação do mundo, o que, em suas palavras, não funciona, mas que continuamos a fazer sistematicamente: "Lamentavelmente não funciona, nunca funcionou, nunca funcionará. O que não impedirá que sigamos durante muito tempo classificando os animais pelo seu número ímpar de dedos ou por seus chifres ocos."[22]

Umberto Eco, em *Vertige de la liste*, percorre um trajeto desde a *Ilíada* até Borges e Perec, recontando e mostrando algumas das listas presentes na literatura, além de apontar uma distinção entre as listas práticas e as listas poéticas. Entre as listas práticas, o italiano cita a lista de cursos, de convidados para uma festa, o catálogo de uma biblioteca, a enumeração de bens de um testamento e indica que, além de determinar um grupo, elas formam um conjunto aceitável, podendo sempre ser ampliadas indefinidamente (porém, finitamente). Essas listas, de acordo com Eco, apresentam três características:

[20] L. de S. Nascimento, Monstros nó Arquivo, em J. Jeha (org.), *Monstros e Monstruosidades na Literatura*, p. 53.
[21] M.E. Maciel, op. cit., p. 14.
[22] G. Perec, *Penser/classer*, p. 155.

Em princípio, elas têm uma função puramente referencial, quer dizer, elas direcionam a objetos do mundo exterior e têm o objetivo puramente prático de nomeá-los e de enumerá-los (se esses objetos não existissem, a lista não teria nenhum sentido ou então teríamos uma referência, veremos, a uma lista poética); em seguida, como elas enumeram objetos realmente existentes e conhecidos, elas são finitas, pois querem recensear aqueles objetos a que se referem e não outros – e esse objetos, se eles estão fisicamente presentes em um lugar qualquer, têm evidentemente um número definido; enfim, elas não são alteráveis, no sentido que seria incorreto, além de insensato, acrescentar ao catálogo de um museu um quadro que não lhe pertence. As listas práticas representam, à sua maneira, uma forma, já que elas conferem unidade a um conjunto de objetos que, apesar de não semelhantes, obedecem a uma pressão contextual, quer dizer, são ligados pelo fato de estarem presentes ou preparados todos no mesmo lugar ou pelo fato de constituir o objetivo de um projeto dado.[23]

[23] U. Eco, *La Vertige de la liste*, p. 113.
[24] Ibidem, p. 117.

A razão da lista, e da possibilidade de categorização prática, parece bem fundamentada. Mas como seria a questão de arquivar, ordenar e organizar um inventário, digamos, poético? Eco apresenta sua resposta:

Porque não conseguimos enumerar qualquer coisa que escape às capacidades de controle e de denominação, e isso seria o caso do catálogo de navios em Homero. [...] Outra hipótese: inventando ou redescobrindo esses nomes nos meandros da tradição mitológica, Homero teria se prendido não à forma de seu mundo possível, mas dos sons de seus nomes. Nesse caso, teria passado de uma lista que se interessa pelos referentes e, de qualquer forma, pelos significados, a uma lista que se interessa pelos valores fônicos de enumeração, quer dizer, os significantes.[24]

As listas, porém, se confundem: podemos ler listas práticas como se fossem listas poéticas e vice-versa, num processo comumente utilizado por autores como Perec e Borges. Para conceber a lista de animais borgianos, é necessário conhecer uma lista prática de animais reais ou de animais inventados. Perec, em *A Vida Modo de Usar*, apresenta listas variadas de cardápios, placas, tabelas, fazendo assim uma ligação das listas poéticas e práticas propostas por Eco.

Perec, sentado na praça Saint-Sulpice em Paris, escrevendo seu *Tentative d'épuisement d'un lieu parisien* e anotando, de maneira cadastral, cada evento, a hora e o lugar da praça onde ocorre, representa um excesso coerente ou caótico? Sua enumeração só pode ser casual e desordenada, uma vez que muitos outros eventos são produzidos no mesmo momento, na mesma praça, e Perec não pode notar todos. Porém, sob outro ponto de vista, essa lista contém apenas as coisas que ele notou, que lhe chamaram a atenção dentre uma imensidade de informações diversas, o que faz com que seja homogênea e fundamentada em sua percepção, apesar de concebida para ser desordenada e caótica. Em *Je me souviens*, todo o caos é ordenado, pois tudo o que enumera é decorrência de sua lembrança. Assim se recorda Perec:

> I
> "Eu me lembro que *Reda Caire* foi exibido no cinema da Porta de Saint-Cloud."
> II
> "Eu me lembro que meu tio tinha um [Citroën]11 CV com placa 7070RL."[25]

Data: 18 de outubro 1974
Hora: 10:30
Lugar: Tabacaria Saint-Sulpice
Tempo: Frio e seco. Céu cinza. Alguns clarões.

Esquema de um inventário de algumas coisas estritamente visíveis:
as letras do alfabeto, as palavras "KLM" (na bolsa de um pessoa que passeia), um "P" maiúsculo que significa "parking", "Hotel Récamier", "St-Raphaël", "l'épargne à la derive", "Taxis tête de station", "Rue du Vieux-Colombier", "Brasserie-bar La Fontaine Saint-Sulpice", "P ELF", "Parc Saint-Sulpice". Símbolos

[25] G. Perec, *Je me souviens*, p. 5.

convencionais [...], números [...] asfalto [...] árvores [...] veículos [...] seres humanos [...] um pão (baguete).[26]

Para Eco, o universo inteiro que Borges cria em "O Aleph" é uma lista fatalmente inacabada de lugares, pessoas e desconcertantes epifanias[27]. Já Perec, em seu *Espèces d'espaces*, referindo-se a esse mesmo momento do conto "O Aleph", o lê como um alfabeto: o *"álef*, esse lugar borgiano, onde o mundo inteiro é simultaneamente visível, é ele outra coisa que não um alfabeto"?[28]

Gaspard Winckler, uma das personagens de *A Vida Modo de Usar*, assim como John Wilkins, tem o desejo obsessivo de colocar um pouco de ordem no universo ou problematizar um pouco mais as possibilidades de classificação:

[26] Idem, *Tentative d'épuisement d'un lieu parisien*, p. 10-11.
[27] Cf. U. Eco, op. cit.
[28] G. Perec, *Espèces d'espaces*, p. 26.
[29] *L'ARC*, p. 56.

> Tinha vontade, explicava, de classificar essas etiquetas, mas a coisa era difícil: havia, é claro, a ordem cronológica, porém ele a considerava pobre, mais pobre ainda que a ordem alfabética. Tentara classificar por continentes, depois por países, mas isso não o satisfazia. O que pretendia era um encadeamento, de modo que cada etiqueta estivesse ligada à seguinte, mas sempre por um motivo diferente; por exemplo, poderiam possuir um detalhe em comum, um vulcão ou montanha, uma baía iluminada, uma flor específica, um mesmo friso vermelho e dourado, a cara gorda de um cavalariço; ou, então, ter um mesmo formato, uma mesma forma de grafar [...].[29]

Percebemos, assim, que o problema da classificação está presente em Borges e Perec, e que eles trabalham a questão de diferentes formas em suas obras.

Uma Classificação Especial – John Wilkins

John Wilkins, filho de Walter Wilkins, nasceu em Daventry, Northamptonshire (Londres), em 1614. No início de "O Idioma Analítico de John Wilkins", Borges apresenta uma pequena biografia ("verdadeira") dele. No idioma universal proposto por Wilkins, cada palavra se define a si mesma, e seu projeto era que esse idioma organizasse e abrangesse todos os pensamentos humanos, conforme descrito por Umberto Eco em *A Busca da Língua Perfeita*. Borges, utilizando seus recursos ficcionais e críticos, apresenta nesse texto uma classificação tão ambígua e problemática quanto as propostas por John Wilkins, atribuindo-a a um certo Franz Kuhn, sinólogo contemporâneo. Assim Borges apresenta sua famosa e muito discutida classificação chinesa:

a) pertencentes ao Imperador; b) embalsamados; c) domesticados; d) leitões; e) sereias; f) fabulosos; g) cães em liberdade; h) incluídos na presente classificação; i) que se agitam como loucos; j) inumeráveis; k) desenhados com um pincel muito fino de pelo de camelo; l) *et caetera*, m) que acabam de quebrar a bilha; n) que de longe parecem moscas.[30]

30 J.L. Borges, O Idioma Analítico de John Wilkins, *Obras Completas* II, p. 95.
31 U. Eco, El Idioma de los Argentinos, em J.L. Borges; J.E. Clemente, *El Lenguaje de Buenos Aires*, p. 18.
32 R. Alifano, *Conversaciones con Borges*, p. 81.
33 J.L. Borges, *Textos Recobrados*, p. 334.
34 M. Camurati, *Los "Raros" de Borges*, p. 28.
35 J.L. Borges, *Textos Recobrados*, p. 334.

Essa não é a primeira referência de Borges a Wilkins: na conferência *El Idioma de los Argentinos*, Borges se refere ao "bispo anglicano Wilkins, o mais inteligente utopista em transes de idiomas".[31] Seu encontro com Wilkins se dá através da *Enciclopédia Britânica*, marco fundamental em sua obra, já que sua leitura é sempre responsável por uma cota de surpresa, dado "que está regida pela ordem alfabética que, essencialmente, é uma desordem".[32] Um texto importante de Wilkins é *Magia Matemática*, em que o autor é reconhecido como precursor do voo em uma máquina. Em *Textos Recobrados*, Borges escreve: "refere-se a um certo monge inglês do século XI que voou desde a torre mais eminente de uma igreja catedral espanhola assistido por asas mecânicas".[33] Essa referência, não por acaso, pode ser encontrada na sessão sobre "Aeronáutica" da *Enciclopédia Britânica*.[34]

No mesmo livro de Wilkins, há referências à criptografia, também retomadas por Borges: "Mercúrio, o secreto e rápido mensageiro, é um manual de criptografia."[35] Mas o que mais atrai a atenção de Borges é a classificação de Wilkins que aparece no texto "An Essay Towards a Real Character, and a Philosophical Language", de 1668, no qual ele propõe uma catalogação do universo, repartindo-o em quarenta categorias, indicadas por nomes monossilábicos de letras. Essas categorias estão subdivididas em gêneros (indicados por uma consoante) e esses gêneros em espécies, indicadas por vogais, e são retomadas em "O Idioma Analítico de John Wilkins".

Para Umberto Eco, a lista chinesa que Borges inclui nesse texto é o exemplo máximo de lista incongruente. Eco indica as diferenças entre as enumerações caóticas da Antiguidade e as atuais, indicando que Homero, por exemplo, recorria às listas por lhe faltarem palavras, e que a língua e o *topos* do indizível dominaram durante séculos as listas poéticas:

> Examinando o excesso coerente das enumerações caóticas, constatamos que, de acordo com as listas da Antiguidade, qualquer coisa de diferente foi produzida. Homero recorria à lista porque lhe faltavam as palavras, a língua e a fala, e o *topos* do indizível dominou durante séculos a poética da lista. Em contrapartida, as listas de Joyce e de Borges mostram a evidência de que o autor não enumera mais não porque não saberia como dizer de outra forma, mas sim porque ele quer dizer pelo excesso, pelo *hybris* e voracidade da letra, por um feliz saber (raramente obsessivo) do plural e do ilimitado. A lista se torna uma forma de remisturar o mundo, a fim de colocar em prática o convite de Tesauro de acumular propriedades para surgir novos produtos entre coisas distantes, e, em todo caso, por colocar em dúvida o que dita o senso comum. A lista caótica se torna, assim, um dos modos dessa decomposição das formas que atingirão, cada uma a sua maneira, o futurismo, o cubismo, o dadaísmo, o surrealismo ou o novo realismo.[36]

[36] U. Eco, *La Vertige de la liste*, p. 327.

Em seu texto, Borges faz ainda referência aos projetos de Descartes e Leibniz sobre uma linguagem derivada de um sistema decimal ou binário, projetos que, como apresentamos matematicamente no capítulo anterior, utilizam sistemas igualmente poderosos. Em paralelo, tanto o projeto de Wilkins quanto o projeto de Borges da biblioteca chinesa são, matematicamente, igualmente fracos: seu intuito é parodiar as classificações de Wilkins, e com isso criticar qualquer sistema classificatório. Assim Foucault o lê:

Este livro nasceu de um texto de Borges. Do riso que, com sua leitura, perturba todas as familiaridades do pensamento – do nosso: daquele que tem nossa idade e nossa geografia – abalando todas as superfícies ordenadas e todos os planos que tornam sensata para nós a profusão dos seres, fazendo vacilar e inquietando, por muito tempo, nossa prática milenar do Mesmo e do Outro. No deslumbramento dessa taxonomia, o que alcançamos imediatamente, o que, por meio do apólogo, nos é indicado como o encanto exótico de um outro pensamento é o limite do nosso: a pura impossibilidade de pensar isso.[37]

[37] M. Foucault, As Palavras e as Coisas, p. 7.
[38] Ibidem, p. 11.

Já que o texto, através de sua classificação e enumeração, não obedece nenhum tipo de lógica intrínseca, como a de uma enciclopédia, por exemplo, Foucault se pergunta a respeito de sua própria impossibilidade de pensar classificando e continua:

> Assim é a enciclopédia chinesa citada por Borges e a taxonomia que ela propõe conduz a um pensamento sem espaço, a palavras e categorias sem tempo nem lugar, mas que, em essência, repousam sobre um espaço solene, todo sobrecarregado de figuras complexas, de caminhos emaranhados, de locais estranhos, de secretas passagens e imprevistas comunicações; haveria assim na outra extremidade da terra que habitamos, uma cultura voltada inteiramente à ordenação da extensão, mas que não distribuiria a proliferação dos seres em nenhum dos espaços onde nos é possível nomear, falar, pensar.[38]

Assim, para Borges, não há classificação do universo que não seja arbitrária e conjectural.

Umberto Eco, retomando também a inquietante classificação chinesa, faz referência a um problema clássico da lógica matemática para explicar o problema de colocar a própria classificação dentro da classificação – atitude de Borges ao incluir em sua lista o item "h) incluídos na presente classificação" –, o qual apresentamos anteriormente, qual seja, o problema da autorreferência. Borges, aqui, apresenta um paradoxo matemático com o intuito de criticar um sistema classificatório ou um sistema de enumeração, conforme indica Eco:

Mas há algo pior. Isso que coloca a lista verdadeiramente inquietante, é que ela inclui, entre os elementos que classifica, os mesmos elementos que são pertencentes à classificação. Aqui, o leitor ingênuo, mais que tudo, perde a cabeça. Mas o leitor *expert* em lógica de conjuntos confirma a vertigem que sentiu Frege face à objeção do jovem Russell. Apresenta-se um paradoxo. Borges não fez outra coisa que colocá-lo em cena.[39]

O livro *Penser/classer* traz um texto com o mesmo nome, no qual Perec começa se perguntando se ele pensa antes de classificar ou se ele classifica antes de pensar e como ele pensa quando quer classificar, perguntas que nos remetem aos comentários de Foucault. Perec continua provocando e desordenando o próprio sistema de ordenação através de sinônimos: tudo isso seria uma utopia de desejo taxonômico, a de colocar um lugar para cada coisa e uma coisa em cada lugar. Para Perec, o problema das classificações é que elas caducam, apesar do desejo de classificar: a abundância de coisas e de informações de cada elemento permite, somente, uma classificação provisória, incompleta e absurda. Assim Perec apresenta sua própria lista, em referência à de Borges:

[39] U. Eco, *La Vertige de la liste*, p. 395.
[40] G. Perec, *Penser/classer*, p. 165.
[41] Ibidem.

> A) Animais que fazemos pares; B) animais que a caça é proibida do 1º de abril à 15 setembro; C) baleias encalhadas; D) animais que na entrada do território nacional são submetidos à quarentena; E) animais em copropriedade; F) animais empalhados; G) *et caetera*; H) animais sensíveis; J) animais beneficiários de heranças importantes; K) animais que podem ser transportados em cabines; L) cachorros perdidos sem coleira; M) asnos; N) jumentos presumidamente cheios.[40]

Nessa classificação, é interessante analisar o item G, por estar presente também na classificação borgiana e por um comentário do próprio Perec em relação a ele: "Esse 'etc.' não tem nada de surpreendente propriamente dito; é apenas o seu lugar na lista que o torna curioso."[41] Conforme Eco, o item "presentes nessa classificação" de Borges torna o conjunto autorreferente, levando-nos ao paradoxo de Russell. O *et caetera*, por seu turno, mostra a impossibilidade de classificar: a classificação, por mais exaustiva que seja e por mais que tente ordenar todos os elementos, sempre terá um *et caetera*, que, por definição, fica responsável por "e o resto". Ou seja, por meio dele inclui-se tudo na classificação.

Perec continua, em "Borges et les Chinois":

> A abundância de intermediários e o gosto bem conhecido de Borges pelas erudições ambíguas permitem questionar se esse *hétéroclisme*, um pouco demais perfeitamente estupefante, não é inicialmente um efeito da arte. De simples punções nos textos administrativos, tudo que há de mais oficial é suficiente para produzir uma enumeração quase, também, *rondeflanesque*.[42]

Aqui Perec se pergunta se a classificação de Borges, conhecendo suas referências, suas leituras, sua erudição e suas trapaças, não seria, tão somente, arte. Sua nova classificação apresentaria punções de textos administrativos e oficiais que produziriam, também, enumerações circulares. Uma solução possível para o problema da classificação, por exemplo, de uma biblioteca, seria a dada pelo Capitão Nemo, personagem de Júlio Verne e citada por Perec: "o mundo terminou para mim no dia em que meu Nautilus se enterrou pela primeira vez sob as águas. Nesse dia, comprei meus últimos volumes, meus últimos livros, meus últimos jornais, e desde então eu quero acreditar que a humanidade não mais pensou ou escreveu"[43].

Já que não tem mais livros e que todo o conhecimento para ele está completo e presente num só lugar, numa biblioteca que não é a de *Babel* e comporta apenas 12 mil volumes, o Capitão não tem problemas – nem com o espaço da biblioteca, nem com a forma de sua ordenação.

[42] Ibidem, p. 164.
[43] J. Verne apud G. Perec, *Penser/classer*, p. 33.

A Ideia do Labirinto em Borges, em Perec e na Matemática

Uma das definições dadas pelos próprios oulipianos ao seu trabalho é a seguinte: "Oulipianos: ratos que constroem o labirinto de que se propõem a sair."⁴⁴ Para Borges, o "Labirinto e o Livro são, pois, uma só e mesma coisa. Mas são também outra coisa: o Universo"⁴⁵. Essa é, assim, outra via de aproximação entre Perec e Borges, que em suas obras constroem labirintos e trabalham bastante com essa figura.

Muitos artigos e trabalhos importantes sobre labirintos na matemática foram escritos por Pierre Rosenstiehl, matemático, especialista em teoria de grafos, diretor da École des Hautes Études en Sciences Sociales, e que se tornou membro do Oulipo em 1992. Em artigos como "Labyrinthologie mathématique"⁴⁶, "Les Mots de labyrinthe"⁴⁷, "Le Dodécadédale ou l'éloge de l'heuristique"⁴⁸, Rosenstiehl discute os labirintos matematicamente, através da teoria de grafos. Além disso, aplica essa ideia a conceitos sociais e interdisciplinares. Pouco presente nos encontros, sua principal contribuição ao Oulipo, em conjunto com Jacques Jouet, foi o fornecimento do grafo de um circuito otimizado da rede de metrô parisiense, que pode ser encontrado na Biblioteca Oulipiana n. 97.

Em "Labyrinthologie mathématique", o matemático implementa um algoritmo para construir um grafo que visite ou cruze determinado ponto uma ou mais vezes. Essa situação é análoga à ideia de um táxi que visite todos os portões de Paris ou à de levar um carteiro de volta à central de distribuição. De acordo com Rosenstiehl, é necessário observar dois aspectos para encontrar a solução de um labirinto: o primeiro é descobrir a rota dentre as rotas possíveis do labirinto e retraçar o caminho encontrado; o segundo é definir os parâmetros de um autômato que possa construir esse caminho. Seu propósito é trabalhar o problema como se fosse uma árvore, utilizando a imagem do "fio de Ariadne" para encontrar o caminho tomado pelo grafo. Já nos artigos "Les Mots de labyrinthe" e "Le Dodécadédale ou l'éloge de l'heuristique" – apresentados no seminário de Roland Barthes sobre *Labirintos Como Metáfora Para a Pesquisa Interdisciplinar*, no Collège de France –, Rosenstiehl propõe uma transposição do labirinto matemático para o campo das ciências sociais.

Um labirinto pode ser modalizado em várias dimensões, sendo os mais comuns aqueles em duas dimensões. Ele é uma superfície conexa que pode ser simples (figura 6a) ou ter anéis ou ilhas (figura 6b):

44 Oulipo, op. cit., p. 32.
45 E.M. Monegal, *Borges: Uma Poética da Leitura*, p. 100.
46 P. Rosenstiehl, Labyrinthologie mathématique, *Mathématiques et Sciences Humaines*, v. 9, n. 33, p. 5-32.
47 Idem, Les Mots du labyrinthe, *Cartes et figures de la Terre*, p. 94-103.
48 Idem, Le Dodécadédale ou l'éloge de l'heuristique, *Critique*, août-sept. 1982.

Figura 6: Superfícies A e B

49 Em Oulipo, *La Biblioteque oulipienne*, v. 5.

As duas figuras não são topologicamente equivalentes e por isso conduzem a dois tipos de labirintos diferentes: os ditos perfeitos, onde um caminho único passa por todas as células; e os ditos imperfeitos, onde há ilhas inacessíveis que isolam algum caminho. Assim, podemos representar um labirinto como um grafo conforme a figura 7:

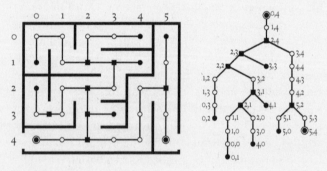

Figura 7: Grafos A e B

A figura 7a apresenta um labirinto perfeito, onde a entrada está nas coordenadas (0,4) e a saída está em (5,4). O grafo da figura 7b, por outro lado, produz vários ramos, porém somente um deles leva à saída do labirinto.

Claude Berge, matemático e membro do Oulipo, utilizou também os grafos na literatura. Em seu romance policial *Qui a tué le duc de Densmore*[49], a partir de oito narrações das últimas personagens que viram o duque antes de sua morte – com a ajuda de um detetive da Scotland Yard, da teoria de grafos e da resolução do Teorema de Hajós –, o assassino é descoberto. Em *La Princesse aztèque*[50], transporta a ideia de um paradoxo geométrico conhecido como DeLand[51] para um soneto.

A solução e a criação de labirintos na matemática e na computação podem ser vistas como uma *contrainte*, já que para sua construção é necessário seguir certas regras e restrições: esse labirinto deve conter uma entrada e uma saída e, conforme o desejo de seu construtor, pode apresentar vários caminhos e truques que dificultem sua solução. Na literatura, no entanto, a ideia do labirinto tanto pode ser metafórica – forma utilizada por Borges – quanto uma variante estrutural – forma utilizada por Perec.

A ideia do Livro Total em Borges – como um catálogo de catálogos infinitos, uma biblioteca de construção hexagonal, um livro de areia com infinitas páginas, um labirinto ou um mapa em tamanho real – pode ser relacionada à ideia de labirinto, que seria nesses casos, por exemplo, a possibilidade de se encontrar e se perder pelas páginas do livro, pelos hexágonos da biblioteca ou pelo mapa da cidade. O Livro Total conteria todo o conhecimento dessa biblioteca, fornecendo um caminho para a procura e busca de qualquer informação; porém, como num labirinto, esse livro total teria critérios de ordem ocultos. Como num grafo, vários são os ramos aos quais você pode chegar, de acordo com o caminho tomado e com o tempo de caminhada; algumas vezes, porém, o caminho não conduz à saída do labirinto.

Assim Borges constrói seu labirinto de Creta:

[50] Em Oulipo, *La Biblioteque oulipienne*, v. 2.
[51] Cf. M. Gardner, *Mathématiques, magie et mystère*.

Labirinto

Este é o labirinto de Creta. Este é o labirinto de Creta cujo centro foi o Minotauro. Este é o labirinto de Creta cujo centro foi o Minotauro que Dante imaginou como um touro com cabeça de homem e em cuja rede de pedra se perderam tantas gerações. Este é o labirinto de Creta cujo centro foi o Minotauro, que Dante imaginou como um touro com cabeça de homem e em cuja rede de pedra se perderam tantas gerações como Maria Kodama e eu nos perdemos. Este é o labirinto de Creta cujo centro foi o Minotauro, que Dante imaginou como um touro com cabeça de homem e em cuja rede de pedra se perderam tantas gerações como Maria Kodama e eu nos perdemos naquela manhã e continuamos perdidos no tempo, esse outro labirinto.[52]

"O Labirinto" segue, assim, como um algoritmo, uma recorrência. A cada nova iteração[53], novas informações são a ele incorporadas. A estrutura também pode ser entendida como um grafo em forma de árvore: aqui, de maneira diferente dos outros labirintos que criou utilizando ficcionalmente os paradoxos, Borges segue a linha oulipiana, adotando uma forma labiríntica para a própria estrutura do texto. Contrastando com a estrutura linear de "O Labirinto", temos "Os Dois Reis e os Dois Labirintos":

Contam os homens dignos de fé (porém Alá sabe mais) que nos primeiros dias houve um rei das ilhas da Babilônia que reuniu os seus arquitetos e magos e lhes mandou construir um labirinto tão complexo e sutil que os varões mais prudentes não se aventuravam a entrar nele, e os que nele entravam se perdiam. Essa obra era um escândalo, pois a confusão e a maravilha são atitudes próprias de Deus e não dos homens. Com o correr do tempo, chegou à corte um rei dos Árabes, e o rei da Babilônia (para zombar da simplicidade do seu hóspede) fez com que ele penetrasse no labirinto, onde vagueou humilhado e confuso até ao fim da tarde. Implorou então o socorro divino e encontrou a saída. Os seus lábios não pronunciaram queixa alguma, mas disse ao rei da Babilônia que tinha na Arábia um labirinto melhor e que, se Deus quisesse, lho daria a conhecer algum dia. Depois regressou à Arábia, juntou os seus capitães e alcaides e arrasou os reinos da Babilônia com tão venturosa fortuna que derrubou os seus castelos, dizimou os seus homens e fez cativo o próprio rei. Amarrou-o sobre um camelo veloz e levou-o para o deserto. Cavalgaram três dias, e disse-lhe: "Oh, rei do tempo e substância e símbolo do século, na Babilônia quiseste-me perder num labirinto de bronze com muitas escadas, portas e muros; agora o Poderoso achou por bem que eu te mostre o meu, onde não há escadas a subir, nem portas a forçar, nem cansativas galerias a percorrer, nem muros que te impeçam os passos."

[52] J.L. Borges, O Labirinto, *Obras Completas* III, p. 488.
[53] Termo usado na Ciência da Computação e na Matemática para se trabalhar com novos ciclos de procedimentos.

Depois, desatou-lhe as cordas e abandonou-o no meio do deserto, onde morreu de fome e de sede. A glória esteja com Aquele que não morre.[54]

Se construíssemos um grafo para representar o deserto, esse terrível labirinto sem escadas, portas e galerias criado por Borges, a infinidade de caminhos, entradas e saídas nos levaria a um fracasso. Como representar todas as possibilidades de percursos de um deserto? Como a reta é formada por infinitos pontos, um plano – que poderia ser a imagem desse deserto – conteria infinitas retas e, por isso, infinitos caminhos. A solução para esse labirinto, pensando em algoritmos[55], seria seguir em alguma direção e, como Alice, caminhar o suficiente, se possível (o que no caso, não o foi).

Umberto Eco sintetiza a ideia do labirinto em três categorias: clássico, maneirista e rizomático[56]. No clássico, através da construção do labirinto por Dédalo, é necessário descobrir e percorrer um só caminho para chegar ao centro, onde se encontra o perigo: o Minotauro. Através de um fio condutor que é concedido por Ariadne é possível encontrar novamente a saída. Diferentemente, o labirinto maneirístico apresenta uma série de escolhas e percursos que podem não levar a lugar algum: apenas um dos percursos leva à saída. Apesar de tentativa e erro estarem presentes e não haver um centro, existe uma única possibilidade de escape, de saída, do encontro da busca. Já o labirinto rizomático é estruturado em forma de rede; assim, não existem centro ou periferia. Não existe também a ideia de dentro e de fora. Um ponto estabelece relação com outros pontos e não existem linhas fixas, pois elas podem ser partidas e reconstruídas, de forma que um caminho pode se perfazer e ser virtual.

Na obra de Perec, a ideia de labirinto aparece estruturada em suas *contraintes* e também explicitamente nos livros *Jeux intéressants*, *Nouveaux jeux intéressants* e *A Vida Modo de Usar*. Nos primeiros dois livros, encontramos palavras cruzadas e outros problemas que podem ser entendidos e resolvidos, como grafos e labirintos. Em *A Vida Modo de Usar*, o tabuleiro de xadrez de cem casas – que representa um prédio e no qual os capítulos e

[54] J.L. Borges, Os Dois Reis e os Dois Labirintos, *Obras Completas* I, p. 676.
[55] Alguns algoritmos para se encontrar um caminho no labirinto propõem que se siga, por exemplo, sempre à direita ou que se margeie alguma parede. Algumas vezes essa atitude pode ocasionar ciclos, dependendo da construção do labirinto.
[56] Cf. U. Eco, *Sobre os Espelhos e Outros Ensaios*.

seus *romances* se apresentam através do movimento do *cavalo* do xadrez – pode ser visto também como um labirinto. Nesse labirinto existe um "fio de Ariadne" que liga todos os capítulos, mas que também, através de algumas das *contraintes* utilizadas, trapaceia, esconde e ludibria o leitor para a solução do *puzzle* de Bartlebooth, assim como em relação à descoberta do caminho para entrar e sair dos romances.

Borges, em "O Jardim de Veredas Que se Bifurcam", fala do infinito, do inumerável, da simultaneidade, da dimensão cíclica dos tempos, do tempo e da eternidade, construindo o que também pode ser visto como um labirinto. Dentro do conto de espionagem convencional que nos conduz a um final surpresa, ele inclui um outro conto de tipo lógico-metafísico, que é um romance chinês interminável. Através das várias descrições das concepções do tempo, Borges constrói uma rede, um grafo de possíveis e muitos caminhos que se bifurcam, uma imagem em árvore. Há uma ideia de tempo pontual como um presente subjetivo absoluto; uma ideia de tempo determinado pela vontade, na qual uma ação implica um futuro determinado e se apresenta irrevogável como o passado; e a ideia central e labiríntica do conto: um tempo plural, ramificado, no qual cada presente se bifurca sucessivamente em dois futuros a fim de formar uma rede crescente de tempos divergentes, paralelos e convergentes. Todas as possibilidades podem ser realizadas através de todas as combinações possíveis: um grafo com todas as ramificações, no qual um ramo determina, por exemplo, um assassinato, e outro ramo determina que assassino e vítima sejam amigos e irmãos. Borges acredita que, no tempo ambíguo da arte, uma história não é determinada somente pela decisão de um caminho, não sendo necessária a eliminação de todas as outras possibilidades[57].

Em "A Casa de Asterión" e "Abenjacán, o Bokari, Morto em Seu Labirinto", Borges segue outra linha para a construção de seus labirintos-biblioteca: conforme Eneida Maria de Souza, essa linha dilui-se no grande texto da tradição, escrita por vários autores e "formada da matéria espelhada dos sonhos e das narrativas que se perdem no esquecimento e apagam, por conseguinte, a imagem unívoca do sujeito, da pessoa e do nome próprio, causada pelo espectro da semelhança, sombra que se projeta em outra sombra"[58].

[57] Cf. I. Calvino, *Por Que Ler os Clássicos*.
[58] E.M. de Souza, *O Século de Borges*, p. 50.

Georges Perec e Jorge Luis Borges: Números, Filosofia e Matemática

Assim como Perec abusa e esgota as possibilidades estruturais utilizando alguns métodos matemáticos (*bicarré, pseudo-quenines*), Borges utiliza alguns conceitos matemáticos (infinito, paradoxos) e os explora exaustivamente. Se Borges repete os paradoxos matemáticos, Perec o faz com as *contraintes* estruturais, como os lipogramas, os palíndromos e os jogos. Hayles escreve sobre Borges:

> Borges tenta aumentar em vez de utilizar-se das permutações disponíveis. Em vez de centenas de páginas, ele escreve cinco ou seis, incluindo, pelo menos, um catálogo aberto capaz de se expandir indefinidamente. Para Borges, o êxtase é impossível, porque a arte não é um objeto a ser moldado, mas um processo contínuo cujas permutações são inesgotáveis. A obra de Borges é repetitiva: os mesmos temas, ideias e paradoxos são sempre recorrentes.[59]

[59] K. Hayles, *The Cosmic Web*, p. 138.

As indicações da utilização da matemática em Borges e Perec também são bem diferentes. Enquanto Perec apresenta a utilização das *contraintes* matemáticas em inúmeros de seus trabalhos, entrevistas, livros e resenhas, Borges, que antes da descoberta do livro *Matemática e Imaginação* conhecia apenas alguns problemas, principalmente da lógica matemática, após o contato com essa obra passa a utilizar a matemática como recurso ficcional em seus contos. O conhecimento matemático de Borges, assim, se dá através dos livros; o de Perec, pela amizade e por sua inserção num grupo composto de matemáticos (amadores e profissionais) e escritores. Isso faz com que a descoberta de recursos matemáticos na obra de Perec seja mais direta, uma vez que seus próprios textos já indicam essas referências e propiciam inúmeros estudos na área, ao contrário de Borges, que aplica alguns conceitos e estruturas mas deixa a cargo de seu leitor – ainda que com algumas dicas do próprio Borges – o papel de descobri-los.

Existem duas principais visões em relação à natureza da matemática: o platonismo e o formalismo, sendo os platonistas dominantes, mas contando os formalistas com maior respeito em termos filosóficos[60]. Os formalistas podem ser apresentados a partir da seguinte frase: "Matemática é um jogo sem significado ('sem significado' e 'jogo' restam indefinidos. Wittgenstein mostrou que jogos não têm uma definição estrita, apenas uma semelhança familiar)."[61] Para eles, o jogo deve conter duas coisas: regras e pessoas que jogam com as regras. Essas regras podem ser explícitas, como em jogos de cartas, ou espontâneas, como em linguagens naturais ou na aritmética básica.

As regras de linguagem e da matemática são historicamente determinadas por trabalhos da sociedade que envolvam interações sociais entre grupos e relações entre fatores ambientais, sociais e físicos que são complicados e misteriosos, mas não arbitrários. Criar regras faz parte da sociedade de forma geral, não apenas no tocante aos jogos: criam-se regras para a construção de linguagens de programação, para sinais de trânsito, para cargos públicos, entre outras, com um propósito bem definido e para que sejam aceitas e "jogadas" por pessoas que, por sua vez, devem ser "aceitáveis" por uma comunidade.

[60] Cf. R. Hersh, *What Is Mathematics, Really?*.
[61] Ibidem, p. 7.
[62] Ibidem, p. 12.

Existe, porém, um grupo de matemáticos para o qual a matemática não é somente a busca de regras e o posterior jogo com elas. Esses matemáticos, os platonistas, querem saber os motivos e as procedências dessas regras e desses jogos: eles acreditam que a matemática existe fora do espaço e do tempo, fora do pensamento e da matéria, num domínio independente de qualquer consciência individual ou social. Os platonistas matemáticos, que descendem, como indica o nome que recebem, das ideias filosóficas de Platão, acreditam que os objetos matemáticos são reais e independentes de nosso conhecimento, existindo *a priori*: esses objetos nunca foram criados e nunca mudam. A matemática seria, assim, uma ciência empírica como a botânica, em que não há o que inventar, pois tudo já está dado, só há que ser descoberto. Para matemáticos importantes, como Leibniz e Berkeley, abstrações como os números são os pensamentos dentro da mente de Deus: "O platonismo sem Deus é como o sorriso no gato Cheshire de Lewis Carroll. O gato tem o sorriso. Gradualmente o gato desaparece, até que tudo tenha ido – exceto o sorriso. O sorriso continua, mesmo sem o gato."[62]

A partir dessas visões filosóficas da matemática, podemos traçar um dos aspectos diferenciadores do uso da matemática em Borges e Perec, conforme indicado no quadro 8 no início deste capítulo: Perec é um formalista, enquanto Borges é um platonista. Não se quer, com essa afirmação, indicar que Perec acredita numa concepção formalista nem que Borges acredita na concepção platonista da matemática, pois não há como descobrirmos e atestarmos qual forma de crença na matemática habita em ambos os escritores. O que pretendemos é tão somente mostrar, através de exemplos das obras dos dois autores, que a literatura de Perec se aproxima da matemática pela via formalista, ao passo que Borges aproxima literatura e matemática pela via platonista.

Em Perec, a literatura aparece como um jogo, mas um jogo sério:

[63] G. Perec, *Entretiens et conférences II*, p. 254.
[64] Ibidem, p. 256.
[65] Ibidem, p. 296.

> Podemos dizer, para começar, que o Oulipiano é alguém que não leva a literatura a sério, que a considera como uma atividade lúdica, como um jogo. Pensamos que o lúdico e o jogo são atividades sérias.[63]
>
> [...]
>
> Eu me vejo um pouco como um jogador de xadrez jogando uma partida com o leitor. Tenho que convencer esse leitor, ou essa leitora, a ler o que escrevi e ele deve começar o livro e chegar até o fim. Se ele não o faz, eu não atingi meu objetivo. E o que acontece se ele o faz? Não sei. Tudo que posso imaginar é que a leitura do meu texto dará o mesmo prazer ou dor que tive ao escrever.[64]
>
> [...]
>
> Sim, há uma orientação científica, há pessoas... a gente podia... O Oulipo se parece um pouco com essas pessoas, fazemos um pouco com a linguagem o mesmo que os matemáticos fazem com os números e o espaço. Ou seja, colocamos hipóteses e, em seguida, tentamos ver o que é isso... quais propriedades... chamamos isso, na literatura, de potencialidade.[65]

Assim como os formalistas, Perec é um criador de regras e também um jogador. Há, em sua literatura, as regras – as *contraintes* matemáticas – e as pessoas que jogam com essas regras – seus leitores e estudiosos. Além disso, essas regras são "aceitáveis" e "jogáveis", já que podemos ler seus livros e, por meio dessa leitura, descobrir e entender suas *contraintes*. Mas esse jogo literário, diferentemente de jogos como o xadrez, algumas vezes sai do controle do autor: apesar de devidamente estruturado, explicado e de regras bem estabelecidas, o escritor não tem controle total sobre ele.

É assim que Perec descreve o projeto de Bartlebooth, um projeto bem estruturado e explicado, com regras definidas, mas que, ao fim, foge ao controle pelas contingências dos modos de usar a vida. Na introdução de A *Vida Modo de Usar*, o escritor explica o plano de um confeccionador de *puzzles*, segundo o qual toda jogada deveria ser pensada anteriormente, em cuja mente todas as possibilidades e potencialidades já deveriam ter sido projetadas. Porém, apesar de *contraintes* como a poligrafia do cavaleiro, a *pseudo-quenine* de ordem 10, *os bicarrés*, as permutações, os palíndromos, lipogramas e os algoritmos funcionarem segundo as regras do jogo, algo fundamental à literatura escapa. Aqui diferenciamos a inserção no jogo e o pensamento sobre o jogo, o sistema matemático e o metamatemático: a estrutura matemática proposta por Perec é alcançável, seja em *La Disparition*, escrita sem a letra *e*, seja com as muitas *contraintes* de A *Vida Modo de Usar*. Mas a concepção de potencialidade da obra, de criação de uma literatura na qual se poderia vislumbrar todas as possibilidades de leitura, todas as visões dos leitores/jogadores, permanece necessariamente incompleta como o projeto de Bartlebooth, inacabada como o livro 53 *jours*.

Borges segue em outra direção: a matemática poderia ser, em sua obra, tão somente uma grande tautologia, uma vez que o escritor argentino estava inteirado da discussão em relação aos fundamentos da matemática que ocorria em sua época: o verdadeiro *versus* o demonstrável, os Teoremas da Incompletude de Gödel e o Projeto de Hilbert. A matemática, para ele, assim como a música, pode dispensar o universo: como os platonistas não podem se separar de um Deus, Borges não pode se separar do conceito de descoberta. A matemática, como outros tantos enigmas, está no mundo para ser descoberta, sonhada e vislumbrada. Podemos, assim, ler "A Escrita do Deus" como essa tentativa de descobrir a matemática platonista, esse segredo, esse conhecimento intangível:

> Dediquei longos anos a aprender a ordem e a configuração das manchas. Cada cega jornada me concedia um instante de luz, e

assim pude fixar na mente as negras formas que riscavam o pelo amarelo. Algumas incluíam pontos; outras formavam raias transversais na face inferior das pernas; outras, anulares, se repetiam. Talvez fossem um mesmo som ou uma mesma palavra. Muitas tinham bordas vermelhas.[66]

Essas diferenças de concepção matemática implicam também na diversidade de formas de utilização da matemática em suas obras. Borges, por exemplo, utiliza o conceito dos números muito grandes para dar uma ideia da grandeza em "A Biblioteca de Babel". Apresenta, ainda, múltiplos paradoxos – que são variações do paradoxo do movimento de Zenão e do paradoxo dos conjuntos autorreferentes de Russell – com o intuito de problematizar conceitos como o de classificação ou de enumeração. Nessas situações, a matemática serve para aumentar as possibilidades e potencialidades da leitura, de forma que quanto maior for o conhecimento do leitor a respeito do problema em questão, mais recursos e ferramentas ele terá para interpretar o conto. Já Perec coloca a matemática na estrutura mesma de seus textos, na composição de suas obras: suas *contraintes* mais utilizadas, como o *bicarré* ou a poligrafia do cavaleiro, estruturam o próprio livro matematicamente, de forma que a matemática aparece intrinsecamente inserida aos seus textos.

[66] J.L. Borges, A Escrita do Deus, *Obras Completas I*, p. 665.

Em Borges, os recursos matemáticos servem para aprimorar, requintar e engrandecer a ficção: seu livro de areia com páginas infinitas e no qual é impossível achar algumas delas; seus hexágonos que se aproximam de um círculo de infinitos lados e que representam uma biblioteca também infinita; seu *álef*, que possibilita ver tudo, de todos os ângulos e em todos os tempos; seus animais, incluídos em sua própria classificação... Todas essas questões fazem parte do domínio da matemática, mas são em Borges utilizadas como recursos ficcionais.

Já Perec faz de sua escrita um processo combinatório, uma exaustiva permutação de *contraintes*: ele busca utilizar todas as palavras, todas as estruturas, todas as potencialidades matemáticas de uma escrita restritiva. A partir disso, escreve um livro que qualquer outro, mesmo de posse de todas as informações sobre as restrições e estruturas matemáticas utilizadas, não conseguiria fazer: assim se constitui a escrita restritiva do Oulipo e a de Georges Perec, num movimento em que, mesmo partindo das mesmas regras, os jogadores (escritores ou leitores) trilham caminhos diferentes. Assim, de forma geral, os problemas que mais nos sensibilizam na obra de Borges são os paradoxos da teoria de conjuntos e os paradoxos filosóficos, além dos problemas de enumeração e contagem, que levam ao infinito. Já em Perec destacam-se os jogos de palavras, de linguagem e de estruturas, além dos problemas de classificação.

Ainda vale destacar a presença e importância de alguns números nas obras tanto de Borges quanto de Perec. O número 11 é um exemplo: em "Tlön, Uqbar, Orbis Tertius", Borges apresenta um sistema duodecimal, no qual o número 11 passa a ser um número além do sistema decimal e bem próximo do fim do sistema duodecimal, conforme descreve Hayles:

[67] K. Hayles, op. cit., p. 144.
[68] B. Magné, C.A. Thomasset, *Georges Perec*, p. 59.

> Aos poucos, somos levados a suspeitar que a base doze também é o sistema operacional dentro da história, o que implica que se o mundo torna-se Tlön, o texto também se torna um documento Tlönista. Borges alcança essa modulação dando uma ênfase sutil ao número onze – um número que nos encoraja a prosseguir para além do *terminus* previsto do sistema decimal. O volume da Primeira Enciclopédia de Tlön que Borges descobre primeiro é o décimo primeiro; heresias do século XI são documentadas; hrönir do décimo primeiro grau são enfatizados como tendo "uma pureza da forma que os originais não possuem".[67]

Em Perec, o número 11 também pode ser encontrado como um estímulo a ultrapassar o básico, a ir além do sistema e esgotar todas as suas possibilidades, conforme aponta Bernard Magné:

> O 11 fornece a estrutura mais importante, sem dúvida por causa de certas especificidades formais. Inicialmente é um número primo que oferece certa resistência à divisão, à quebra. Mas é também um número palíndromo, já que se pode ler nos dois sentidos. Por fim é um número prático de tamanho razoável, por exemplo, uma permutação em *quenine* de ordem 11, e como Perec utilizará, é fácil de manipular.[68]

Dessa forma, percebemos que o uso do mesmo número em Borges e Perec leva a caminhos diferentes, porém marcados pela mesma intenção: engrandecer e aumentar as possibilidades de leitura de um leitor "borgeperequiano". É assim que devemos pensar na presença do 11 em muitas das listas de Perec, como em *A Vida Modo de Usar*:

> Na sexta-feira, 11 de junho de 1953, por motivos que continuo a ignorar, voluntária ou involuntariamente, ela deixou nosso filhinho se afogar.[69]
> [...]
> No dia 11 de julho de 1957, ocorreu um lance teatral: um dos homens que eu plantara em Lédignan e que continuavam a vigiar a casa mesmo depois da morte da condessa Beaumont telefonou-me para informar que Elizabeth acabara de se dirigir ao registro civil, onde solicitou um atestado de solteira.[70]
> [...]
> Depois, voltou para o ateliê, onde onze aquarelas, ainda intactas em seus envelopes com selos da Argentina e do Chile, esperavam para se tornar *puzzles*.[71]
> [...]
> Foi assim que, ao cabo de onze anos de vida errante, Henri Fresnel se tornou cozinheiro de uma americana excêntrica e riquíssima, Grace Twinker.[72]

[69] G. Perec, *A Vida Modo de Usar*, p. 181.
[70] Ibidem, p. 187.
[71] Ibidem, p. 300.
[72] Ibidem, p. 314.

Já a utilização do 11 em "Tlön, Uqbar, Orbis Tertius", mostra uma série que, apesar de um sistema de doze elementos, nunca chega realmente a acabar:

> O número de transição, onze, tem uma dupla função. Leva-nos além do sistema decimal, mas fica aquém do esperado término do sistema duodecimal. A suspensão do termo final é importante, já que várias vezes o fim é sugerido, e assim a transformamos numa sequência contínua indefinida. O décimo primeiro volume da Enciclopédia, por exemplo, pensado no começo, é o único volume apenas em existência, e se refere aos "volumes subsequentes e procedentes". Suas "aparentes contradições"

fornecem a base para provar que existem outros volumes, volumes que serão, por sua vez, substituídos por volumes ainda mais numerosos numa outra edição. Os Hrönir do décimo primeiro grau são mais puros que os originais, o que sugere um fim, mas o hrönir do décimo segundo grau é "deteriorado em qualidade", o que sugere um processo "periódico". Mesmo num sistema duodecimal, o termo final nunca chega.[73]

Os teóricos de Tlön estão construindo ou reconstruindo nosso mundo através de uma parábola das nove moedas, na qual tentam imaginar a existência contínua da matéria através do tempo. Assim como o onze é o penúltimo termo do sistema duodecimal, nove é o penúltimo termo do sistema decimal. Nosso mundo concebe o mundo de Tlön no décimo primeiro volume; Tlön concebe o nosso mundo em nove moedas. Através da conjunção dos penúltimos termos dos dois sistemas de numeração, cada mundo parece evocar o outro como o final inevitável e quase inimaginável do último termo do estranho número concebido. Porém, como em muitos outros contos de Borges, esse final é inconcebível: se nosso mundo pudesse se tornar Tlön e Tlön se tornasse o nosso mundo, essa troca aconteceria de novo, na nova conjuntura e assim sucessivamente, já que no futuro os nossos filósofos proporiam o paradoxo das nove moedas ocasionando outra vez a troca. Logo, a relação entre os sistemas de numeração é um recurso ficcional, para o nosso mundo e para o mundo de Tlön.

A importância do 11 na obra de Perec é tão grande que ele chega a apresentar também, indiretamente, esse número. *La Disparition* é um bom exemplo disso: a *contrainte* lipogramática impede também a referência ao *onze*, já que este contém o *e* e, mesmo que fosse utilizado em forma de algarismos "11", a restrição seria perdida. Por isso o livro não contém os números "2, 4, 7, 9, 11" e todos aqueles escritos com o *e* proibido, utilizando recursos de *litote*[74]. Aqui, Perec abusa dos recursos estruturais – o onze é proibido, tudo o que contém a letra *e* é proibido – e, apesar de usar o mesmo número que Borges, segue por caminho diferente.

Para Perec, o 11 e o 43 representam a morte de sua mãe: definida por decreto, a data oficial dessa morte foi o dia 11 de fevereiro de

---

73 K. Hayles, op. cit., p. 145.

74 Figura de estilo que consiste em disfarçar o objetivo, porém atingindo-o. Para representar o 11, Perec muitas vezes utiliza o 5 e o 6, deixando implícita a utilização do 11.

1943. O onze, um palíndromo, número onipresente em sua obra, representa uma quebra que reverbera em outros de seus textos:

> Há 11 capítulos na primeira parte de *W ou a Memória da Infância*;
> Há 11 letras (ESARTINULOC) na série heterogramática de base do livro *Ulcérations*;
> Há 11 versos em cada poema do *Alphabets* que é, portanto, uma reunião de *onzains*.[75]

Interessa-nos ressaltar, ainda, a utilização do conceito de regressão infinita, bastante frequente em Borges e que aparece também em "A Coleção Particular", de Perec. Borges, além de ser atraído pelo conceito matemático de infinito, por suas implicações e aplicações, utiliza a imagem visual concreta dessa regressão, como afirma em "Quando a Ficção Vive na Ficção":

[75] B. Magné, C.A. Thomasset, op. cit., p. 61.
[76] J.L. Borges, Quando a Ficção Vive na Ficção, *Obras Completas* IV, p. 504.

> Devo minha primeira noção do problema do infinito a uma grande lata de biscoitos que deu mistério e vertigem à minha infância. Nos lados desse objeto anormal havia uma cena japonesa; não recordo as crianças ou guerreiros que a compunham, mas sim que em um canto dessa imagem a mesma lata de biscoitos reaparecia com a mesma figura, e nela a mesma figura, e assim (ou pelo menos em potencial) infinitamente...[76]

Essa imagem é bastante importante para entendermos tanto o conceito de regressão infinita quanto sua relação com "A Coleção Particular". Russell, ao tratar do tema dos números cardinais infinitos em *Introduction to Mathematical Philosophy*, apresenta os conceitos de classes reflexa e reflexiva, que seria aquela parte similar a um subconjunto próprio, ou seja, é uma parte de si que reflete o todo. Borges faz referência a um desenho presente na obra de Russell que trata esse tema:

> Catorze ou quinze anos depois, ali por 1921, descobri em uma das obras de Russell uma invenção análoga de Josiah Royce. Este imagina um mapa da Inglaterra, desenhado em uma porção do solo da Inglaterra; esse mapa – por sua precisão – deve

conter um mapa do mapa, que deve conter um mapa do mapa do mapa, e assim até o infinito. [77]

Para que o mapa de Royce seja exato, Russell diz que deve apresentar uma correspondência *um a um* com a origem[78], ou seja, o mapa, que é uma parte, está em relação de um para um com o todo, e deve conter o mesmo número de pontos que o todo. E assim, se se refere ao mapa do mapa, essa relação deve ocorrer até o infinito, como a imagem ficcional de Borges em "Do Rigor na Ciência":

[77] Ibidem, p.504.
[78] Conceito matemático de função bijetora.
[79] J.L. Borges, Do Rigor na Ciência, *Obras Completas* II, p. 247.

Naquele Império, a Arte da Cartografia logrou tal perfeição que o mapa de uma única Província ocupava toda uma Cidade, e o mapa do Império, toda uma Província. Com o tempo, esses Mapas Desmedidos não satisfizeram e os Colégios de Cartógrafos levantaram um Mapa do Império, que tinha o tamanho do Império e coincidia pontualmente com ele. Menos Adictas ao Estudo da Cartografia, as Gerações Seguintes entenderam que esse dilatado Mapa era Inútil e não sem Impiedade o entregaram às Inclemências do Sol e dos Invernos. Nos desertos do Oeste perduram despedaçadas Ruínas do Mapa, habitadas por Animais e por Mendigos; em todo o País não há outra relíquia das Disciplinas Cartográficas.[79]

John William Dunne apresenta um quadro em seu livro *The Serial Universe* que sustenta o conceito de que, como o observador é parte do universo, ele não pode observá-lo como se estivesse fora desse universo, mas sim como um observador autoconsciente. Assim apresenta um quadro no qual aparece um artista que decide pintar um quadro completo do universo e desenha a paisagem que observa (x_1). Porém, o artista autoconsciente sabe que há algo de incompleto em seu desenho: falta ele próprio incluído na paisagem. Assim produz um outro desenho, no qual ele participa do desenho da paisagem (x_2). Mas, pelo mesmo raciocínio e sua autoconsciência, sabe que esse quadro está incompleto, e assim precisa desenhar ele próprio que desenha ele próprio desenhando a paisagem (x_3), no *regressus in infinitum* demonstrado na figura 8 a seguir:

Figura 8: *The Serial Universe* de Dunne

Essa regressão infinita, essa repetição, é o conceito que Borges trabalha muitas vezes e de diferentes formas, como através das progressões aritméticas e geométricas presentes no texto em que a explica pela primeira vez: "Avatares da Tartaruga". Em Perec, a mesma imagem da regressão infinita é encontrada em "A Coleção Particular", na qual Perec descreve um quadro que representa uma coleção de quadros. Nessa narrativa, o pintor Henrich Kürz pinta um quadro e se mostra na coleção que apresenta, e essa representação dele mesmo é construída *ad infinitum*, aplicando o conceito de Russell descrito por Borges. "A Coleção Particular" conta, assim, a história de um gabinete em que trabalha um artista no qual aparece um quadro que retrata outro gabinete no qual trabalha o mesmo artista, e assim repetidas e inúmeras vezes. Perec, que ao longo do texto alude a escritores e amigos do Oulipo, como em seus outros jogos, fornece apenas algumas pistas para o desvendamento do segredo que apresenta, estando a principal delas nos números que aparecem quando cada quadro é citado. Tentando entender e decodificar melhor esse complicado jogo, mas ainda o deixando misterioso, a narrativa continua e termina de forma irônica e inesperada, como acontece nos bons enigmas:

> Serão sem dúvida numerosos os visitantes que se demorarão em comparar as obras originais e essas tão escrupulosas reduções que nos oferece Henrich Kürz. É quando terão uma surpresa maravilhosa: pois o pintor incluiu o seu próprio quadro no quadro, bem como o colecionador sentado em seu gabinete, vendo na

parede ao fundo, no eixo de seu olhar, o quadro que o representa no ato de contemplar sua coleção de quadros, e todos esses quadros novamente reproduzidos, e assim por diante, sem nada perder em precisão no primeiro, segundo, terceiro reflexo, até não haver na tela senão ínfimos traços de pincel.[80]

O conceito aqui trabalhado por Borges e Perec relaciona-se a um processo chamado *mise en abyme*, que representa a obra dentro da própria obra: utilizado na pintura, na literatura e na matemática, esse é um conceito rico e com várias possibilidades de interpretação. Na literatura, a *mise en abyme* consiste em colocar no interior de uma narração principal outra ação que retoma totalmente, ou em parte, a narração principal. Também pode ser vista como a "perspectiva infinita de textos que remetem a textos que remetem a textos"[81].

Como é de costume em Perec, essa narrativa também é marcada pela utilização de *contraintes* estruturais: aqui ele inaugura seus jogos de citações escondidas e retoma A *Vida Modo de Usar*, como ele mesmo afirma: "A *Coleção Particular* é um livro, digamos, praticamente programado. Em oito dias, enumerei cem quadros que seriam descritos e que seriam referenciados no livro, cada um correspondendo a um capítulo de A *Vida Modo de Usar*."[82]

Esse conceito das partes como o espelho do todo já aparecera também em sua obra através de uma personagem de A *Vida Modo de Usar:* Marguerite Winckler, casada com o construtor de *puzzles*, Gaspard, era uma miniaturista de uma meticulosidade e virtuosidade extraordinárias, capaz de colocar dentro de um quadro de quatro centímetros de comprimento por três de altura uma paisagem inteira, com céu, nuvens e outros elementos infinitamente detalhados.

Com esse movimento, além das listas, catálogos e citações que constrói, Perec faz de sua obra um jogo de textos, no qual sua escritura passa a ser a escritura de outros textos e sua arte passa a ser, assim como a de Borges, uma arte de tramar e engendrar histórias umas dentro das outras: ele assim "quer significar que os únicos constituintes de sua escritura são, de agora em diante, os textos, e que sua arte não será mais que uma trama textual"[83].

[80] G. Perec, em A *Coleção Particular*, p. 18.
[81] E.R. Monegal, op. cit., p. 42.
[82] G. Perec, *Entretiens et conférences* II, p. 184.
[83] D. Bellos, *Georges Perec*, p. 679.

"A Viagem de Inverno" e os Contos Borgianos

Após a publicação da *A Vida Modo de Usar*, Perec se tornou uma celebridade: lentamente foi deixando alguns estudiosos examinarem suas *contraintes* e a estrutura de composição do livro, que recebeu alguns prêmios e uma edição de bolso. A partir de então, Perec começou a escrever pequenos textos, como prefácios, poemas, jogos de permutação, *puzzles*, palavras cruzadas, diálogos para cinema, pastiches e artigos para o *Le Monde*, o *Le Nouvel Observateur* e até para a *Vogue*. Em 1978, publicou "A Coleção Particular", a qual nos referimos no item anterior e, em seguida, "A Viagem de Inverno"[84], pequeno texto de quatro páginas que é uma de suas narrativas mais parecidas com os contos de Borges. Assim escreve David Bellos:

[84] G. Perec, A Viagem de Inverno, em *A Coleção Particular*, p. 73-82.
[85] Op. cit., p. 680-681.

> Um outro tema que trata igualmente de negação própria é abordado com uma eficácia mais inquietante em "A Viagem de Inverno", um conto de quatro páginas composto por volta de 1979. Trata-se de um livro perdido, escrito por um certo Hugo Vernier, e que tem igualmente por título *A Viagem de Inverno*, uma impossível prefiguração de poesia de fim do século XIX (que permite a Perec desenvolver seu talento pela citação habilmente desviada, continuando a dar crescimento à forma poética). "A Viagem de Inverno" é um dos textos em prosa mais trabalhados, mais densos, e mais evocativos que Perec escreveu, e apesar da semelhança de estrutura com o conto borgiano que falseia o tempo, ou da semelhança com a pirueta de um Eco francês, está colocado entre os mais perfeitos textos da retórica perequiana em miniatura.[85]

No início de "A Viagem de Inverno", Perec afirma que o livro encontrado é dividido em duas partes. A primeira conta um pretexto anedótico, recurso muito utilizado por Borges, e narra a descoberta desse livro impossível. Já a segunda parte descreve o porquê da importância fundamental desse livro no contexto histórico literário. Há frases e plágios de autores como Flaubert, Gustave Kahn, Verlaine,

Mallarmé, Lautréamont e Rimbaud, num livro escrito muitos anos antes da existência de qualquer um deles, aplicando um conceito de inversão do tempo comum aos plagiadores por antecipação e a "Kafka e Seus Precursores". Rico em citações, plágios e empréstimos, o conto mostra um Perec preocupado com a literatura e com conceitos literários, escrevendo um conto ficcional para retratar um fato ou teoria literária, uma recursividade em sua própria literatura que é muito próxima à de Borges.

O conto descreve um homem, Vincent Degraël, que descobre em sua biblioteca um livro perdido do escritor Hugo Vernier – A *Viagem de Inverno*. A partir de então, consagra sua existência à pesquisa da vida desse suposto escritor que não poderia ter existido, já que seu livro é a fonte de três ou quatro gerações de autores dos mais célebres da história. Perec se vale, aqui, ficcionalmente, da reflexão borgiana que liga a literatura e Kafka por meio de seus precursores e dos plagiadores por antecipação nomeados pelo Oulipo, aspectos que já discutimos anteriormente.

[86] G. Perec, B. Magné, *Romans et récits*, p. 1424.
[87] Ibidem.

Assim escreve Bernard Magné em *Romans et Récits*:

> "A Viagem de Inverno" pode ser lido como uma ficção de um princípio oulipiano: o plágio por antecipação. Numa espécie de variação borgiana sobre a reversibilidade do tempo, esse conto narra a história de um livro intitulado *A Viagem de Inverno*, escrito por um jovem escritor desconhecido do século XIX, Hugo Vernier. Esse livro revela-se a fonte na qual "teriam se nutrido três ou quatro gerações de autores", mas ele desapareceu e não deixou pistas.[86]

E prossegue o pesquisador elucidando um pouco mais a questão da autorreferência e da recursividade presentes no conceito de *mise en abyme*:

> De uma forma paradoxal, "A Viagem de Inverno" faz eco ao "A Coleção Particular": "Toda obra é um espelho de outra." Encontramos aí um jogo de empréstimos e citações nos quais Perec nos acostumou há tempos. Mas estaremos errados em reduzir as criações eruditas exumando as fontes escondidas. Através dessa estranha história de inversão cronológica, é também outra coisa que se joga.[87]

Assim, Perec inverte sua própria inversão cronológica, já que toda obra seria o espelho infinito de outra obra, conceito presente em "A Coleção Particular", e também o contrário, como proposto em "A Viagem de Inverno", constituindo um paradoxo tipicamente borgiano.

Podemos, ainda, ler "A Viagem de Inverno" como uma referência aos clássicos literários, conforme propõe Jean-Louis Jeannelle:

> Não será justamente essa a definição de "clássico", ou seja, esses textos que nos sentimos compelidos a ler, mas que a falta de tempo ou motivação nos fazem somente começar ou apenas consultar? De fato, os clássicos são obras que parecem familiares e temos a impressão de os reconhecer abrindo-os, mesmo que nunca os tenhamos lido. É precisamente essa experiência que Vincent Degraël tem, o que podemos chamar de "reconhecimento sem conhecimento prévio" e provar, a partir da leitura do "fino volume intitulado A *Viagem de Inverno*", um sentimento poderoso de familiaridade sem ser relacionado a um objeto preciso. O primeiro parágrafo de "A Viagem de Inverno" expõe, assim, as "condições de recepção" que não são sem importância para a interpretação global da narração.[88]

[88] J.-L. Jeannelle, A. Compagnon, *Fictions d'histoire littéraire*, p. 174.
[89] Ibidem, p. 176.

A "viagem" ocorreria dentro da própria literatura, da intertextualidade, do conceito de plagiadores por antecipação, dos problemas relativos aos papéis do autor e do leitor:

> A experiência de Vincent Degraël ilustra bem o caráter ambíguo de nossa relação com os clássicos: a transparência se alia à mais extrema confusão, a imagem do "ponteiro afiado de uma bússola (que oscila sem parar) entre uma violência alucinada e uma serenidade fabulosa" que confirma de novo a ideia de que a leitura representa a verdadeira viagem da narração de Perec.[89]

Além disso, Perec constrói "A Viagem de Inverno" como um conto, e suas características podem ser encontradas no livro de Ricardo Piglia, *Formas Breves*, no qual o autor propõe algumas teses sobre o conto por meio das quais podemos traçar um paralelo entre o conto de Perec e os contos de Borges:

Primeira tese: um conto sempre conta duas histórias. O conto clássico (Poe, Quiroga) narra em primeiro plano a história 1 (o relato do jogo) e constrói em segredo a história 2 (o relato do suicídio). A arte do contista consiste em saber cifrar a história 2 nos interstícios da história 1. Uma história visível esconde uma história secreta, narrada de um modo elíptico e fragmentário. O efeito de surpresa se produz quando o final da história secreta aparece na superfície. O conto é uma narrativa que encerra uma história secreta. Não se trata de um sentido oculto que depende da interpretação: o enigma não é senão uma história que se conta de modo enigmático. A estratégia da narrativa está posta a serviço dessa narrativa cifrada. Como contar uma história enquanto se está contando outra? Essa pergunta sintetiza os problemas técnicos do conto. Segunda tese: a história secreta é a chave da forma do conto e suas variantes.[90]

[90] R. Piglia, *Formas Breves*, p. 37.

"A Viagem de Inverno" apresenta duas histórias: Degraël esbarra com um livro em sua biblioteca e esse livro, que muito lhe interessa, está dividido em duas partes, sendo que a primeira parte (primeira história) não é a principal, mas esconde e dá dicas em relação à segunda parte, essa sim o centro do mistério e da história secreta. A primeira parte apresenta um Perec contista e plagiador; quase todas as frases são citações, muitas vezes na íntegra, de poetas, escritores e livros que, propositalmente, surgiram posteriormente à suposta data da escrita do livro A *Viagem de Inverno*, 1864. Como no modelo de Piglia, Perec dá dicas do que está por vir na segunda parte do livro: o fato de que muitos outros autores beberam da mesma fonte e plagiaram um mesmo livro.

A busca de Vincent por um livro e por um escritor que seria a referência do plágio de quase todos os escritores do século XIX é a busca de Borges pelo livro absoluto, pelo conhecimento da escrita de Deus, pelo livro infinito que conteria todos os outros livros. Procurando as informações e a confirmação da existência de Hugo Vernier, Vincent asseguraria o plágio como fonte principal da literatura:

Notamos que Vincent Degraël tinha, como precisa Perec, "maquinalmente anotado a data" de edição "munido pelo reflexo desse jovem pesquisador que não consulta jamais uma obra sem levantar os dados bibliográficos". Um tal gesto não é nada inocente; ele esconde um desejo mais profundo – desejo que abandona a emoção, como aquela que Vincent Degraël controla de novo na data de publicação ("Ele verificou com o coração batendo") 1864: o texto de Hugo Vernier é, em realidade, um exemplo do que os membro do Oulipo chamaram de "plagiadores por antecipação"! Ou mais ainda poderia ser, já que, a essa solução por fim lúdica (onde trata-se, por exemplo, de considerar os textos dos Grandes Retóricos como o plágio por antecipação dos trabalhos do Oulipo), Vincent Degraël prefere o plágio puro e simples.[91]

Piglia mostra também as características específicas de alguns contos de Borges:

[91] J.-L. Jeannelle, A. Compagnon, op. cit., p. 180.
[92] R. Piglia, op. cit., p. 40.

> No início de "La Muerte y la Brújula", um lojista resolve publicar um livro. Esse livro está ali porque é imprescindível na armação da história secreta. Como fazer com que um gângster como Red Scharlach fique a par das complexas tradições judias e seja capaz de armar a Lönnrot uma cilada mística e filosófica? Borges lhe consegue esse livro para que se instrua. Ao mesmo tempo usa a história 1 para dissimular essa função: o livro parece estar ali por contiguidade com o assassinato de Yarmolinsky e responde a uma causalidade irônica. Um desses lojistas que descobriram que qualquer homem se resigna a comprar qualquer livro publicou uma edição popular da "Historia Secreta de los Hasidim". O que é supérfluo numa história, é básico na outra. [...].
>
> Para Borges, a história 1 é um gênero e a história 2 sempre a mesma. Para atenuar ou dissimular a monotonia essencial dessa história secreta, Borges recorre às variantes narrativas que os gêneros lhe oferecem. Todos os contos de Borges são construídos com esse procedimento. [...]
>
> A variante fundamental que Borges introduziu na história do conto consistiu em fazer da construção cifrada da história 2 o tema principal. Borges narra as manobras de alguém que constrói perversamente uma trama secreta com os materiais de uma história visível. [92]

Essa descrição de alguns aspectos importantes dos contos de Borges nos auxilia em sua comparação com "A Viagem de Inverno": as histórias são sempre contadas de modos distintos, são dois sistemas de causalidade diferentes, mas seus elementos essenciais têm função dupla e estão presentes nas duas histórias. O conto se desenvolve para fazer aparecer algo que estava oculto na primeira parte, algo que poderia passar despercebido, mas que está fundamentalmente ligado ao mistério central.

Podemos traçar um paralelo também entre os textos de Borges e Perec por meio da análise de "O Zahir", de Borges, em relação ao "Capítulo XXII – Hall de Entrada, 1", de *A Vida Modo de Usar*. James Sherwood era irmão do avô de Bartlebooth e tinha obsessão por colecionar objetos únicos. Chegou ao seu conhecimento, um dia, a existência do vaso em que foi recolhido o sangue de Cristo por Arimateia. A fim de verificar a autenticidade de tal relíquia, ele procedeu ao necessário acúmulo de provas, informações e a uma pesquisa exaustiva e obsessiva. O capítulo em questão relata, como nos contos policiais de Borges ou Poe, a busca, a pesquisa e a procura de Sherwood por esse vaso, em meio a uma rede de intrigas, trapaças e questionamentos lógicos que culmina com a descoberta de um grande complô para roubar Sherwood. Uma das hipóteses levantadas pelo narrador, porém, é a de que Sherwood sabia desde o princípio dessa conspiração, tendo apenas pagado pelo *teatro* que foi armado:

[93] G. Perec, *A Vida Modo de Usar*, p. 124-125.

> Ursula Sobieski foi levada várias vezes a perguntar a si mesma se Sherwood não havia, desde o princípio, percebido que se tratava de mistificação: pagar não pelo vaso, mas por toda aquela encenação, deixando-se ludibriar, entrando no enredo preparado pelo suposto Shaw com uma mescla adequada de credulidade, dúvida e entusiasmo e encontrando nesse jogo um derivativo para a sua melancolia, ainda mais eficaz do que se se tratasse de tesouro verdadeiro. A hipótese é sedutora e corresponderia bastante ao caráter de Sherwood, mas Ursula Sobieski não conseguiu ainda estabelecê-la de maneira conclusiva.[93]

No fim do capítulo, o narrador diz que o grupo de falsários foi encontrado e preso, não por acaso, na Argentina, em 1898.

O conto de Borges narra também a existência de um objeto único, o Zahir. Descrevendo o encontro e a posse de tal relíquia, narra a obsessão e a impossibilidade de esquecimento decorrente desse encontro:

> Disse que a execução dessa ninharia (em cujo decurso intercalei, pseudoeruditamente, algum verso da Fáfnismál) permitiu-me esquecer a moeda. Noites houve em que me acreditei tão seguro de poder esquecê-la que voluntariamente a recordava. O certo é que abusei desses momentos; dar-lhes início resultava mais fácil que lhes dar fim. Em vão repeti que esse abominável disco de níquel não diferia dos outros que passam de uma para outra mão, iguais, infinitos e inofensivos. Impelido por essa reflexão, procurei pensar em outra moeda, mas não pude. Também me lembro de alguma experiência, frustrada, com cinco e dez centavos chilenos e com um vintém oriental. Em 16 de julho, adquiri uma libra esterlina; não a olhei durante o dia, mas nessa noite (e outras) coloquei-a sob uma lente de aumento e estudei-a à luz de uma poderosa lâmpada elétrica. Depois, desenhei-a com um lápis, através de um papel. De nada me valeram o fulgor e o dragão e São Jorge; não consegui livrar-me da ideia fixa.[94]

[94] J.L. Borges, O Zahir, *Obras Completas I*, p. 659.
[95] P. Lejeune, *La Memoire et l'oblique*, p. 179.

A recorrência a problemas lógico-matemáticos em Borges é, assim, o jogo de Perec, a tentativa de controlar e aumentar as possibilidades, as potencialidades, as leituras, os velhos e novos plágios e, com isso, o entendimento e a perdição labiríntica da literatura. As relações cabalísticas, matemáticas, literárias, artísticas e lógicas que permeiam as obras e os projetos exaustivos de esgotamento de Perec e também de Borges representam uma vontade de memória absoluta, como a de Funes: "Eu não quero esquecer. Talvez esse seja o núcleo de todo o livro: guardar intacto, repetir a cada ano as mesmas lembranças, evocar as mesmas imagens, os mesmos minúsculos eventos, agrupar tudo numa memória soberana, desmesurada."[95]

Algumas Considerações Acerca do Leitor em Perec, em Borges e no Oulipo

Em *W ou a Memória da Infância,* Perec escreve: "Uma vez mais, as armadilhas da escrita se instalaram. Uma vez mais, fui como uma criança que brinca de esconde-esconde e não sabe o que mais teme ou deseja: permanecer escondida, ser descoberta."[96] É apenas após a publicação póstuma de seu *Cahier de charges* e de diversas entrevistas, que suas invenções, suas *contraintes,* sua matemática e sua literatura começam a ser reveladas. Sua obra, constituída através de *contraintes,* pode ser considerada uma forma contemporânea de enigma, diante da qual a posição do leitor se torna ainda mais repleta de potencialidade.

[96] G. Perec, W ou a Memória da Infância, p. 14.
[97] E.R. Monegal, op. cit., p. 97.

Essa posição ativa que se exige do leitor é também comum em Borges, como indica Monegal:

> retornamos a "Pierre Menard" e à "arte estagnada e rudimentar da leitura". Ler um livro é algo mais que exercer uma atividade passiva. É uma atividade mais intelectual que a de escrevê-lo, como assinala paradoxalmente o primeiro prólogo à *História Universal da Infâmia*; é uma atividade que participa da própria criação, já que é um diálogo com um texto, conforme indica o ensaio recém-citado de *Outras Inquisições.* É, porém, muito mais ainda, já que se concebemos o Universo como um Livro, cada um de nós (sejamos autores ou leitores) somos simplesmente letras ou signos desse livro; somos parte de um todo, e nos perdemos nesse todo, somos alguém e ninguém.[97]

A leitura, assim, é participação na criação, é um diálogo com o texto e o autor, concepção na qual se inserem tanto os leitores oulipianos quanto os borgianos. E como esse leitor se situa em relação à utilização da matemática feita por Borges e Perec? Ao analisar o processo de leitura, Antoine Compagnon lembra que, para Iser, "o texto representa um efeito potencial que é realizado no processo de leitura", não sendo atribuída sua primordialidade nem ao autor, nem ao leitor[98]. A matemática, então, em Perec e Borges, serviria para aumentar o efeito potencial do processo de leitura: partindo do emprego de estruturas e conceitos matemáticos e do conhecimento do leitor acerca desses procedimentos, argumentamos que, quanto maior o conhecimento do leitor, maior a potencialidade de sua leitura.

Entretanto, ao estudarmos o Oulipo e analisarmos a estrutura da obra de Queneau, *Cent mille milliard de poèmes*, observamos uma volta ao leitor "fora de jogo"[99]. Estamos diante de uma inovação, de uma obra em que é necessária a intervenção concreta do leitor na realização das combinações matemáticas propostas. Ao mesmo tempo, sabemos que esse leitor necessário e ativo não irá alcançar, de fato, toda a potencialidade da obra, devido ao grande número de combinações que possibilita.

[98] A. Compagnon, *O Demônio da Teoria*, p. 149.
[99] Ibidem.

Esse problema, o do esgotamento das possibilidades de leitura, é levantado pelo próprio Perec na introdução de *A Vida Modo de Usar*, em que ele afirma haver pensado em todas essas possibilidades e, ao final da obra, como indicamos anteriormente, demonstra o fracasso desse projeto matemático e lógico: o *fazedor* de *puzzles* não tem a peça necessária para terminar seu projeto. Dessa forma, Perec nos apresenta o jogo leitor-autor existente em toda obra, ao mesmo tempo que revela a impossibilidade de uma programação exata da recepção de qualquer obra literária, mesmo que ela parta de procedimentos matemáticos. De acordo com Compagnon:

> Baseado no leitor implícito, o ato da leitura consiste em concretizar a visão esquemática do texto, isto é, em linguagem comum, a imaginar as personagens e os acontecimentos, a preencher as lacunas de narrações e descrições, a construir uma coerência a partir de elementos dispersos e incompletos. A leitura se apresenta como uma resolução de enigmas (conforme aquilo que Barthes chamava de "código hermenêutico", ou de modelo cinegético, citado a propósito da *mimèsis*). Utilizando a memória, a leitura procede a um arquivamento de índices. A todo momento, espera-se que ela leve em consideração todas as informações fornecidas pelo texto até então. Essa tarefa é programada pelo texto, mas o texto a frustra também, necessariamente, pois uma intriga

contém sempre falhas irredutíveis, alternativas sem escolha, e não poderia haver realismo integral. Em todo texto, existem obstáculos contra os quais a concretização se choca obrigatória e definitivamente.[100]

Assim, mesmo que para Borges e Perec a leitura seja também a resolução de enigmas, em cuja descoberta os conhecimentos matemáticos podem ajudar, o erro e a falha existem e são, também, incorporados nessa literatura, aumentando ainda mais sua potencialidade. Em obras como *A Vida Modo de Usar*, além de caçador e detetive, o leitor é ainda o viajante, já que sua leitura, "como expectativa e modificação da expectativa, pelos encontros imprevistos ao longo do caminho, parece-se com uma viagem através do texto"[101]. Esses encontros imprevistos, no livro, são possíveis graças às *contraintes* matemáticas e, também, às falhas delas resultantes. Nesse jogo, por mais que seja determinante o uso da matemática por ambos os autores, o leitor é livre, podendo aceitar buscar, identificar e reconhecer esses artifícios ficcionais ou deixando-os passar e encontrando outros sentidos para a obra.

[100] Ibidem, p. 152.
[101] Ibidem.

A Ficção e a Matemática em Borges e Perec

Se, como vimos, Perec trabalha a matemática como uma estrutura e Borges como uma ferramenta ficcional, resta-nos entender um pouco mais essa ficcionalidade dos conceitos matemáticos de que Borges se vale.

Umberto Eco, em *Seis Passeios Pelos Bosques da Ficção*, afirma que qualquer narrativa de ficção é necessariamente rápida, uma vez que não há como dizer tudo sobre um mundo construído que inclui uma multiplicidade de personagens e acontecimentos. Certamente existem lacunas, e elas devem ser preenchidas pelo leitor. Podemos inferir que essa multiplicidade, em Borges e Perec, também se deva aos conceitos matemáticos utilizados, e que, conhecendo um pouco mais da matemática, podemos preencher algumas dessas lacunas e chegar ao conceito de potencialidade. Se o texto narrativo é um jardim de caminhos que se bifurcam, dentre os quais o leitor é obrigado a escolher, o conhecimento da matemática permitiria criar, nesse contexto narrativo, novos caminhos passíveis de serem percorridos.

Nesse processo, paralelamente a uma leitura baseada apenas no enredo das narrativas de Borges e Perec, existe uma potencial leitura ficcional matemática, que se dá por meio da descoberta e compreensão dos paradoxos, dos conceitos de enumeração e infinito, em Borges, e dos jogos, dos lipogramas, dos palíndromos, da poligrafia do cavalo, em Perec. Além disso, outro nível de potencialidade desdobra-se na intertextualidade e nos jogos de citações de Perec e Borges, e de Perec com Borges, mais especificamente. Diante da potencialidade das *contraintes* e dos conceitos matemáticos, podem surgir os mais diversos tipos de autores e leitores, sem que um anule o outro ao longo do processo.

102 U. Eco, *Seis Passeios Pelos Bosques da Ficção*, p. 87.
103 Ibidem.

Nesse sentido, ao discutir o *Planolândia* de Abbott, Umberto Eco afirma:

> A fim de tornar o processo mais provável, Abbott apresenta várias figuras regulares, fazendo uma grande exibição de cálculo geométrico exato. Assim, por exemplo, explica que, quando encontramos um triângulo em *Flatland*, naturalmente percebemos seu ângulo superior com grande clareza porque está mais próximo do observador, enquanto no outro lado as linhas desaparecem com rapidez na escuridão porque os dois lados se perdem na neblina. Temos de reunir todos os nossos conhecimentos de geometria adquiridos no mundo real para tornar possível esse mundo irreal.[102]

Como indica a última frase de Eco, o não conhecimento da matemática não impede algum entendimento de textos como *Planolândia* e, como nos interessa destacar, de textos de Borges e Perec, mas o *saber* aumenta o *sabor* dos mesmos, conduzindo a leitura para outra direção e fornecendo novas possibilidades de compreensão.

Desse modo, apesar de o mundo ficcional ser parasita do mundo real[103], não estamos diante de uma autoimpossibilidade ou de uma autoinvalidação, já que a Geometria, a Análise Combinatória e a

Álgebra, utilizadas pelos oulipianos, são verificadas, e os conceitos relativos ao infinito, enumeração e autorrecorrência são utilizados por Borges para auxiliar e aumentar as potencialidades da literatura. Assim, os temas matemáticos, tanto em Perec quanto em Borges, servem para vislumbrar novas bifurcações nos percursos de qualquer leitor:

> Por um lado, na medida em que um universo de ficção nos conta a história de algumas poucas personagens em tempo e local bem definidos, podemos vê-lo como um pequeno mundo infinitamente mais limitado que o mundo real. Por outro, na medida em que acrescenta indivíduos, atributos e acontecimentos ao conjunto do universo real (que lhe serve de pano de fundo), podemos considerá-lo maior que o mundo de nossa experiência. Desse ponto de vista, um universo ficcional não termina com a história, mas se estende indefinidamente.[104]

A matemática, como utilizada na ficção por Borges e Perec, permite ampliar potencialmente essa multiplicidade de mundos possíveis:

> mas quanto ao mundo real, com a infinidade de cópias que é possível fazer dele, não sabemos ao certo se é infinito e limitado ou finito e ilimitado. Contudo, há outro motivo pelo qual nos sentimos metafisicamente mais à vontade na ficção do que na realidade. Existe uma regra de ouro em que os criptoanalistas confiam – a saber, que toda mensagem secreta pode ser decifrada, desde que se saiba que é uma mensagem. O problema com o mundo real é que, desde o começo dos tempos, os seres humanos vêm se perguntando se há uma mensagem e, em havendo, se essa mensagem faz sentido. Com os universos ficcionais, sabem sem dúvida que têm uma mensagem e que uma entidade autoral está por trás deles como criador e dentro deles como um conjunto de instruções de leitura.[105]

[104] Ibidem, p. 91.
[105] Ibidem, p. 122.

5.
Outras Viagens

> A verdade que busco não está dentro do livro, mas entre os livros.
> **Georges Perec**[1]

> Comprovei que as pequenas ilustrações distavam duas mil páginas uma da outra. Fui anotando-as em uma caderneta alfabética, que não demorei a encher. Nunca se repetiram.
> **Jorge Luis Borges**[2]

[1] 53 *jours*, p. 93.
[2] O Livro de Areia, em J.L. Borges, *Obras Completas* III, p. 82.

Assim podemos entender a utilização da matemática na literatura e nas obras de Jorge Luis Borges e Georges Perec: ela está *entre* os livros. Livros que, para Perec e o Oulipo, contêm inúmeros enigmas, *contraintes* e jogos a serem descobertos e inventados. Livros que utilizam matemática, intertextualidade, estruturas complexas, narrativas, citações, plágios. Livros cujas ilustrações distam duas mil páginas umas das outras, mas que são, paradoxalmente, infinitos. Infinitos pela rede de informação, cultura e conhecimento que possibilitam. Infinitos através da leitura de Pierre Menard, dos precursores de Kafka, d'*O Aleph*.

Entre os livros, entre as muitas páginas de um "livro de areia", vislumbra-se a intertextualidade. Acompanha-se o diálogo com as obras do passado, a descoberta dos precursores e a criação de novas escrituras, de novos autores e de novas leituras. A obra de Perec retoma e dialoga com sua própria obra, suas próprias *contraintes*, suas próprias limitações, mas também retoma e homenageia outras obras, outras culturas, outros jogos, outros escritores, outros textos. Entre eles, Borges, em quem a intertextualidade se manifesta por meio das referências, das descobertas do passado, das criações para o futuro. Por meio de um livro infinito, do Livro Absoluto, da eterna procura pelo conhecimento pleno do mundo, Borges e Perec se unem, cientes das limitações, impossibilidades e fracassos inerentes a esse projeto.

Assim, entre os livros, os dois autores empregam a matemática como mais um recurso e uma ferramenta ficcional que direciona e permeia muitos de seus escritos. Essa literatura-matemática estende-se também por entre os conceitos comparatistas, possibilitando que analisemos as semelhanças e diferenças de utilização entre uma e outra, e entre um e outro autor. O situar-se entre permite que a leitura dessas obras não se ressinta de um conhecimento matemático mais profundo, o que lhe garante níveis de leitura diversos. Caso nos detivéssemos apenas ao discurso da matemática, o não conhecimento de suas regras, axiomas, teoremas e da dedução lógica seria impeditivo. Mas o fato de proparmos uma leitura que se institui entre duas linguagens, entre a literatura e a matemática, permite que por essas obras transitemos valendo-nos dos recursos dos dois discursos. Dessa forma, é possível adentrar as obras de Perec, Borges e de outros escritores que utilizaram a matemática, como leitores versados ou não nas ciências ditas "duras", que conhecem ou não a solução dos enigmas, a dificuldade dos paradoxos e a enorme variedade combinatória que as estrutura.

Perguntamo-nos, portanto, o porquê de trabalhar com matemática na literatura. O porquê de discutir conceitos e estruturas matemáticas em alguns autores que não eram matemáticos profissionais e nem amadores. A única resposta possível é que o estudo da literatura-matemática potencializa e traça um novo horizonte no campo e nos estudos literários. Cria um espaço entre áreas diferentes do conhecimento e possibilita a abertura para saber mais sobre o universo, os jogos, as trapaças e os saberes matemáticos e ficcionais daqueles que trabalham neste "entrelugar". Assim redescobrimos obras sob um aspecto diferente da arte, novo e ainda não muito explorado.

A matemática aplicada por Borges e Perec em suas obras está relacionada aos seus princípios básicos e primordiais: Perec trabalhou, principalmente, com a geometria e com as estruturas combinatórias, remetendo-nos aos inventores da matemática e ao Princípio

Fundamental da Contagem; Borges utilizou bastante os paradoxos oriundos dos gregos e posteriormente estudados pela matemática mais avançada, além dos conceitos de infinito e enumeração, presentes também na filosofia. Nesse processo, ao trabalhar com os fundamentos e as questões primordiais da matemática e da lógica, Perec, Borges e os oulipianos intentam discutir, também, os princípios e questões básicas da literatura.

De acordo com as possibilidades e limitações da criação matemática, Kasner e Newman escrevem, no livro que tanto inspirou Borges:

> Então, aqui na matemática temos uma linguagem universal, válida, útil, compreensível em qualquer lugar e tempo – em bancos e companhias de seguros, nos pergaminhos dos arquitetos que construíram o Templo de Salomão, e nas cópias heliográficas das plantas dos engenheiros que, com seus cálculos sobre o caos, dominam os ventos. É uma disciplina de dezenas de ramos, fabulosamente rica, literalmente sem limite em sua esfera de aplicação, carregada de honrarias por um recorde inquebrável de realizações magníficas. É uma criação do pensamento, tanto mística quanto pragmática em seu apelo. Austera e imperiosa como a Lógica, ainda é suficientemente sensível e flexível para fazer face a cada nova necessidade. Contudo, esse enorme edifício repousa sobre as fundações mais simples e mais primitivas, é forjado pela imaginação e pela lógica, partindo de um punhado de regras infantis.[3]

[3] E. Kasner; J. Newman, *Matemática e Imaginação*, p. 336.

Apesar de algumas ressalvas em relação a essa postura, podemos relacionar a citação acima às aplicações que da matemática fizeram Perec e Borges: ela foi empregada na literatura, um novo ramo sensível e flexível face à descoberta de novas estruturas; ela almeja o universal, mas também critica essa tentativa de tudo abarcar e se demonstra consciente de sua impossibilidade. Criações do pensamento, fundadas em bases simples e primitivas, tanto a literatura quanto a matemática de Perec e Borges passam a fazer parte desse "recorde de realizações".

A matemática, aqui, serve aos intentos ficcionais dos autores, abrindo espaço, em sua aplicação, para a reflexão e a potencialização das questões específicas da literatura. Perec, através de sua *contrainte* citação e do plágio, discute e se relaciona com a obra de outros escritores, como Borges. Nos diversos *romances* que constituem seu *A Vida Modo de Usar* encontramos outras histórias, numa intertextualidade explícita que nos leva a outros textos, outros autores, outras culturas e épocas, ampliando nossas possibilidades de leitura. Assim, reverberando a proposta de Borges em "Pierre Menard, Autor do Quixote", de que o segundo texto, ainda que igual ao primeiro, é muito mais rico que ele, Perec modifica seu próprio texto, altera passado e futuro e aumenta a rede de implicações intertextuais possibilitada por sua obra.

A letra, a escritura, a universalidade, as possibilidades de leitura e a posição do leitor são, assim, problemas centrais trabalhados pelos dois escritores, mesmo em sua utilização matemática. Ao se referirem à Cabala, processo combinatório e recurso ficcional, a ele se unem sob o viés da judeidade, do povo do livro, de suas histórias pessoais e também de suas visões literárias. Mesmo um texto fechado, amarrado por técnicas e *contraintes*, mostra-se então sujeito à contingência, seja na recepção ou no processo de criação. Assim é o projeto de Bartlebooth, assim é o projeto classificatório da biblioteca chinesa, de "John Wilkins", do *Penser/classer*.

A negação da escrita automática e a visão do escritor como um trabalhador das palavras, acompanhadas da utilização consciente da matemática, não almejam tanto responder aos problemas que matemática e literatura colocam, mas sim levantar outras questões, sejam estruturais, sejam ficcionais. Acreditamos que, com esta pesquisa, que certamente não responde a todas as perguntas e não classifica todas as obras, pudemos levantar algumas dessas questões outras, possibilitando novas frentes de leitura comparatista das obras de Perec e Borges, que podem se desenvolver tanto no domínio da matemática quanto no domínio das teorias da literatura e, em alguns casos, no *entrelugar* em que se situa este livro.

Bibliografia

ABBOT, Edwin A. *Planolândia: Um Romance de Muitas Dimensões*. São Paulo: Conrad, 2002.

AIZENBERG, Edna. *El Tejedor del Aleph: Bíblia, Kábala y Judaísmo en Borges*. Madrid: Altalena, 1986.

_____. *Los Mejores Cuentos Policiales*. 4. ed. Buenos Aires: Emecé, 1997.

ALAZRAKI, Jaime. *Jorge Luis Borges*. Nova York: Columbia University Press, 1971.

ALIFADO, Roberto. *Conversaciones con Borges*. Madrid: Debate, 1986.

ALIGHERI, Dante. *A Divina Comédia*. São Paulo: Editora 34, 2008.

AUDIN, Michelle. Mathématiques et littérature: Un article avec des mathématiques et de la litterature. *Mathématiques & Sciences Humaines / Mathematical & Social Sciences*, v. 45, n. 178, 2007.

BAYARD, Pires. *Le Plagiat par anticipation*. Paris: Minuit, 2009.

BELLOS, David. *Georges Perec: Une vie dans les mots*. Paris: Seuil, 1994.

BLOCH, Willliam G. The Unimaginable Mathematics of Borges. *Library of Babel*. London: Oxford University Press, 2008.

BÉNABOU, Marcel. Perec et la judeité. *Cahiers Georges Perec 1*. Paris: P.O.L., 1985.

BENS, Jacques. *Genèse de l'Oulipo: 1960-1963*. Paris: Le Castor Astral, 2005.

BLOOM, Harold. *Cabala e Crítica*. Trad. Monique Balbuena. Rio de Janeiro: Imago, 1991.

BORGES, Jorge Luis. *Crônicas de Bustos Domecq e Novos Contos de Bustos Domecq*. Trad. Maria Paula Gurgel Ribeiro. São Paulo: Globo, 2010.

_____. *Obras Completas*. São Paulo: Globo, 1999. 4 v. [Ed. em espanhol: *Obras Completas*. Buenos Aires: Emecé, 1989.]

_____. Los Labirintos Policiales y Chesterton. *Borges em Sur: 1931-1980*. Buenos Aires: Emecé, 1999.

_____. *Textos Recobrados: 1919-1929*. Buenos Aires: Emecé, 1997.

_____. *Seis Passos Pelos Bosques da Ficção*. São Paulo: Companhia das Letras, 1994.

_____. Duodecimal Arithmetic, Longmans. *Sur*, Buenos Aires, n. 62, noviembre, 1939.

_____. Yo, Judío. Revista Megáfono, Buenos Aires, v. 3, n. 12, abr. 1934.

BORGES, Jorge Luis; CASARES, Adolfo Bioy. *Seis Problemas Para Dom Isidro Parodi e Duas Fantasias Memoráveis*. São Paulo: Globo, 2008.

BORGES, Jorge Luis; GUERRERO, Margarita. *O Livro dos Seres Imaginários*. Trad. Heloisa Jahn. São Paulo: Companhia das Letras, 2007.

BOURBAKI, Nicolas. *Élements de mathématique*. Paris: Hermann, 1972.

BUNGE, Mario. Borges y Einstein, en la Fantasía y en Ciencia. In: BUNGE, Mario; MOLEDO, Leonardo; ROJO, Alberto; MITRE, Oscar Sbarra. *Borges Científico: Cuatro Estudios*. Buenos Aires: Biblioteca Nacional, 1999.
BURGELIN, Claude. *Georges Perec*. Paris: Seuil, 1988.
CALVINO, Italo. *Assunto Encerrado: Discursos Sobre Literatura e Sociedade*. Trad. Roberta Barni. São Paulo: Companhia das Letras, 2009.
____. *Se um Viajante numa Noite de Inverno*. Trad. Nilson Moulin. São Paulo: Companhia das Letras, 1999.
____. *Por Que Ler os Clássicos*. Trad. Nilson Moulin. São Paulo: Companhia das Letras, 1993.
____. *As Cosmicômicas*. Trad. Ivo Barroso. São Paulo: Companhia das Letras, 1992.
____. *O Barão nas Árvores*. Trad. Nilson Moulin. São Paulo: Companhia das Letras, 1991.
____. *As Cidades Invisíveis*. Trad. Diogo Mainardi. São Paulo: Companhia das Letras, 1990a.
____. *Seis Propostas Para o Novo Milênio – Lições Americanas*. Trad. Ivo Barroso. São Paulo: Companhia das Letras, 1990b.
____. *O Castelo dos Destinos Cruzados*. Trad. Gaetan Martins de Oliveira. Lisboa: Livraria Bertrand, 1973.
CAMURATI, Mireya. *Los "Raros" de Borges*. Buenos Aires: Corregidor, 2005.
CAMPOS, Augusto de. *Verso, Reverso, Controverso*. São Paulo: Perspectiva, 2009.
CARIELLO, Graciela. *Jorge Luis Borges y Osman Lins: Poética de la Lectura*. Rosario: Laborde, 2007.
CARLSON, Marvin. *Performance: A Critical Introduction*. London/New York: Routledge, 1996.
CARROLL, Lewis. *Alice: Aventuras de Alice no País das Maravilhas & Através do Espelho e o Que Alice Encontrou Por Lá*. Rio de Janeiro: Zahar, 2002.
CARVALHAL, Tania Franco. *Literatura Comparada*. São Paulo: Ática, 1986.
CASARES, Adolfo Bioy. *A Invenção de Morel*. São Paulo: Cosac Naify, 2006.
CASTELLO, José. Ribamar. Rio de Janeiro: Bertrand Brasil, 2010.
____. Entrevista, *Jogo de Ideias* – Itaú Cultural. Disponível em <http://www.youtube.comDocument1>.
CERVANTES, Miguel de. *Dom Quixote*. São Paulo: Nova Cultural, 2002.
CLERC, Thomas. *Profil d'une œuvre: W ou Souvenirs d'enfance de Pérec*. France: Atier, 2003.
COMPAGNON, Antoine. *O Demônio da Teoria: Literatura e Senso Comum*. Trad. Cleonice Paes Barreto Mourão e Consuelo Fortes Santiago. Belo Horizonte: Editora da UFMG, 2010.
CORTÁZAR, Julio. *O Jogo da Amarelinha*. São Paulo: Civilização Brasileira, 1999.
DELEUZE, Gilles. *A Lógica do Sentido*. Trad. Luiz Roberto Salinas Fortes. 5. ed. 3. reimpr. São Paulo: Perspectiva, 2015.
DENIZE, Antoine. *Machines à écrire*. Paris: Gallimard, 1999. (com CD).
DERRIDA, Jacques. *A Farmácia de Platão*. Trad. Rogério da Costa. São Paulo: Iluminuras, 1991.
DRIVER, Tom. Becket by the Madeleine. *Columbia University Forum*, Summer 1961.
DUNNE, John William. *The Serial Universe*. London: Faber and Faber, 1938.
ECO, Umberto. *La Vertige de la liste*. Paris: Flammarion, 2009.
____. *A Busca da Língua Perfeita*. 2. ed. Bauru: Edusc, 2002.

_____. El Idioma de los Argentinos. In: BORGES, Jorge Luis; CLEMENTE, José Edmundo. *El Lenguage de Buenos Aires*. Buenos Aires: Emecé, 1998.
ELLIOT, T.S. *Ensaios*. São Paulo: Art, 1989.
FLAUBERT, Gustave. *Bouvard e Pécuchet*. São Paulo: Estação Liberdade, 2007.
FOUCAULT, Michel. *As Palavras e as Coisas: Uma Arqueologia das Ciências Humanas*. Trad. Salma Tannus Muchail. São Paulo: Martins Fontes, 1987.
FIGUEIREDO, Eurídice. Dany Lafarrière: Autobiografia, Ficção ou Autoficção? *Interfaces Brasil/Canadá*, v. 7, n. 1-2, 2007. Disponível em: < https://periodicos.ufpel.edu.br/ojs2/index.php/interfaces/index>. Acesso em 25 abr. 2016.
FREITAS, Guilherme. José Castello Lança o Romance Ribamar. *O Globo*, Rio de Janeiro, 15 ago. 2010.
FUX, Jacques; MOREIRA, Maria Elisa. Uma Rede Que Serve de Passagem e Sustentáculo, *Letras Hoje*, v. 2, n. 45, 2010, Disponível em: <http://revistaseletronicas.pucrs.br>. Acesso em: 11 dez. 2015.
FUX, Jacques; RISSARD, Agnes. Três Romances em Interseção: A Matemática na Prosa Brasileira Contemporânea. *O Eixo e a Roda: Revista de Literatura Brasileira*, v. 22, n. 1, jun. 2013. Disponível em: <http://www.periodicos.letras.ufmg.br/index.php/o_eixo_ea_roda/article/view/5373>. Acesso em: 11 dez. 2015.
GARDNER, Martin. *Mathématiques, magie et mystère*. Paris: Dunod, 1966.
GRADOWCZYK, Mario H. *Alejandro Xul Solar*. Buenos Aires: Alba/Fundación Bunge y Born, 1994.
HAYLES, Katherine. *The Cosmic Web: Scientific Field Models and Literary Strategies in the 20th Century*. New York: Cornell University Press, 1984.
HAYLES, Katherine (ed.). *Chaos Bound: Olderly Disorder in Contemporary Literature and Science*. Ithaca/London: Cornell University Press, 1994.
HERSH, Reuben. *What Is Mathematics, Really?* London: Vintage, 1988.
IRVIN, John T. *The Mystery to a Solution: Poe, Borges and the Analytic Detective Story*. Baltimore: The Johns Hopkins University Press, 1994.
JARRY, Alfred. *Gestes et opinions du docteur Faustroll, pataphysicien* [suivi de] *L'Amour absolu*. Édition établie, présentée et annotée par Noël Arnaud et Henri Bordillon. Paris: Gallimard, 1980.
JEANNELLE, Jean-Louis; COMPAGNON, Antoine. *Fictions d'histoire littéraire*. Rennes: Presses Universitaires de Rennes, 2009
JOLY, Françoise. Borges, La Bibliothèque de Babel. *Tangente*. Paris, n. 28, 2007.
JOLY, Jean-Luc Joly. *Connaissement du monde : Multiplicité, exhaustivité, totalité dans l'oeuvre de Georges Perec*. Lille: Atelier National de Reproduction des thèses, 2006.
JOUET, Jacques. L'Homme de Calvino. *Europe*, n. 815, mar. 1997. Disponível em: <http://www.oulipo.net/Documents>.
KALB, Jonathan. *Beckett in Performance*. Cambridge: Cambridge University Press, 1989.
KASNER, Edward; NEWMAN, James. *Matemática e Imaginação*. Rio de Janeiro: Zahar, 1968.
L'ARC. Aix-en-Provence, n. 76, 1979. (Georges Perec).
LEJEUNE, Philippe. *La Memoire et l'Oblique*. Paris: P.O.L, 1991.
LIMA, Luiz Costa. *O Controle do Imaginário e a Afirmação do Romance: Dom Quixote, As Relações Perigosas, Moll Flanders, Tristam Shandy*. São Paulo: Companhia das Letras, 2009.

LINS, Osman. *Evangelho na Taba*. São Paulo: Summus, 1979.
_____. *Avalovara*. São Paulo: Melhoramentos, 1973.
LITTLEWOOD, John E. *A Mathematician's Miscellany*. Cambridge: Cambridge University Press, 1986.
LUSSON, Pierre; PEREC, Georges; ROUBAUD, Jacques. *Le Petit traité invitant à l'art subtil du go*. Paris: Christian Bourgois Éditeur, 1969.
LYONNAIS, François le. *Le Jeu d'échecs*. Paris: PUF, 1974.
MACIEL, Maria Esther. *A Memória das Coisas: Ensaios de Literatura, Cinema e Artes Plásticas*. Rio de Janeiro: Lamparina, 2004.
MAGNÉ, Bernard. Georges Perec et les mathématiques. *Tangente*. Paris, n. 87, jui--août, 2002.
MAGNÉ, Bernard; THOMASSET, Claude Alexandre. *Georges Perec*. Paris: Nathan, 1999.
MANGUEL, Alberto. *Chez Borges*. Arles: Actes Sud, 2003.
MARTÍNEZ, Guilhermo. *Borges y la Matemática*. Buenos Aires: Eudeba, 2003.
MELVILLE, Herman. *Bartleby, o Escrivão*. São Paulo: Cosac Naify, 2008.
MERCIER, Vivian. *Beckett/Beckett*. New York: Oxford University Press, 1977.
MERRELL, Floyd. *Unthinking Thinking: Jorge Luis Borges, Mathematics and the New Physics*. West Lafayette: Purdue Research Foundation, 1991.
MEYRINK, Gustav. *O Golem*. São Paulo: Hemus, 2003.
MONEGAL, Emir Rodríguez. *Borges, una Biografía Literaria*. México: Fondo de Cultura Económica, 1987.
_____. *Borges: uma Poética da Leitura*. São Paulo: Perspectiva, 1980.
MOREIRA, Maria Elisa Rodrigues. *Saber Narrativo: Proposta Para uma Leitura de Ítalo Calvino*. Belo Horizonte: Tradição Planalto, 2007.
MOTTE JR, Warren F. *Oulipo: A Primer of Potential Literature*. London: Dalkey Archive, 1998.
MUSSA, Alberto. *O Movimento Pendular*. Rio de Janeiro: Record, 2006.
_____. Decompondo uma Biblioteca. *Digestivo Cultural*. Disponível em: < http://www.digestivocultural.com >. Acesso em: 25 abr 2016.
NASCIMENTO, Lyslei de Souza. Memórias de Sefarad em Jorge Luis Borges, *Arquivo Maaravi: Revista Digital de Estudos Judaicos da UFMG*, v. 5, n. 8, mar. 2008.
_____. *Borges e Outros Rabinos*. Belo Horizonte : Editora da UFMG, 2009.
_____. Monstros no Arquivo: Esboços Para Uma Teoria Borgiana dos Monstros. In: JEHA, Julio (org.). *Monstros e Monstruosidades na Literatura*. Belo Horizonte: Editora da UFMG, 2007.
NEWMAN, James. *The World of Mathematics*. Mineola: Dover, 2003. 4 v.
NEWMAN, James; NAGEL, Ernest. *A Prova de Gödel*. São Paulo: Perspectiva, 2001.
OULIPO. *Anthologie de l'Oulipo*. Paris: Gallimard, 2009.
_____. *Piéces detachées*. Paris: Gallimard, 2007.
_____. *Pratiques oulipiennes*. Paris: Gallimard, 2004.
_____. *Abregé de littérature potentielle*. Paris: Gallimard, 2002.
_____. *Atlas de littérature potentielle*. Paris: Gallimard, 1981.
_____. *La Littérature potentielle: Créations, re-créations, récréations*. Paris: Gallimard, 1973.
_____. *La Bibliotèque oulipienne*. Paris: Ramsay, 1987-1990. 3 v.
PAGANINI, Joseana. Uma Introdução a Avalovara, de Osman Lins, a Partir do Conceito de Jogo. *Palimpsesto: Revista do Departamento de Pós-Graduação em Letras da UERJ*, Rio de Janeiro, v. 5, ano 5, 2006.

PELLEGRINI, Aldo. Xul Solar. In: XUL SOLAR, Alejandro; BORGES, Jorge Luis; GRADOWCZYK, Mario H.; MUSEU Xul Solar. *Xul Solar: Catálogo de las Obras del Museo.* Catálogo. Buenos Aires: Museo Xul Solar Fundación Pan Klub, 1990.

PEREC, Georges. Palindrome pour Pierre Getzler. *Catalogue de l'exposition de Pierre Getzler.* Catálogo. Paris, Galerie Camille Renault, 1970.

_____. *Espèces d'espaces.* Paris: Galilée, 1974.

_____. *W ou le Souvenir d'enfance.* Paris: Denoël, 1975

_____. *Alphabets: cent soixante-seize onzains hétérogrammatiques.* Paris: Galilée, 1976.

_____. *Je me souviens.* Paris: Hachette, 1978.

_____. *La Vie mode d'emploi: Romans* . Paris: Hachette, 1978.

_____. *Theatre I.* Paris: Hachette/P.O.L., 1981.

_____. *Tentative d'épuisement d'un lieu parisien.* Paris: C. Bourgois, 1982.

_____. *Tentative d'épuisement d'un lieu parisien,* Paris: C. Bourgois, 1982.

_____. *Penser/classer.* Paris: Hachette, 1985.

_____. *Cantatrix Sopranica L. et autres recits scientifiques.* Paris: Seuil, 1991.

_____. *A Vida Modo de Usar.* Trad. Ivo Barroso. São Paulo: Companhia das Letras, 1991.

_____. *Um Homem Que Dorme.* Lisboa: Presença, 1991.

_____. *W ou a Memória da Infância.* Trad. Paulo Neves. São Paulo: Companhia das Letras, 1995.

_____. *Récit d'Ellis Island.* Paris: P.O.L., 1995.

_____. *What a Man.* Pantin/Paris: Castor Astral/PUF, 1996

_____. *Jeux intéressants.* Paris: Zulma, 1997.

_____. *Entretiens et conférences I* (1965-1978). Nantes: Joseph K, 2003.

_____. *Entretiens et conférences II* (1979-1981). Nantes: Joseph K, 2003.

_____. *A Coleção Particular.* Trad. Ivo Barroso. São Paulo: Cosac Naify, 2005.

_____. *A Arte e a Maneira de Abordar Seu Chefe Para Pedir um Aumento.* Trad. Bernardo Carvalho. São Paulo: Companhia das Letras, 2010.

PEREC, Georges; MAGNÉ, Bernard. *Romans et récits.* Paris: Librairie Générale Française, 2002.

PEREC, Georges; HARTJE, Hans; MAGNÉ, Bernard; NEEFS, Jacques. *Le Cahier des charges de La Vie mode d'emploi: Présentation, transcription et notes par Hans Hartje, Bernard Magné et Jacques Neefs.* Paris: CNRS/BN ZULMA, 1993.

PIGLIA, Ricardo. *Formas Breves.* Barcelona: Anagrama, 2000. (Ed. bras.: São Paulo: Companhia das Letras, 2004.)

PINO, Claudia Amigo. *A Ficção da Escrita.* São Paulo: Ateliê, 2004.

POE, Edgar Allan. *Histórias Extraordinárias.* Seleção, apresentação e tradução de José Paulo Paes. São Paulo: Companhia das Letras, 2008.

POUND, Ezra. *ABC da Literatura.* São Paulo: Cultrix, 1977.

_____. *The Spirit of Romance.* New York: New Directions, 2005.

PROUST, Marcel. *À la recherche du temps perdu.* Paris: Gallimard, 2001.

QUENEAU, Raymond. *Exercices de style.* Paris: Gallimard, 1947.

_____. *Le Chiendent.* Paris: Gallimard, 1956.

QUENEAU, Raymond; MARCHAND, André. *Petite cosmogonie portative.* Paris: Les Francs-Bibliophiles, 1954.

REGGIANI, Christelle. *Rhétoriques de la contrainte: Georges Perec – L'Oulipo.* Saint-Pierre-Du-Mont: Éditions Inter Universitaires, 1999.

_____. *La Rhetorique de l'invention de Raymond Roussel à l'Oulipo*. Lille: Atelier National de Reproduction des Thèses, 1998.

REGGIANI, Christelle; MAGNÉ, Bernard (eds.). *Écrire l'énigme*. Paris: Presses de l'Université Paris-Sorbonne, 2007.

ROSA, Guimarães. *Tutaméia: Terceiras Estórias*. Rio de Janeiro: José Olympio, 1968.

ROSENSTIEHL, Pierre. Le Dodécadédale ou l'éloge de l'heuristique. *Critique*, Paris, août-sept. 1982.

_____. Les Mots du labyrinthe. *Cartes et figures de la Terre*. Paris, Centre Culturel Pompidou, 1980. (Catálogo)

_____. Labyrinthologie mathématique. *Mathématiques et Sciences Humaines*. Paris, v. 9, n. 33, 1971.

ROUBAUD, Jacques. *La Princesse Hoppy ou le conte du labrador: Suivi de le Conte conte le conte et compte [et de] l'épluchure du conte-oignon*. Nancy: Absalon, 2008.

_____. *Mathématique: Recit*. Paris: Seuil, 1997.

_____. *L'Exil d'Hortense*. Paris: Seuil, 1996.

_____. *L'Enlèvement d'Hortense*. Paris: Ramsay, 1987.

_____. *La Belle Hortense*. Paris: Ramsay, 1985.

_____. *Trente et un au cube*. Paris: Gallimard, 1973.

RUSSELL, Bertrand. *Introdução à Filosofia da Matemática*. Rio de Janeiro: Zahar, 1960.

SANTIAGO, Silviano. A Ameaça do Lobisomem. *Revista Brasileira de Literatura Comparada*, Florianópolis, n. 4, 1998.

SCHOLEM, Gershon. *A Cabala e Seu Simbolismo*. Trad. Hans Borg e J. Guinsburg. 2. ed., 4 reimp. São Paulo: Perspectiva, 2015.

_____. *O Golem, Benjamin, Buber e Outros Justos*. São Paulo: Perspectiva, 1994.

SCHØLLHAMMER, Karl Erik. *Ficção Brasileira Contemporânea*. Rio de Janeiro: Civilização Brasileira, 2009.

SMITH, James T. *David Hilbert's Radio Address*. Königsberg, 8 Sep. 1930. Disponível em: < https://www.youtube.com>. Acesso em 25 abr. 2016.

Solotorevsky, Myrna; Fine, Ruth (eds.), Borges en Jerusalén. Frankfurt/Madrid: Vervuert/Iberoamericana, 2003. Disponível em: < http://www.tau.ac.il/~corry/publications/articles/borges-ciencia.htmlDocument1>. Acesso em 25 abr. 2016.

SOSNOWSKI, Saúl. *Borges e a Cabala*. São Paulo: Perspectiva, 1991.

SOUZA, Eneida Maria de. *O Século de Borges*. Belo Horizonte: Autêntica, 1999.

STADLER, Marta Macho. Un Paseo Matemático por la Literatura. *Sigma*. Bilbao, n. 32, set. 2008.

TELLIER, Herve le. *Esthetique de l'Oulipo*. Paris: Le Castor Astral, 2006.

VÁSQUEZ, Maria Esther. *Borges: Imagenes, Memorias, Diálogos*. Caracas: Monte Avila, 1980.

VERNE, Júlio. *A Ilha Misteriosa*. Rio de Janeiro: Ediouro, 2005.

VIGNER, Gerard. *Intertextualidade, Norma e Legibilidade*. Campinas: Pontes, 1988.

WAUQUAIRE, Willy. Un Roman à contraintes mathématiques: La Vie mode d'emploi. *Tangente*, Paris, n. 28, 2006.

ZANGARA, Irma (org.). *Borges en Revista Multicolor*. Buenos Aires: Atlantida, 1995.

coleção big bang

ARTECIÊNCIA: AFLUÊNCIA DE SIGNOS CO-MOVENTES ▶ Roland de Azeredo Campos ◆ BREVE LAPSO ENTRE O OVO E A GALINHA ▶ Mariano Sigman ◆ CAÇANDO A REALIDADE ▶ Mario Bunge ◆ CTRL+ART+DEL: DISTÚRBIOS EM ARTE E TECNOLOGIA ▶ Fábio Oliveira Nunes ◆ DIÁLOGOS SOBRE O CONHECIMENTO ▶ Paul K. Feyerabend ◆ DICIONÁRIO DE FILOSOFIA ▶ Mario Bunge ◆ EM TORNO DA MENTE ▶ Ana Carolina Guedes Pereira ◆ ESTRUTURAS INTELECTUAIS: ENSAIO SOBRE A ORGANIZAÇÃO SISTEMÁTICA DOS CONCEITOS ▶ Robert Blanchét ◆ LITERATURA E MATEMÁTICA ▶ Jacques Fux ◆ A MENTE SEGUNDO DENNET ▶ João de Fernandes Teixeira ◆ METAMAT! EM BUSCA DO ÕMEGA ▶ Gregory Chaitin ◆ O MUNDO E O HOMEM: UMA AGENDA DO SÉCULO XXI À LUZ DA CIÊNCIA ▶ José Goldemberg ◆ PREMATURIDADE NA DESCOBERTA CIENTÍFICA: SOBRE RESISTÊNCIA E NEGLIGÊNCIA ▶ Ernest B. Hook (org.) ◆ O TEMPO DAS REDES ▶ Fábio Duarte, Queila Souza e Carlos Quandt ▶ UMA NOVA FÍSICA ▶ André Koch Torres Assis. ◆ O UNIVERSO VERMELHO ▶ Halton Arp ◆ A UTILIDADE DO CONHECIMENTO ▶ Carlos Vogt ◆ A TEORIA QUE NÃO MORRERIA ▶ Sharon Bertsch Mcgrayne

Este livro foi impresso na cidade de Cotia,
nas oficinas da Meta Brasil,
para a Editora Perspectiva